学术/专著

公司进口业务资金运作理论与实务

主编 / 江启发

立信会计出版社
LIXIN ACCOUNTING PUBLISHING HOUSE

图书在版编目(CIP)数据

公司进口业务资金运作理论与实务 / 江启发主编. —上海：立信会计出版社，2018.12

ISBN 978-7-5429-6089-4

Ⅰ.①公…　Ⅱ.①江…　Ⅲ.①进口贸易—企业管理—资金管理—研究　Ⅳ.①F746.11

中国版本图书馆 CIP 数据核字(2019)第 038315 号

策划编辑　徐雪芬

责任编辑　徐雪芬

公司进口业务资金运作理论与实务

Gongsi Jinkou Yewu Zijin Yunzuo Lilun yu Shiwu

出版发行	立信会计出版社		
地　　址	上海市中山西路 2230 号	邮政编码	200235
电　　话	(021)64411389	传　　真	(021)64411325
网　　址	www.lixinaph.com	电子邮箱	lxaph@sh163.net
网上书店	www.shlx.net	电　　话	(021)64411071
经　　销	各地新华书店		
印　　刷	上海天地海设计印刷有限公司		
开　　本	710 毫米×1000 毫米	1/16	
印　　张	12.5		
字　　数	228 千字		
版　　次	2018 年 12 月第 1 版		
印　　次	2018 年 12 月第 1 次		
印　　数	1—1 500		
书　　号	ISBN 978-7-5429-6089-4/F		
定　　价	36.80 元		

序

当前经济全球化面临新的形势，国际贸易发展出现新的趋势与特征。中国作为世界第二大经济体，外部世界的新变化对我国经济发展必然产生深刻影响。如何把握国际贸易新趋势，增强我国进口企业的运营水平，提高国际市场竞争力，已引起社会高度关注。《公司进口业务资金运作理论与实务》一书，从资金运作角度对此作了积极的探索。

本书主编江启发先生，具有在公司业务和财务管理领域多年的知识与经验积淀，书中内容既有国际贸易理论概括，又有我国进口贸易政策归纳；既有国际贸易金融工具介绍，又有国际贸易资金管理方法探讨，对进口贸易企业强化资金管理、提高资金使用效益，具有重要的参考和指导作用。通观全书，有以下特征：

研究主题的现实性

始于20世纪70年代末的中国对外开放战略的实施，打开了封闭多年的国门，中国由此大步迈入了全球化的历史进程，从经济全球化的局外者，变身为参与者、贡献者和受益者。特别是加入WTO以来，中国深度参与经济全球化的发展，进出口贸易规模迅速扩大，据IMF统计，中国经济总量占全球经济总量已达12%以上，中国对全球增长的贡献率已超过30%，为全球经济提供了强劲引擎。

进口贸易属于流通行业，业务中产品的流动性大，周转速度快，对资金的依赖程度高。最大限度地提高资金利用率，是进口贸易企业普遍关注的重点。如何提升贸易企业资金管理水平、提高资金使用效率、防范资金风险，保证企业保持良性发展，是企业亟待解决好的现实问题。这正是本书聚焦的主题。

研究重点的合理性

《公司进口业务资金运作理论与实务》一书，密切联系进口贸易行业特征，研讨重点突出，既有进出口贸易政策变迁的解读，又有进出口贸易行业发展趋势的分析，重点抓住进口贸易企业资金管理这一核心问题，完整地提供进口贸易企业资金管理运行的合理路径与要领。

从外部政策环境看，国家政策对相关行业产生重要影响，与企业的发展命运息息相关。本书对改革开放以来我国主要的进口贸易政策，分阶段进行了归纳梳理，不仅清晰地展现了我国进口贸易政策体系在不同经济改革发展阶段对应于对外开放实际需要的动态演变，也为进口贸易行业的发展及指导企业更好把握进口贸易业务的要领，提供了政策知识指导。

从企业自身运营看，进口贸易属于资金密集型行业，资金是进出口贸易企业的命脉。书中结合进口贸易行业特征，对进口贸易企业资金管理的重点问题，进行系统深入的研讨，提出了进口贸易企业资金管理的基本要求，对进口贸易企业资金筹集的重点工具、外汇管理的主要手段、资金运用的重要方法等，进行具体介绍，为进口贸易企业资金管理提供了参考与指导意见。

业务操作的实用性

作为一本兼具工具书性质的读物，使读者可以手持一册而指导实际业务操作，是其应有的题中之意与必然要求。《公司进口业务资金运作理论与实务》一书，在这方面有十分务实而丰富的内容。全书围绕进口贸易企业资金运行管理中的一系列问题，推进到实际操作的要领。这既是书中的中心与重点，也是本书最大的亮点。

——本书对进口贸易企业资金运行首要环节的融资，提出了明确的原则与规范化要求。并就贸易融资的主要产品，分别采用案例作出解析，对融资工具进行全面介绍。

——外汇管理是进口贸易企业的重点工作。科学合理运用金融衍生工具，可以规避外汇风险，还可以提高投融资的效率与便利性。但金融衍生工具是“双刃剑”，运用得当可以增加企业的收益，对冲风险，而一旦使用不当或判断失误，会放大风险。本书着重对金融衍生工具进行全面系统的讨论，为企业恰当地运用金融衍生工具提供了技术指导。

——资金使用时效性强，是进口贸易企业资金管理需把握好的重要特征之一。由于融资期限短，融资及外汇的期限要求制约，往往相应的融资成本会相应增加。提高资金的利用效率，降低资金的使用成本，成为进口贸易企业资金管理的重要内容。本书提出了短期资金运用的方略与产品，为进出口贸易企业短期资金运用提供了重要参照。

——资金运用规模大，也是进口贸易企业资金管理的重要特征。以资金管理对资金施加优化控制，可使资金在企业内部运行高效、调剂余缺与放大效益。本书对当前国际贸易资金管理通行的资金池管理模式进行了探索，分析了不同企业资金池管理模式的确立、资金池架构的搭建、资金池管理方法的应用，重点探讨了进口贸易企业跨境双向资金池管理模式，为企业的资金管理提供了控制手段与相关建议。

——银企关系是企业经济运行过程中最主要的经济联系之一。进口贸易企业资金运行主要集中在商业银行，本书提出了处理银企关系的核心原则，提供了企业与银行开展授信合作的切入点，为处理银企关系提供了范本。

——进口贸易行业是高风险行业，而资金风险是其主要风险之一。本书中列出了进口贸易企业资金风险控制的原则，对融资与运用环节的风险控制，提出了具体对策。同时，随着经济全球化和我国金融体制改革的不断深化，国内外资本市场联系日益紧密，外汇风险管理成为一项十分重要的工作。本书研究了企业外汇风险管理的策略，提出了管理手段与方法，为防范外汇风险提供了思路与举措建议。

总之，《公司进口业务资金运作理论与实务》一书，立足于正视我国进出口贸易的新形势，紧扣进口贸易企业资金管理关键问题，进行全面系统的深入研讨，对破解进口贸易企业资金管理难题、提高企业资金管理水平及核心竞争力，具有可贵的实用价值，值得予以肯定和向读者朋友们推荐。

是为序。

2018 年 7 月于北京

前　言

在中国改革开放的伟大历史进程中，对外贸易作为对外开放的重要载体，进步巨大，发展快速，已经成为拉动我国经济发展的重要引擎。在经济全球化的背景下，我国需求的增长，为世界和中国创造了新市场，为国内企业外贸进口业务的发展提供了新机遇。同时，随着国际金融市场和外汇形势不断发生新变化，外贸进口业务融资、外汇和资金管理的不确定性因素大大增强。企业如何有效管理运营资金，已经成为外贸进口业务中需要高度关注和迫切需要解决的问题。

本书是一本实用工具书，供相关企业、银行参考和借鉴。全书旨在通过回顾我国改革开放以来的进出口贸易政策发展历程，研究探讨公司进口业务资金管理的基本理论原则和要求，阐述在当前复杂的国际金融背景下的公司进口业务资金融资策略、外汇管理手段，以及资金管理运作的具体方法，特别是结合大量具体的案例分析，使读者了解和掌握公司进口业务资金管理理论和运作的具体手段方法，对进口贸易企业更好地强化资金管理、规避资金风险、提高资金运营效益提供指导帮助。

全书共分六章。第一章，公司进口业务资金运营管理，对改革开放以来我国进口贸易政策分阶段进行了归纳，对我国进口贸易的现状特点进行了分析，重点阐述了公司进口业务资金管理的原则和要求；第二章，公司进口业务融资管理，包括公司融资基本含义、特点和基本原则，详细介绍了公司进口业务主要融资工具，以及主要融资产品操作实务；第三章，公司进口业务外汇管理与运用，重点介绍公司外汇管理目的意义，公司进口业务涉及的外汇市场主要金融衍生工具，并进行实例分析；第四章，公司进口业务短期资金运用，内容包括短期资金运用理论、方法，主要运用产品的介绍和具体案例分析；第五章，资金集团化管理的主要方法，从资金流动性管理、资金池、银企直联和银行关系管理四个方面阐述了公司资金有效运营的理论和实际操作方法；第六章，公司进口业务资金风险控制，结合案例阐述了进口业务的融资、外汇管理和短期资金运用的风险来源及风险控制。

本书的附录列示了公司进口业务资金管理相关的法规制度,供读者参考。

本书的出版是团队各成员经验和智慧的结晶,参与执笔人如下:第一章,刘丹平;第二章,沙峰;第三章,孙晓爽;第四章,门思源;第五章,宋静;第六章,陈勇。本人担任总撰稿人并最终定稿。

在此,要感谢立信会计出版社、中国银行北京分行、法国巴黎银行香港分行、招商银行北京分行和首都经济贸易大学经济学院,为本书的编撰和出版工作提供了支持和帮助。

我国著名经济学家、财政部财政科学研究所原所长贾康博士为本书作序,并对本书给予了高度评价。在此深表谢意!

对本书存在的不足之处,以及可能出现的错误,期盼各位读者提出宝贵意见。

主编　江启发

2018年10月于北京

目　录

第一章 公司进口业务资金运营管理

第一节 我国进口贸易及政策发展历史

一、我国进口贸易状况及政策回顾

中国改革开放 40 年以来，社会主义市场经济体制逐步建立，进出口贸易发展迅速，综合国力日益增强。我国的进口政策不断改革和完善，为进口贸易保持持续快速增长，提供了强有力的支持和保障。

本节以我国进口贸易状况和政策体系的发展及演变为基础，对改革开放以来我国的进口贸易状况、政策重点、关税和非关税贸易壁垒，以及汇率等政策进行分阶段的归纳和梳理。

(一) 改革开放初期(1978—1991 年)

改革开放初期，我国经济的发展还处在相对落后的状态，实行的贸易政策主要是“奖出限入”。这一时期进口贸易的指导原则是：国内生产能满足需要的商品一般不予进口；国内能够生产或配套的生产设备，则不进口成套设备或只进口关键设备；对容易冲击国内竞争产业的产品，则限制进口。

1. 政策重点

我国“六五”和“七五”计划中明确指出：“重点引进软件、先进技术和关键设备；进口国内市场所需物资、短缺物资和以进养出物资；对我国自己能够制造和供应的设备，特别是日用消费品，不要盲目进口，以保护和促进民族工业的发展。”这一时期，我国刚刚实行改革开放，经济发展的许多方面还不完善。经过不断调整，到 80 年代后期，我国技术引进的方式和重点发生明显的变化，引进重点由以新建项目为主转变为以对现有企业进行改造为主，引进方式由以引进成套设备为主，转向以许可证贸易、技术服务，以及顾问咨询等方式为主。

2. 关税政策

从1980年开始，我国恢复关税制度并实行关税保护政策。国务院关税税则委员会先后4次对进出口税则做出较大调整。我国进口税率由改革开放之初的52.9%下降到1984年的38%。

国家还制定了一系列的税收优惠政策。从改革开放开始到1992年，我国共制定了50多项进口税收的优惠政策，涉及157项优惠规定，平均每年制定11项优惠规定。这些优惠政策有效地发挥了关税的宏观调节作用，对促进我国经济、行业的发展起到重要推动作用。

3. 非关税壁垒

进口管理方面，主要实行的是进口许可证制度，加强进口计划管理。对国内紧缺、价格敏感和国内外价格差距较大的大宗进口商品，由具备进口经营权的各类外贸企业管理。数据显示，1986年，我国有超过40%的进口商品受到指令性计划的控制，有30%的进口商品受指导性计划控制，真正由市场进行调节的进口商品比重很小。

4. 外汇制度

1978年，为配合对外改革开放政策，我国的外汇管理体制也进行了改革。改革重点主要是减少行政干预和指令性计划，增强市场调节因素，增强企业用汇的灵活性。从1979年开始实行外汇留成办法，调动了企业和地方进出口贸易的积极性。同时，为了满足企业相互之间外汇余缺调剂的客观需要，1980年开始办理外汇调剂业务。由于外汇留成制度和调剂市场的存在，在1985—1992年期间，我国实行的仍然是双重汇率，官方汇率与调剂汇率并存。

(二) 社会主义市场经济确立初期(1992—2001年)

1992年，我国社会主义市场经济体制改革的目标确立，进口贸易政策方面也开始进行广泛改革，以符合国际规则为导向，向更加规范、统一和公正的方向发展。为加入世贸组织做积极准备，国家多次大幅度主动降低关税，减少并规范非关税壁垒，我国建立起一套外贸宏观调控体系，充分利用多种市场化政策工具对外贸实施管理。

1. 政策重点

这一时期，我国仍然把进口重点放在引进先进技术和设备上。国家“八五”和“九五”计划指出：合理安排进口，把有限的外汇集中用于进口先进技术、关键设备，以及用于国家重点生产建设所需的物资和农用物资，并适当提高原材料产品的进口比重。

1999年，我国制定《当前优先发展的高技术产业化重点领域指南》，有力促进了我国产业发展的技术水平。技术引进方式日趋合理，技术许可、技术服务、技术咨询等已成为主要的引进方式。

2. 关税政策

自1992年以来，我国采取了一系列关税自主降税措施。1993年关税总水平由43.2%降至39.9%；1994年下调到35.6%；1996年4月1日，我国一次性降低包括380种农产品在内的共计4 964个税目的进口关税税率，占1996年税目总数的75.8%，关税总水平调整至23%；1997年进一步降低至17%；到2001年，我国的关税总水平为15.3%。

3. 非关税壁垒

为了遵循国际贸易惯例，深化外贸体制改革，积极为"复关"和"入世"做准备，我国着重加强了政策法规的透明度和统一性，对进口税收优惠政策进行清理和调整，取消明显不符合社会主义市场经济要求和国际惯例的政策、文件和法规，进一步规范配额和许可证管理。依据GATT/WTO的规则，我国对涉外法律体系进行了完善，2001年11月，颁布了反倾销、反补贴和保障措施3部法律。

4. 外汇制度

1994年1月1日起，我国启动双重汇率并轨，实行以市场供求为基础、单一的、有管理的人民币浮动汇率制度。建立银行间外汇市场，实行外汇收入结汇制度，取消现行的各类外汇留成制和上交外汇任务，取消用汇的指令性计划和审批。1996年1月《中华人民共和国外汇管理条例》颁布实施，外汇管理成果以法规形式进一步确立。同年12月，我国宣布接受国际货币基金组织协定第八条款规定的义务，实现人民币经常项目下的完全可兑换。

5. 进口贸易状况

1993年，我国进口额首次突破1 000亿美元。由于1998年东南亚金融危机导致全球经济不景气，1996—2000年期间，我国进口贸易增长速度较慢，1998年甚至出现负增长。2000年进口额达到2 251亿美元，与1985年相比增加了5倍多，比1993年翻了一番。

(三) 加入世贸组织后(2002年至今)

加入WTO之后，为履行"入世"承诺，适应新的国际经济环境，国家对外贸易政策进行了大幅度调整，进一步规范贸易政策和法规，进口自由化趋势更加明显，进口商品结构有所变化，逐步将最终消费品、高档消费品的进口纳入考虑范围。加之人民币升值，进口规模不断扩大，进口政策的调整向深层次和宽领域发展。

1. 政策重点

"十五"计划期间，我国进口商品结构的重点是：引进先进技术和关键设备；

保证重要资源和加工贸易物资的进口；扩大生活必需品与一般消费品的进口。2012 年 3 月，全国人大十一届五次会议通过的《政府工作报告》指出："制定加强进口、促进贸易平衡的指导意见，完善进口政策，搭建更多的进口促进平台，推动进出口平衡发展。"2017 年 10 月，党的十九大顺利召开。十九大报告对我国对外贸易、区域开放布局等作出新的部署。

2. 关税政策

这一时期，我国进口政策明显的特征是大幅度降低关税水平。一是按照加入 WTO 的承诺，每年严格按照关税减让表渐次调整关税及税则、税目等项目。关税的调整包括年度暂定税率、协定税率、特惠税率、最惠国税率等。二是为保证国内市场需要，扩大能源和资源性产品、先进技术设备和关键零部件及百姓日常生活急需商品的进口，对部分资源性产品和先进技术装备主动降低关税，有利于进出口商品结构的优化。

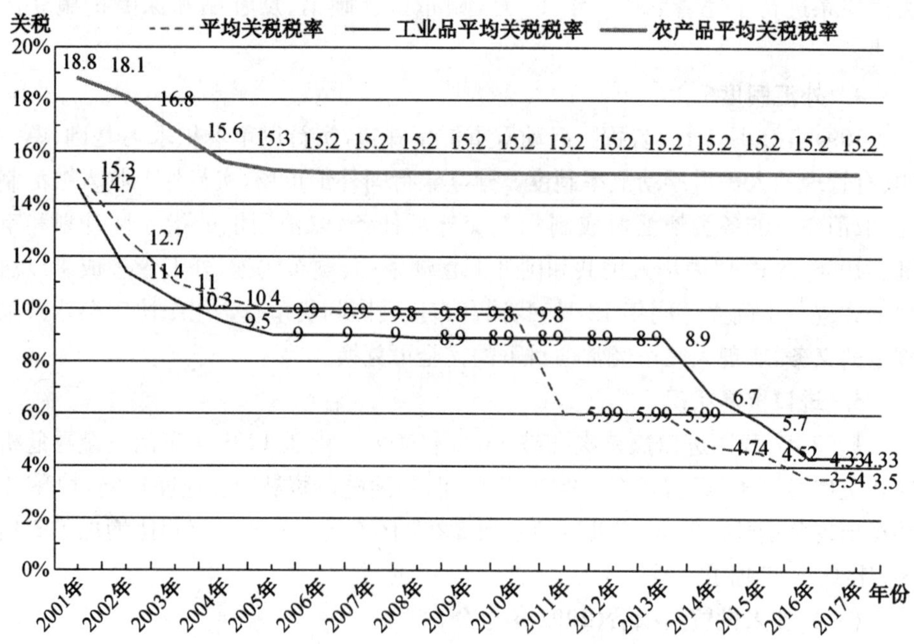

图 1-1 入世后我国关税变化图

数据来源：海关总署公开信息、世界银行公开数据、《中国农产品贸易发展报告》

加入 WTO 后，我国遵守关税减让的承诺，关税总水平逐年降低。2002 年大幅调低 5 300 多种商品的进口关税，关税总水平由 2001 年的 15.3%降至 12.7%。2005 年将关税总水平降至 9.9%，提前达到 10%以下水平的标准。世界贸易组织所定义的所有信息技术产品都已经实行零关税，绝大部分产品已履行完毕降税承诺。2010 年，中国关税总水平降至 9.8%。中国加入 WTO 的降税承诺已经全部履行完毕。2015 年后，中国先后 4 次对消费品降低关税，2017 年 12 月 1 日起调低 187 项商品的进口关税，在贸易保护主义抬头的今天，显示了我国推动贸易自由化和全球化的决心。

3. 非关税壁垒

按照加入 WTO 的承诺，2005 年，我国受进口配额许可证管理的只剩下限制进口的监控化学品、易制毒化学品和消耗臭氧层物质 3 类特殊商品。2012 年，除粮食、食糖、羊毛、棉花等少数产品外，中国已取消对其他所有进口产品的配额限制。

在进口商品的检验检疫管理方面，“入世”后，借鉴其他国家技术性贸易措施的做法，我国按照 WTO/TBT 协议的要求，一方面，修订了原有的进口检验检疫制度；另一方面，逐步制定新的进口商品技术性规范的管理办法。

4. 外汇制度

从 2002 年起，国家外汇管理局开始逐步取消进口购汇备案制度。自 2005 年 7 月 21 日起，开始实行“以市场供求为基础、参考一篮子货币进行调节、有管理的浮动汇率制度”，人民币汇率不再盯住单一美元，形成更富弹性的人民币汇率机制，为我国货物进口及技术引进创造了更加便利和灵活的外汇使用制度环境。2011 年 11 月，跨境贸易人民币结算业务在全国普及。2010 年 6 月 19 日，中国人民银行宣布进一步推进人民币汇率形成机制改革，增强人民币汇率弹性，缓解对外贸易的不平衡，促进国际收支基本平衡。2015 年 8 月 11 日，中国人民银行宣布调整人民币对美元汇率中间价报价，即“811 汇改”。人民币不再紧盯美元，逐步转向参考一篮子货币，显著提升了汇率市场化水平。

5. 进口贸易状况

加入世界贸易组织后，伴随着愈加开放的国内外市场和日益加速的工业化进程发展，我国的进口贸易增长迅速，进口贸易的规模实现了巨大的突破。2001 年我国进口额为 2 436 亿美元，2008 年增长到 11 326 亿美元。在 8 年的时间内增长近 6 倍。

受 2008 年金融危机的影响，2009 年我国的进出口贸易都有所下滑。由于欧美国家受金融危机的影响更大，2009 年，我国成为世界第二大进口国，货物贸易进口占世界货物贸易进口的 7.9%。2010 年，进出口开始恢复增长趋势，其中，进口总额在 2011 年突破 15 000 亿美元，占全球的比重达 10.75%。

近年来，由于国内工业生产和固定资产投资增速下滑，加之受国际市场大宗商品价格下跌拖累，2012—2016 年期间，我国进口总额增长缓慢。2017 年，全球经济温和增长，中国货物进口总额达 124 700 亿元，比 2016 年增长 18.7%。

二、我国公司进口业务现状和特点

(一) 进口业务规模回稳向好

根据商务部发布的《中国对外贸易形势报告》显示，2017 年，我国外贸发展取得显著成绩，进出口增长超出预期，结构进一步优化。2017 年，中国能源资源产品进口增长较快，既保障了国内市场需求，又缓解了经济发展面临的资源约束。原油、铁矿砂、天然气、钢材、铜精矿等 10 类大宗商品合计进口 28 800 亿元，增长 36.3%，占中国进口总额的 23.1%，比 2016 年提高了 3 个百分点。

表 1-1　　2017 年前三季度中国进口主要商品量值表

商品名称	计量单位	数量	同比增长	金额（亿元）	同比增长
大豆	万吨	7 145.1	15.5%	2 028.0	26.7%
铁矿砂及其精矿	万吨	81 671.6	7.1%	4 002.9	48.2%
铜矿砂及其精矿	万吨	1 256.8	3.2%	1 240.6	27.9%
煤及褐煤	万吨	20 485.5	13.7%	1 162.0	99.4%
未锻轧的铜及铜材	万吨	343.7	−9.4%	1 513.6	17.1%
原油	万吨	31 805.8	12.2%	8 155.1	49.2%
成品油	万吨	2 240.5	4.2%	723.4	32.9%
初级形状的塑料	万吨	2 111.7	12.9%	2 421.5	23.8%
钢材	万吨	1 001.0	1.8%	762.1	18.8%
自动数据处理设备及部件	万台	36 987.9	−8.9%	1 376.2	8.9%
二极管及类似半导体器件	百万个	382 261.9	9%	1 010.8	8.5%
集成电路	百万个	277 917.5	12.7%	12 486.3	18.4%
汽车和汽车底盘	万辆	90.9	20%	2 508.4	19.6%
液晶显示板	万个	177 007.5	2.6%	1 540.8	4%
* 农产品	—	—	—	6 363.7	18.3%
* 机电产品	—	—	—	41 827.8	15.3%
* 高新技术产品	—	—	—	28 416.3	15.8%

注：*“机电产品”和“高新技术产品”包括部分相互重合的商品。

数据来源：中国对外贸易形势报告(2017 年秋季)

(二) 进口商品结构清晰，资源性原材料进口占比不断增加

按照联合国发布的《国际贸易商品标准分类》(Standard International

Trade Classification，SITC)，进口商品可以分为初级产品和工业制成品两大类。其中，初级产品包括食品及主要供食用的活动物(0类)；饮料及烟类(1类)；非食用材料(不包括燃料)(2类)；矿物燃料、润滑油及有关材料(3类)；动、植物油脂及蜡(4类)。工业制成品指的是初级产品经过工业部门的加工或再加工之后所得的产品，包括中间产品和最终制成品，具体分为：化学(成)品及有关产品(5类)；轻纺产品、橡胶制品、矿冶产品及其制品(6类)；机械及运输设备(7类)；杂项制品(8类)；未分类的(其他)商品(9类)。

就我国进口企业进口的商品种类来说，结构相对稳定，工业制成品是主要的进口产品。如表1-2所示，我国对工业制成品的进口依赖程度要远高于初级产品，不过工业制成品进口的占比有逐年下降的趋势：从1996年工业制成品进口额占81.68%，下降到2016年的72.27%。

表1-2　近20年我国企业进口商品比重(百分比)

指标	初级产品	0类	1类	2类	3类	4类	工业制成品	5类	6类	7类	8类	9类
1996年	18.32	4.09	0.36	7.71	4.95	1.22	81.68	13.04	22.61	39.45	6.11	0.47
1997年	20.10	3.02	0.22	8.43	7.24	1.18	79.90	13.55	22.63	37.07	6.01	0.64
1998年	16.36	2.70	0.13	7.64	4.83	1.06	83.64	14.37	22.16	40.53	6.03	0.54
1999年	16.20	2.18	0.13	7.69	5.38	0.82	83.80	14.50	20.71	41.92	5.85	0.82
2000年	20.76	2.11	0.16	8.89	9.17	0.43	79.24	13.42	18.57	40.84	5.66	0.73
2001年	18.78	2.04	0.17	9.09	7.17	0.31	81.22	13.18	17.22	43.94	6.19	0.69
2002年	16.69	1.77	0.13	7.70	6.53	0.55	83.31	13.22	16.43	46.42	6.71	0.53
2003年	17.63	1.44	0.12	8.27	7.07	0.73	82.37	11.87	15.48	46.72	8.00	0.31
2004年	20.89	1.63	0.10	9.86	8.55	0.75	79.11	11.67	13.18	45.05	8.93	0.27
2005年	22.38	1.42	0.12	10.64	9.69	0.51	77.62	11.78	12.30	44.01	9.22	0.30
2006年	23.64	1.26	0.13	10.51	11.25	0.50	76.36	11.00	10.98	45.11	9.01	0.26
2007年	25.42	1.20	0.15	12.33	10.97	0.77	74.56	11.25	10.76	43.14	9.15	0.26
2008年	32.00	1.24	0.17	14.72	14.94	0.93	68.00	10.52	9.46	39.01	8.62	0.39
2009年	28.81	1.47	0.19	14.05	12.33	0.76	71.19	11.14	10.71	40.54	8.47	0.33
2010年	31.07	1.54	0.17	15.19	13.54	0.63	68.93	10.72	9.40	39.35	8.13	1.32
2011年	34.66	1.65	0.21	16.34	15.82	0.64	65.34	10.39	8.62	36.17	7.33	2.84
2012年	34.92	1.94	0.24	14.83	17.22	0.69	65.08	9.86	8.03	35.91	7.51	3.78
2013年	33.75	2.14	0.23	14.69	16.16	0.53	66.25	9.76	7.58	36.42	7.12	5.37
2014年	33.02	2.39	0.27	13.76	16.17	0.43	66.98	9.86	8.80	36.96	7.13	4.22
2015年	28.11	3.01	0.34	12.49	11.82	0.45	71.89	10.20	7.92	40.63	8.02	5.13
2016年	27.73	3.10	0.38	12.72	11.10	0.42	72.27	10.33	7.68	41.45	7.94	4.88

数据来源：国家统计局公开数据。

值得注意的是，近几年，我国初级产品的进口增长要快于工业制成品的进口增长，如 2017 年第一季度，我国大豆、原油、铁矿砂、铜矿砂、初级形状的塑料进口量分别增长 20%、15%、12.2%、8.5%和 22.9%，进口价格分别上涨 20.6%、64.7%、80.5%、20.6%和 11.8%。其主要原因是由于我国经济发展较快，而资源性产品在我国又属于相对短缺的产品，但经济增长对资源性产品有较大的需求，这种矛盾的存在，使得我国不得不从国外进口较多的资源性产品，来满足经济发展的需要。并且随着我国经济的持续增长，对资源性产品的需求必将进一步增加，由此，我国资源型进口企业越来越多。

(三) 进口业务源头地区逐渐多元化

对外贸易涉及众多国家、面临较为复杂的外贸环境。它包括诸多结构，其中，对外贸易区域结构是这些结构中一个重要的方面，进口区域结构自然也是进出口贸易中一个重要的方面。"入世"后，我国对外贸易迅速发展，贸易结构不断改善。但是，对外贸易外部区域结构仍然很不平衡。在供给侧改革的背景下，实施市场多元化战略，推进进口区域更加平衡合理化，以适应中国经济转型升级的要求。

从对贸易伙伴的分析看，欧盟、日本的进出口出现缓和，有回升的潜力；美国和东盟的进出口整体出现下滑，但进口保持稳定；金砖国家继续分化，等等。从区域分析看，与欧美地区的国家贸易下降幅度开始有所减缓，其中进口减缓的幅度最大；与亚洲和日本地区的进出口趋势一直相对较好，进口和出口的增幅较小；欧洲地区的贸易形势虽然复杂多变，但是进口和出口已经开始增长，增幅加大。

(四) 外商投资企业进口份额依旧较大，但在逐渐下降

据国家统计局公开的数据，2015 年全国外商投资企业进出口总值 18 346 亿美元，同比下降 7.5%，占全国进出口总值的 46.3%。其中，进口总额 8 299 亿美元，同比下降 8.7%；加工贸易进口额 3 624 亿美元，同比下降 8.6%。2016 年全国外商投资企业进出口总值 16 750 亿美元，同比下降 8.7%，占全国进出口总值的45.8%。其中，进口额 6 916 亿美元，同比下降 8.35%，降幅高于全国平均水平 2.15 个百分点。2017 年 1～8 月，全国外商投资企业进出口总值 11 549 亿美元，同比增长 8.15%，增幅低于全国平均水平 3.43 个百分点，占全国进出口总值的 44.4%。其中，进口额 5 433 亿美元，同比增长 11.51%，增幅低于全国平均水平 5.39 个百分点。由以上数据可以看出，近年来外商投资企业进口额依然占据我国进口业务的绝大部分，但有下降趋势。

(五) 国内供给侧改革对进口贸易作用明显，部分商品进口利润率有所回升

实施供给结构改革不仅要解决有效供给问题，而且要使市场在资源配置中发挥决定性作用，促进市场自由竞争，特别是从国际国内两个市场入手，平衡好供给和需求。由于不同国家的资源禀赋程度不同，通过优化进口商品结构，我们可以找到更大的市场来分配资源，更好地平衡供给方需求结构改革。

中国进口结构在供给侧结构性改革的引导下，逐渐转向进口资源、技术、服务等多重目标上。资源方面，国内企业更主动地寻求原材料多样化的进口渠道，同时转向新兴产业的商品进口增加和传统产业转型升级上的商品进口增加，推动经济转型。在国内淘汰落后产能的政策基础上，传统的钢铁行业、有色行业和油脂加工行业，进口利润和加工利润率均有所回升，利于整个行业的健康发展和良性整合。

技术和服务方面，主要体现在对于科技含量高、附加价值高的民生项目和产品，从而不断增加对人民日益增长的需求的满足感。供给侧结构性改革对进口结构调整的影响，还有加快进口结构进口多元化、为进口结构的产品积极实现本土化生产等。

第二节 公司进口业务资金管理

一、公司资金管理的一般概念

资金管理是企业管理的一项重要内容，是企业财务管理功能的延伸与细化，处于企业整个管理体系的中心位置。广义讲，资金管理涵盖了公司资金运行的全过程，从资金的来源、资金的流向，到资金的运转过程，再到资金的分配。它既包括了资金在公司内部的划拨、调集、使用和分配，也包括了公司与外部的资金联系。涉及公司筹资管理、投资管理、营运资金管理、资金运作、现金流管理等。狭义讲，资金管理就是公司内部资金的计划、分配、使用和监控，重点是现金流的管理等。对于公司而言，资金管理更多地体现为具有战略意义的筹集、投放、回收和分配，母公司和众多子公司之间的资金平衡、调度。

资金管理的主要职责，就是利用先进的管理制度和方法及相应的信息化管理手段，结合金融市场上的产品，进行最优化的财务结构，降低公司财务成本，并且在风险可控的基础上提高整体的资金收益。这一概念看似简单，但是由于每个公司所处的行业环境不同，自身的组织架构、经营状况不同，因而导致每个公司对于资金管理的需求和关注点各有不同，因此，实际操作起来不能简单地一概而论。

(一) 资金集中管理

资金集中管理的概念是将整个集团公司的资金归集到集团总部,并在集团总部专设部门实施对资金的统一管理、调度、监控和运用。通过资金集中管理,集团公司能够实现集团范围内资金的整合与调控,充分盘活资金存量,有效提高资金使用效率,降低资金风险和财务成本。

随着我国经济增长和市场化水平的提高,很多集团公司都具有规模大、资产多、子公司分散、现金流量充足等特点,也可能设有大量的内部往来结算。只要集团公司所属各公司沉淀有大量资金,有提高整个集团资金使用效率的需求,资金集中管理便是一个能够提高公司效益的选择。资金集中管理所要达成的目标是:通过建立资金管理中心,加强对集团所属公司资金的宏观调控,盘活存量资金,调剂资金余缺,加速资金周转,降低财务费用,促进资源的优化配置。

(二) 资金成本收益管理

资金的成本收益管理,即公司的资金成本控制和收益管理的总称。一方面,公司运用不同工具来降低持有资金的机会成本和筹集资金的融资成本;另一方面,公司运用闲散资金进行投资以获取收益,来补偿其资金成本。

资金成本收益管理要求公司对资金的筹集、耗费和使用进行计划和控制,以在降低成本的同时获得更多收益。

(三) 资金风险理论

资金风险是指公司在经营活动中持有和使用资金的过程中可能会带来的资金损失和浪费。市场经济条件下,利益的存在或多或少具有一定的不确定性,这就是所谓的资金风险。市场主体需要具备承受这种经济风险的可能性。风险和收益往往是成正比的。资金管理中主要存在资金流动性风险、资金利率风险和资金信用风险。根据资金风险理论,公司资金使用的最佳状态就是在一定收益的情况下,要努力实现风险的最小化,或在风险一定的情况下,实现收益的最大化。

(四) 内部控制理论

内部控制理论是由美国注册会计师协会提出的。早在20世纪末,美国注册会计师协会就对内部控制进行了界定。内部控制是由公司内部董事会、管理层,以及所有员工共同实施的。实施内部控制理论可以为实现企业利益最大化提供保证。企业内部控制的主要内容有:企业风险评估、企业信息沟通、企业内部控制环境和企业内部控制活动。

公司进行内部控制的目标在于,经济、高效地实现组织目标,按管理当局一般的或特殊的授权进行业务活动,保障资产的安全与信息的完整性,以及保证财务报告的质量并及时提供可靠的财务信息。

二、公司资金管理的原则和要求

(一) 公司资金管理原则

1. 公司战略原则

公司战略是实行公司目标的行动纲领，通过开发、动员、协调、使用公司自身的所有资源，实现公司长远目标。公司战略不是孤立的，是系统性的、科学的。资金管理必须紧紧围绕公司战略的要求，运用科学的方法和手段为实现公司战略服务。

2. 全面预算制原则

全面预算制原则是指按照公司制定的发展战略目标，确定年度经营目标，逐层分解，下达于公司内部各个经济单位，以一系列的预算、控制、协调、考核为内容，自始至终地将各个经济单位经营目标同公司发展战略目标联系起来，对其分工负责的经营活动全过程进行控制和管理，并对实现的业绩进行考核与评价的内部控制管理系统。

资金管理必须遵循全面预算制原则，根据公司确定的公司年度经营目标和预算，组织实施、合理配置企业各项资金的管理和使用，从而使得资金流转相对合理和高效。

3. 审计监督原则

审计监督是保证财务持续、健康、协调发展的必要手段，也是不断提高会计信息质量的必要保证。审计监督的意义在于，有效的监督是完善权力制约机制。公司内部审计监督采用系统化、规范化的方法，以独立、客观的态度对公司的内部控制和风险管理进行检查和评价。

公司资金管理和内部审计监督必须相辅相成，相互联系，不可分割。资金的管理和使用在公司内部既是一种义务也是一种权利，审计监督是对资金使用的一种检查、评价活动，其目的是为了发现并预防风险，提高公司的经营效率，增加公司的价值，以帮助公司实现战略目标。

4. 绩效和评价原则

绩效和评价原则是管理企业系统工具。绩效和评价是指评定者运用科学的方法、标准和程序，对行为主体与评定任务有关的绩效信息(业绩、成就和实际作为等)进行观察、收集、组织、贮存、提取、整合，并尽可能做出准确评价的过程。

公司资金管理应该以绩效目标实现为导向，以绩效评价为手段，以结果应用为保障，以优化财政资源配置、提高资金使用效率为目的，全面地评价和考核公司资金管理工作的成效。

（二）公司集团化资金管理的要求

1. 分账管理，集中使用要求

对公司集团的资金实施分账管理、集中使用其基本含义是将整个集团的资金归集到集团总部，在集团总部设立专职部门代表集团公司实施对资金的统一调度、管理、运用和监控。通过资金的集中管理，集团公司能够实现集团范围内资金的整合与调控，充分盘活资金存量，有效提高资金使用效率，降低财务成本和资金风险。

资金集中管理的特点表现在：内部成员单位都具有自己的财务部门和各自的银行账户，集中在资金管理中心的资金不改变其所有权和经营权。先集中内部成员单位的现金收入，再由资金管理中心根据成员单位上报的现金预算，向各成员单位拨付各自所需的货币资金，同时监控资金的流向和使用情况。成员单位之间的内部往来结算由资金管理中心通过“走账不走钱”的方式进行内部结算，大大降低了整个集团公司的资金需求量，降低了财务费用，增加了资金使用效率。内部成员单位不单独从银行贷款，由资金管理中心实行统贷统还，保证整个集团的资金需求量和资金成本。各成员单位可以向资金管理中心进行内部存款、内部借款和还款，实行有偿存贷制度。

2. 成本收益要求

在资金管理过程中，成本和收益之间总是相互联系、相互制约的。必须牢固树立成本、收益相互权衡的观念，以指导各项具体的资金管理活动。在融资管理中，要进行融资成本与资本收益的权衡；在长期投资管理中，要进行投资成本与投资收益的权衡；在资金运营管理中，收益难以量化，但应追求成本最低化；在分配管理中，应在追求分配管理成本最小的前提下，妥善处理各种资金和财务关系。应该将成本和收益两者的综合权衡，用以指导各项财务决策与计划。总之，在公司资金管理中，各种方案的优选、整体优化、结构优化等，都应该体现成本和收益的综合权衡。

3. 资金融通要求

资金融通是指在经济运行过程中，企业运用各种金融工具调节资金盈余的活动。资金融通按不同分类标准一般可以分为：内部融资和外部融资，股权融资和债权融资，直接融资和间接融资。公司在资金管理中通过不同形式的资金融通，实现资金的流畅运转，运用各种金融工具调节资金盈余。

融资方式可以包括：资本融资、品牌融资和产品融资。资金融通是通过金融产品来进行的。这些金融产品就是金融市场的买卖对象，企业通过市场竞争原则形成金融产品价格，如利率或收益率，最终完成交易，达到融通资金的目的。

4. 信息化要求

信息化建设是当前公司资金管理的发展趋势，也是财务控制中的重要手段。通过对公司实施资金集中管理与监控的信息化手段的运用，增强现代技术在资金管理中的运用，减少人为因素的影响，构建制度化的计算机业务管理流程，这种机械化的信息模式，在计算机软件的运用中，可以有效实现资金与公司业务流程的整体性，形成资金信息的传播速度，从而有效提高资金的整体使用效率。在具体财务管理软件的开发中，要结合公司的特点与经营状况，建立信息化软件模式，推动企业资金管理的科学化。

通过采用信息化建设的运用方式，能全面加强公司资金管理，形成科学化、规范化、制度化的管理模式，打破不合理的资产结构、不健全的内部控制制度、落后的管理手段等因素制约，实现对公司资金结构的优化，在资金使用上，更好地将每一分钱运用到实际之中，创造更大的价值。

(三) 公司进口业务资金管理的基本要求

1. 公司进口贸易资金管理的基本要求

在资金管理大原则的背景下，公司进口业务资金管理的基本要求体现在以下方面：划清固定资金、流动资金、专项资金的使用界限，一般不能相互使用；实行计划管理，对各项资金的使用，要按照公司的经营决策有效地利用资金；统一集中与分口、分级管理相结合，建立资金使用责任制，促使公司内部各单位合理、节约地使用资金；专业管理与业务管理相结合，财务会计部门与使用资金的有关部门分工协作，共同管好用好资金。

对开展进口业务的公司来说，随着国际结算方式、国际经济环境的发展，其资金管理手段和发展方向会受到影响，其中对贸易融资和汇兑管理影响较大。

公司进口业务在融资和汇兑管理中要根据成本与收益、政策和法律要求选择适合的融资手段和外汇工具。并随着需求的增加，逐渐创新融资手段和外汇策略。

2. 公司进口贸易资金管理的具体要求

第一，结算货币种类多样化要求。对开展进口业务的公司来说，其进口贸易往来国家和地区往往不是单一的，这要求公司选择多样化的货币进行结算。如今外贸受单一货币币值的影响正逐年变小，外贸企业结算货币多样化已成趋势。

结算货币种类多样化要求不仅可以增强公司进口业务的结算便利性，也能在一定程度上减弱汇率波动对公司的影响。

第二，资金规模和贸易流匹配要求。公司应对进口贸易按照业务需要进行规划，并根据进口贸易的往来国家和地区、所需金额，以及发生的时间和期限来安排资金规模，为公司不同货币存量分配比重。

也就是说，不同货币的资金规模应与公司贸易流相匹配，合理分配资金存量，以满足公司进口业务付货款的需求。

第三，结算资金集中统计要求。开展进口业务的公司需严格按照其资金管理办法控制资金规模。由于进口企业涉及多种结算货币，增加了资金管理的复杂性和难度。这就要求进口公司以记账货币或美元等强势货币将公司各结算货币集中统计，便于其对进口业务资金管理工作进行定期总结、统筹和调整。

三、公司进口业务贸易融资的发展

（一）国际结算的发展

国际结算是国际贸易的产物，并随着国际贸易和其他经济文化交流的发展而发展，是贸易融资的基础。国际贸易的蓬勃发展，对国际结算的组织形式、业务处理手段等都提出了新的要求。从纵向上看，国际结算的形式依不同经济发展阶段和历史条件而各不相同。同时，国际结算的发展反过来对国际贸易的发展起着促进作用。国际结算的手段随着国际贸易的发展而不断改变，具体体现在如下方面。

1. 由现金结算发展到非现金结算

国际结算是在国家出现、国际商品交换萌芽产生以后逐渐形成的。起初，国际间债权债务的结算采用现金结算这种原始的方式，即直接运送金银铸币或条块，这种结算方法非常不方便，而且贸易双方都要承担很大的运输货币的风险，耗费巨额运输费用和时间成本。15 世纪末，随着资本主义的发展、地理大发现及海外殖民地的开拓，国际贸易蓬勃发展，很多资本主义国家的城市如里斯本、塞维利亚、安特卫普、阿姆斯特丹、伦敦等先后成为国际贸易中心，并逐渐形成了区域性的国际商品市场。以黄金白银等贵金属的运输来结算债权债务的方式已经完全不能适应当时贸易发展的需要。于是，非现金结算方式逐渐发展起来。

严格来说，非现金结算并不是不直接使用现金，而是使用替代现金，以起到流通和支付作用的信用工具，即用票据完成国际间债权债务结算的一种方法。所以，非现金结算也称为票据结算。随着国际贸易的发展，到目前，无论在结算工具还是在结算手段等方面，这种非现金结算已发展到相对完善的程度。

2. 由“凭货付款”发展到“凭单付款”

最初，在没有出现货币的时期，贸易是以“以货易货”的原始形式开展的。这时没有结算行为。货币出现之后，就产生了现金结算。12 世纪以后，兑换证书在地中海沿线国家应运而生。15 世纪以后，这些国家的商品买卖的结算从兑换证书发展为市场票据结算方式。随着资本主义经济的进一步发展，金融业、保险业、航运业及国际贸易有了明确的分工，提单、保险单的性质和作用都发生了变化，成了可转让的单据。这些单据的“证券化”，使得国际贸易结算“货物单据化”。商品的交易通过单据的买卖来实现。国际结算过程较以前更为便利，卖方交付单据，代表交付货物；买方付款赎取单据，代表收到货物。

在当前的国际贸易结算中，无论采取哪一种结算方式，买卖双方都要以单据作为交接凭证，国际贸易结算方式由凭货付款发展为凭单付款，银行在结算中心处理的是单据，而不是货物。

3. 由买卖双方直接结算发展到买卖双方通过银行结算

在国际贸易发展初期，国际贸易结算中，无论是使用现金结算还是票据结算，都是买卖双方之间直接进行结算。直接结算以商业信用为基础，买卖双方通常互不了解对方的资信，卖方或买方都要承担很大的信用风险。由于一般的进口商或出口商承担风险的能力有限，因而限制了大规模国际贸易的发展。受国际贸易需求发展的影响，银行业业务领域也随之发生深刻变化，在业务和制度上进行创新，很多银行不但从事国内的存、汇、放业务，而且通过建立国外分支机构或代理行，从事国际结算业务。这样，以商业信用为基础的直接结算发展成以银行为中介的间接结算，银行在其中起到了支付中介和信用中介的作用。

在间接结算的方式下，出口方可以委托银行代收货款，进口方可以委托银行代付货款，银行与贸易商之间既有分工又有协作，共同开展对外贸易。这时，原进出口商之间直接的跨国结算活动转化为银行内部及银行间的跨国结算活动，而进出口商只需与其所在地开户行保持广泛而紧密的资金联系，即可完成外贸交易。

(二) 进口业务贸易融资的发展

传统的进口贸易融资业务是指银行对进口商提供的与进口贸易结算相关的短期融资或信用便利，主要包括授信开证、进口押汇和承兑交单等产品。

随着国际贸易的发展、企业融资需求的加大和技术的进步，银行在发展保函、融资产品组合、海内外合作产品、国内贸易融资、跨境人民币结算产品等业务的基础上，提供贸易链和产业链全过程的综合金融服务，如运用银行承兑汇票质押开证或叙作融资产品、银行保函、保理业务、仓单质押、贷押融资等；发展中长期贸易融资，推出远期信用证，项目投资中的银行保函和备用信用证等；规避汇率风险的进口押汇加全额质押加远期结售汇业务，贸易融资与银行公司业务、金融机构、国内结算、中小企业等业务紧密结合。

创新型融资产品中，供应链融资在公司进口业务中越来越受到重视。供应链融资主要解决了核心企业的发展，供应链的资金需量不断增大的问题，核心企业的上下游企业没有或只有少量的可供抵押的资产，存在融资难的问题。而供应链融资可以解决企业合作伙伴的融资难题。银行可以为企业上下游供应商提供融资授信额度，一般不需要实物担保抵押，以供应链中的物流、现金流作为供应链融资的还款支持。银行对还款来源的债权进行风险评估和管理，关注融资项下的现金流、物流、货权和债权的控制。企业配合银行对上游供应商进行信贷融资风险控制，对下游经销商强化现金管理，严格按照资金使用计划进行拨款和结算，解决了上下游企业的融资难题，将银行信用融入上下游企业。再如，金融租赁，兴起于20世纪50年代的新型融资方式。在国际上，金融租赁仅次于资本市场、银行信贷的第三大融资方式。由于船舶、飞机、能源、电力等大型标的物投资期限长、企业资金压力大，用融资租赁方式解决企业融资问题；同时，客户缴纳一定的首付款，就可以获得大型货物的使用权，然后按照约定按时还款，还款后设备属于客户，企业只需付少量资金就能使用所需设备进行生产。

四、公司进口业务外汇工具

全球贸易的范围和规模日益扩大，不断出现更便捷、更灵活的贸易方式，各国之间的贸易联系日益加强，各国对进出口贸易的依存度也在不断提高。在这一背景下，国际结算业务随之发展，愈发受到重视，对汇兑业务提出新的要求。

贸易全球化的发展和外汇管制的放开，促进了外汇工具的产生。贸易全球化改变了世界贸易格局，极大增加开展对外贸易型企业对外汇工具的需求。

随着贸易全球化的发展和外汇管制的放开，金融市场汇率、利率变动频繁，防范投资风险或借贷风险的外汇市场金融衍生工具应运而生。金融衍生工具是在金融原生工具的基础上衍生出来的，人们称之为金融创新。金融创新包括金融工具的创新、金融市场的创新、金融服务的创新等。这些新的金融工具在防范投资风险或借贷风险方面有明显的作用，不少新的工具已经突破了传统金融工具在业务范围、利率方面的管制。各种金融期货、期权、货币互换等外汇市场金融工具相继出现，为国际贸易活动提供了更为广泛的资金筹措渠道，同时降低了融资成本和外汇风险。

第二章　公司进口业务融资管理

第一节　公司融资概述

一、公司融资的含义及分类

融资通常是指货币资金的持有者和需求者之间，直接或间接地进行资金融通的活动。广义的融资是指资金在持有者之间流动以余补缺的一种经济行为。这是资金双向互动的过程，包括资金的融入（资金的来源）和融出（资金的运用）；狭义的融资只指资金的融入。

（一）直接融资

1. 直接融资的含义

直接融资是指不经过任何金融中介机构，由资金短缺的单位直接与资金盈余的单位协商进行借贷，或通过有价证券及合资等方式进行的资金融通，如企业债券、股票、合资合作经营、企业内部融资等。

直接融资由于没有金融机构从中抽取费用，对筹资者来说成本比较低。但由于筹资人资信程度很不一样，风险控制能力和制度建设差异较大，造成了债权人承担的风险程度不同。直接融资方式的优点是资金流动比较迅速，成本低，受法律限制少；缺点是对交易双方融资技能要求高，而且有的要求双方会面才能成交。

2. 直接融资的分类

（1）股权融资。股权融资是指资金不通过金融中介机构，借助股票这一载体，直接从资金盈余单位流向资金短缺单位，资金供给者作为所有者享有对公司控制权的融资方式。

我国上市公司大多通过发行股票融资。上市可以选择在国内，也可选择在境外；可以在主板上市，也可以在高新技术企业板块上市。发行股票是一种资本金融资，投资者对企业利润有要求权，但是所投资金不能收回，投资者所冒风险较大，因此要求的预期收益也比银行高。从这个角度而言，股票融资的资金成本比银行借款高。

具体而言，发行股票的优点是：

① 所筹资金具有永久性，无到期日，没有还本压力；

② 单次筹资金额大；

③ 用款限制相对较松；

④ 提高公司的知名度，为公司带来良好声誉；

⑤ 有利于帮助公司建立规范的现代企业制度。特别对于潜力巨大，但风险也很大的科技型企业，通过在创业板发行股票融资，是加快企业发展的一条有效途径。

（2）债券融资。债券融资是指企业通过发行债券筹措资金。资金供给者作为债权人享有到期收回本息的融资方式。

按照债券发行主体来看，政府作为债券发行主体资信程度最高，大企业、大金融机构也具有较高的资信度，而中小企业的资信度一般较差。因而，政府债券的利率在各类债券中往往最低，筹资成本最小，大企业和大金融机构次之，中小企业的债券利率最高，筹资成本最大。与商业银行存款利率相比，债券发行者为吸引社会闲散资金，其债券利率通常要高于同期的银行存款利率；与商业银行贷款利率相比，资信度较高的政府债券和大企业、大金融机构债券的利率一般要低于同期贷款利率，而资信度较低的中小企业债券的利率则可能要高于同期贷款利率。

按照不同的监管机构，目前我国境内债券融资市场产品可以分为银行间市场交易商协会监管下的银行间债券市场融资产品，证监会监管下的公司债券等融资产品，发改委监管下的企业债券等融资产品。境外债券则以美元债和境外人民币债券为主。债券融资工具如图 2-1 所示。

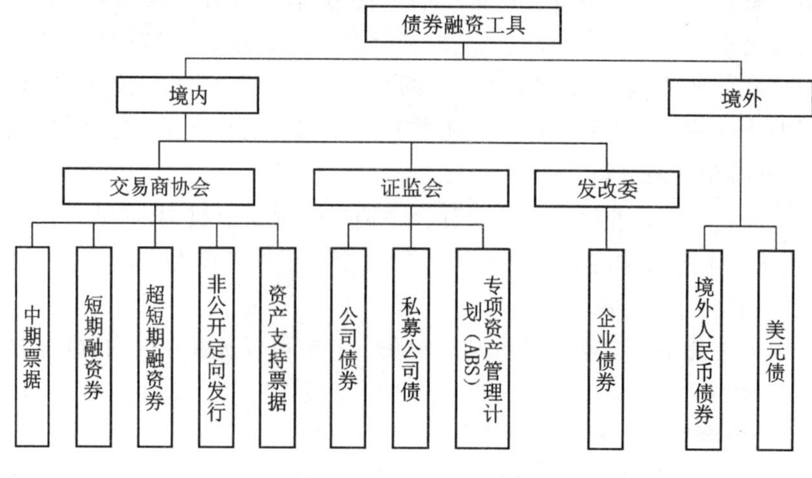

图 2-1　债券融资工具

发行债券介于上市和银行借款之间，也是一种实用的融资手段，但关键是选好发债时机。选择发债时机要充分考虑对未来利率走势的预期。债券种类很多，国内常见的有企业债券和公司债券，以及可转换债券。企业债券要求较低，公司债券要求则相对比较严格，只有国有独资公司、上市公司、两个国有投资主体设立的有限责任公司才有发行资格，并且对企业资产负债率及资本金等都有严格限制。可转换债券只有重点国有企业和上市公司才能够发行，它是一种含期权的衍生金融工具。采用发行债券的方式进行融资，其好处在于还款期限较长，附加限制少，资金成本也不太高。但手续复杂，对企业要求严格。而且，我国债券市场相对比较清淡，交投不活跃，发行风险大，尤其是长期债券，面临的利率风险较大而又欠缺风险管理的金融工具。

(二) 间接融资

间接融资是指通过金融机构为媒介进行的融资活动，如银行信贷、非银行金融机构信贷、委托贷款、融资租赁、项目融资贷款等。广义上讲，间接融资是资金盈余单位将资金存入金融机构或购买金融机构发行的各种证券，然后再由这些金融机构将集中起来的资金有偿地提供给资金需求单位使用。资金的供求双方不发生直接的债权债务关系，而是由金融机构以债权人和债务人的身份介入其中，实现资金余缺的调剂。

相对于直接融资，间接融资则通过金融中介机构，可以充分利用规模经济，降低成本，分散风险，实现多元化负债。但直接融资又是发展现代化大企业、筹措资金必不可少的手段。所以，两种融资方式不能偏废。

二、公司进口业务融资的特点

公司进口业务融资有其自身的特殊性，资金需求不仅可以通过常规融资工具解决，如贷款类、票据类、债券类工具等，还可以通过结合进口贸易结算的贸易融资工具来解决，如信用证融资、进口押汇、保理等。因此，进口业务融资具有如下 3 个基本特点。

(一) 具有真实的贸易背景

进口业务融资往往紧密结合公司真实的进口贸易，融资方为了取得融资需要提供合同、发票、提单等贸易背景资料，并且往往以物权或应收账款作为还款保证。

(二) 融资期限往往较短

进口业务融资的期限主要为 90 天、180 天等 1 年以内的期限，这需要视贸易周期和资金需求期限而定，超过 1 年的进口业务融资比较少见。

(三) 时效性要求高

进口业务融资与贸易结算紧密结合，必须要按照结算要求的时限融资付款。

因此，整个单据流转和融资放款的流程都要按照规定时间完成，对进口企业和融资银行的工作流程有比较高的要求。

三、公司进口业务融资基本原则

（一）融资规模适度原则

确定公司的进口业务融资规模，在公司融资过程中非常重要。筹资过多，可能造成资金闲置浪费，增加融资成本；或者导致公司负债过多，使其无法承受，偿还困难，增加经营风险。而如果筹资不足，又会影响公司进口业务的正常开展。因此，公司在进行进口业务融资决策之初，要根据其对资金的需要、公司自身的资金头寸及融资的期限和成本情况，科学合理地确定融资规模。

（二）融资期限适宜原则

进口业务融资期限往往较短，因此企业应综合考虑自身头寸、进口贸易周期、融资成本等因素，确定合理的融资期限，既能保证满足进口业务的正常资金需求，又能为公司降低融资成本，减轻公司经营压力。结合进口业务融资的特殊性，目前国内公司进口业务融资期限较短的以 90 天为主，较长的达到 180 天，一般超过 360 天的情况不是很多见。

（三）风险收益权衡原则

开展进口业务的公司，具有资金需求大、市场风险大的特征。一旦风险演变为最终的损失，必然会给公司经营带来巨大的不利影响。因此，公司在融资的时候，千万不能只把目光集中于最后的总收益如何，还要考虑在既定的总收益下，公司要承担怎样的风险，以及这些风险一旦演变成最终的损失，公司能否承受，即融资收益要和融资风险相匹配。

（四）贸易匹配原则

结合进口业务融资的自身特点，与贸易业务相匹配是非常重要的一项原则。进口业务融资一般需要按照贸易流程的特点量身定制，结合货物流、单据流和资金流综合考量制定融资方案，做到融资与进口结算无缝对接，满足公司的进口资金需求。

第二节　公司进口业务一般性融资工具

公司进口业务融资有其自身的特殊性，可以通过一般性融资工具满足资金需求，如贷款类、票据类、债券类等，也可以通过进口贸易融资工具来满足资金需求。本节主要介绍一般性融资工具的特点和使用方法。

一、贷款类工具

(一) 流动资金贷款

流动资金贷款是为满足生产经营者在生产经营过程中短期资金需求，保证生产经营活动正常进行而发放的贷款。按贷款期限可分为1年期以内的短期流动资金贷款和1～3年期的中期流动资金贷款；按贷款方式可分为担保贷款和信用贷款，其中担保贷款又分保证、抵押和质押等形式；按使用方式可分为逐笔申请、逐笔审贷的短期周转贷款和在银行规定时间及限额内随借、随用、随还的短期循环贷款。流动资金贷款作为一种高效实用的融资手段，具有贷款期限短、手续简便、周转性较强和融资成本较低的特点。企业叙作流动资金贷款，需要从银行取得相应的流动资金贷款授信额度，银行将审核企业资信情况、经营情况、抵质押情况等，结合银行自身信贷方针，为企业核定授信额度，并明确贷款用途、期限和利率等要素。

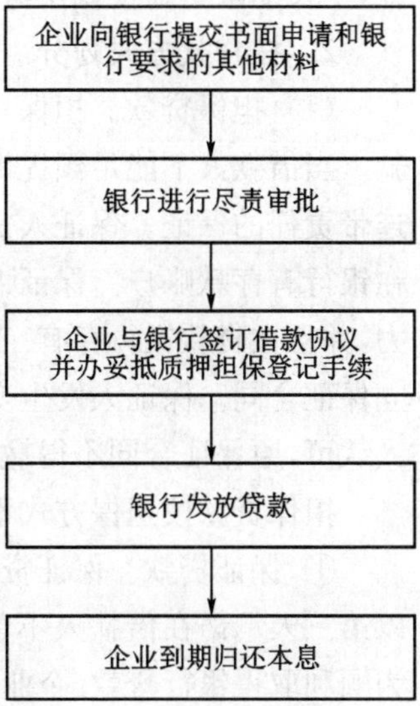

企业向银行提交书面申请和银行要求的其他材料
↓
银行进行尽责审批
↓
企业与银行签订借款协议并办妥抵质押担保登记手续
↓
银行发放贷款
↓
企业到期归还本息

图2-2　企业在银行办理流动资金贷款流程

企业在银行办理流动资金贷款的简易流程见图2-2。

1. 按期限划分

(1) 短期流动资金贷款。短期流动资金贷款是贷款期限在1年以内(含1年)的流动性贷款。短期流动资金贷款是为满足客户在生产经营过程中临时性、季节性的资金需求，保证生产经营活动的正常进行而发放的贷款。

短期流动资金贷款是目前企业从商业银行取得的最主要的授信品种，具有笔数多、期限短、利率低、周转频繁等特点。

流动资金贷款流动性强，适用于有短期资金需求的工、商企业客户。在一般条件下，银行根据“安全性、流动性、盈利性”的贷款经营方针，在对客户信用状况和贷款方式进行调查审批后，做出贷与不贷、贷多贷少和贷款期限、利率等决定。

(2) 中期流动资金贷款。中期流动资金贷款是指期限为1～3年(不含1年，含3年)的流动资金贷款。中期流动资金贷款适用客户为生产经营正常、成长性好、产品有市场、经营有效益、无不良信用记录且信用等级较高的客户。对能提供全额低风险担保的客户，不受信用等级限制。与短期流动资金贷款不同，中期流动资金贷款由于还款期限长，企业未来发展存在不确定性。因此，目前商业银行发放中期流动资金贷款时，会优先选择行业内的龙头企业、目前经济环境下具备较好发展潜力和企业或中长期内经营稳定，以及受未来市场不确定性影响较小的企业。

在公司进口业务融资中，由于资金需求期限较短，一般采用短期流动资金贷款，中长期限贷款仅供参考。

2. 按贷款方式划分

（1）担保贷款。担保贷款是指由借款人或第三方依法提供担保而发放的贷款。当借款人不能足额提供抵押（质押）时，应由贷款人认可的第三方提供承担连带责任的保证。保证人是法人的，必须具有代为偿还全部贷款本息的能力，且在银行有存款账户。保证人为自然人的，必须有固定经济来源，具有足够代偿能力，并且在贷款银行存有一定数额的保证金；保证人与债权人应当以书面形式订立保证合同。保证人发生变更的，必须按照规定办理变更担保手续。未经贷款人认可，原保证合同不得撤销。

担保贷款按担保方式不同，可分为：保证、抵押、质押 3 种方式。

① 保证贷款。保证贷款是指按《中华人民共和国担保法》规定的保证方式，以第三人承诺在借款人不能偿还贷款时，按约定承担连带责任而发放的贷款。为顺利取得银行贷款，企业应该选择实力雄厚、信誉好的法人或公民作为贷款保证人。若银行等金融机构能作为企业的保证人，则效果更为理想，借款企业取得银行贷款更为容易。

② 抵押贷款。抵押贷款是指按《中华人民共和国担保法》规定的抵押方式，以借款人或第三人的财产作为抵押物发放的贷款。抵押是指债务人（借款人）或第三人不转移财产的占有，将该财产作为债权的担保。债务人不履行债务时，债权人有权以该财产折价或者以拍卖、变卖该财产的价款优先受偿。

③ 质押贷款。质押贷款是指按《中华人民共和国担保法》规定的抵押方式，以借款人或第三人的动产或权利作为质物发放的贷款。质押是指债务人或者第三人将其动产（或财产权利）移交债权人占有，将该动产（或财产权利）作为债权的担保。债务人不履行债务时，债权人有权以该动产（或财产权利）折价或者以拍卖、变卖该动产（或财产权利）的价款优先受偿。

（2）信用贷款。信用贷款是指债务人无需提供抵押品或第三方担保，凭自己的信誉就能取得的贷款，并以借款人信用程度作为还款保证。信用贷款是国内银行长期以来的主要放款方式。由于这种贷款方式风险较大，一般要对借款方的经济效益、经营管理水平、发展前景等情况进行详细的考察，以降低风险。信用贷款主要适用于经工商行政管理机关核准登记的企（事）业法人、其他经济组织和个体工商户。

相比担保贷款，由于不需要提供抵质押物或提供担保，也不需要和银行及担保人签订抵质押协议和担保协议，因此对于企业来说，信用贷款流程更为简便，且不存在抵质押物由于企业无法还款而被银行清算的风险。但是由于相较担保贷款，银行发放信用贷款需要承担更多的风险。因此，银行在授信准入环节上，更为严格。银行通常要对企业的经营情况、行业背景和信用情况进行严格的审核，即必须符合《贷款通则》和银行规定其他的要求。

3. 按使用方式划分

（1）流动资金循环贷款。流动资金循环贷款是指企业与银行一次性签订借款合同后，在合同规定的额度和有效期内，可多次提款、逐笔归还、循环使用的流动资金贷款业务。流动资金循环贷款主要用于弥补企业经常性或存量生产经营所需流动资金的不足。银行按照企业经营规模核定可以给予企业的流动资金贷款额度，一般 1 年签订 1 次合同，约定最高借款额；企业分次申请使用资金时，以填写借据方式记账，在约定期间内，企业可随借随还。

［案例分析］

A 公司从事进口商品贸易行业。由于上下游账期错配，A 公司经常出现需要资金用于进口商品时，下游经销商未能及时回款的情况，导致公司流动资金紧张。为了缓解流动资金紧张问题，A 公司向甲银行申请短期流动资金贷款额度。鉴于 A 公司持续经营的时间和规模在行业内均处于领先地位，与甲银行也有多年业务合作关系，而且每年业务量庞大。甲银行信用审批部门在审核 A 公司资质和企业信用情况后，为 A 公司核定 1 年期短期流动资金贷款额度，用于支持 A 公司日常经营资金的周转需要，担保方式为信用。通过流动资金循环贷款，A 公司从银行取得流动资金，用于支付采购货款。待下游经销商销售回款后，按时归还银行本息。相比其他外部融资方式，流动资金贷款用款灵活，利率相对较低，满足了 A 公司日常经营的临时性资金需求。

（2）短期周转贷款。短期周转贷款是指专门针对 1～6 个月短期资金周转需求而设置的贷款品种。在资料齐全的情况下，最快 24 小时内借款人可拿到周转所需资金。短期周转贷款在进口业务融资中使用不多。

（二）法人账户透支

法人账户透支业务是指在企业获得银行授信额度后，银行为企业在约定的账户、约定的限额内以透支的形式提供的短期融资和结算便利的业务。当企业有临时资金需求而存款账户余额不足以对外支付时，法人账户透支为企业提供主动融资便利。

与一般流动资金贷款相比，法人账户透支业务最大的特点是简化了客户获得银行短期融资手续，满足客户临时性资金周转的要求；加强企业财务管理水平；减少企业资金的无效闲置，提高资金使用效率。法人账户透支与贷款的区别如表2-1所示。

表2-1　　法人账户透支与贷款的区别

项目	法人账户透支	贷款
设计目的	支付便利	融资
借款人资格	依银行对于该业务产品的具体要求，通常准入要求高于贷款	符合《贷款通则》
合同	参考合同	标准合同
贷款利率、期限	与借款人分别谈判：贷款条件可能不同，利率最高上浮30%，最低下浮10%（原则上不下浮）；期限最长1年	按银行相关规定
贷款使用	先用先还，随用随还。要在合同核定额度范围内循环使用	按照合同约定可分次使用，对部分重点客户可考虑循环使用
核算	会计系统核算，不在中国人民银行信贷登记系统反映	信贷系统核算，在中国人民银行信贷登记系统反映
贷款管理	按贷后管理办法执行，重点监控资金去向	按贷后管理办法执行
息费收取	按实际使用金额、日期收息；收取不超过企业透支额度0.5%的承诺费	按照与借款人合同规定和实际使用情况收本收息

与短期流动资金贷款相比，法人账户透支由于提款用款便利，企业可自行从账户中提款使用而不需经过银行预先审核发放，能够满足企业临时性、突发的资金需求，是一种非常便利的银行贷款业务。法人账户透支主要用于解决客户生产经营过程中的临时性资金需要，通过透支形式取得资金。法人账户透支资金不得用于归还贷款本金、支付贷款利息和项目投资，不得以任何形式流入证券市场、期货市场和用于股本权益性投资。通常银行会把资金用途写在借款合同中加以明确，并通过定期检查企业法人账户透支流水的方式予以监控。若发现企业透支用途存在违反银行规定，银行将依据借款合同中止或终止企业的法人账户透支业务。这将导致企业在银行的信用评级下降，影响企业其他授信业务的正常开展。

（三）银团贷款

银团贷款是指由两家或两家以上银行基于相同贷款条件，依据同一贷款协议，按约定时间和比例，通过代理行向借款人提供的本外币贷款或授信业务。

银团贷款价格由利率和费用两部分组成。利率主要分为固定利率和浮动利率两种；费用包括承诺费、管理费、代理费、安排费和杂费等。

银团贷款产品优点如下：

1. 贷款金额大、期限长

该产品可以满足借款人长期、大额的资金需求。

2. 融资所花费的时间和精力较少

借款人与安排银行商定贷款条件后，由安排银行负责银团的组建。在贷款的执行阶段，借款人无需面对所有的银团成员，相关的提款、还本付息等贷款管理工作由代理银行完成。

3. 银团贷款操作形式多样

在同一银团贷款内，可根据借款人需要提供多种形式贷款，如定期贷款、周转贷款、备用信用证额度等。同时，还可根据借款人需要，选择人民币、美元、欧元、英镑等不同的货币或货币组合。

4. 有利于借款人树立良好的市场形象

银团成功组建是基于各参与行对借款人财务和经营情况的充分认可，借款人可以借此业务机会扩大本企业声誉。

基于上述优点，银团贷款产品服务对象更适合有巨额资金需求的大中型企业、企业集团和国家重点建设项目，在公司进口业务融资中使用不多。

二、票据贴现工具

票据贴现是指资金的需求者将自己手中未到期的商业票据、银行承兑票据或短期债券向银行或贴现公司要求变成现款，银行或贴现公司（融资公司）收进这些未到期的票据或短期债券，按票面金额扣除贴现日至到期日的利息后付给现款，票据到期时再向出票人收款。票据贴现虽然在进口业务融资中使用不多，而是国内贸易融资的主要方式之一，但对于进口型企业依然具有一定程度的参考价值，因此我们将作简单介绍。

一般而言，票据贴现可以分为 3 种，分别是贴现、转贴现和再贴现。

贴现是指客户（持票人）将没有到期的票据出卖给贴现银行，以便提前取得现款。一般工商企业向银行办理的票据贴现就属于这一种；转贴现是指银行以贴现购得的没有到期的票据向其他商业银行所做的票据转让，转贴现一般是商业银行间相互拆借资金的一种方式；再贴现是指贴现银行持未到期的已贴现汇票向人民银行的贴现，通过转让汇票取得中国人民银行再贷款的行为。再贴现是中央银行的一种信用业务，是中央银行为执行货币政策而运用的一种货币政策工具。

票据贴现的种类还可以根据票据的不同分为商业票据贴现、银行承兑票据贴现、短期债券贴现3种。

（一）商业票据贴现

所谓商业票据贴现，是指资金的需求者将自己手中未到期的商业票据向银行或贴现公司（融资公司）要求变成现款，银行或贴现公司收进这些未到期的应收票据，按票面金额扣除贴现日以后的利息后支付现款给票据贴现企业的方式。商业票据贴现是一种金融资产交易，属于银行的资产业务。

应收账款持有企业可将应收账款转换成商业票据，即商品销售方要求购买方将应付货款开具商业承兑汇票，销售方将收到的应收票据再与银行签订贴现协议进行商业票据贴现（见图2-3）。商业票据贴现可分为卖方付息和买方付息两种形式，分别进行卖方和买方付息。因此，企业可视需要分别对应收账款和应付账款进行商业票据贴现融资。

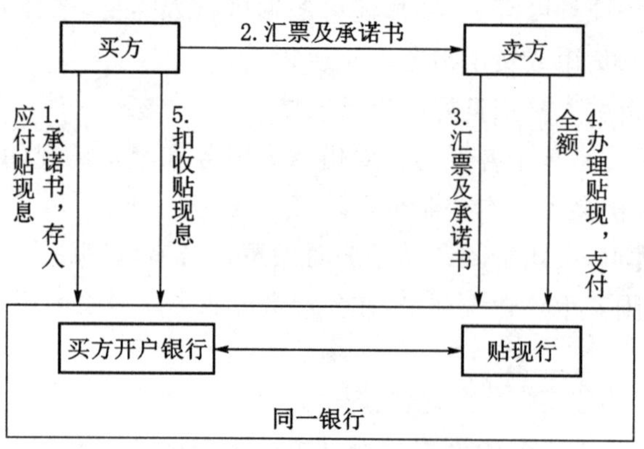

图2-3　商业票据贴现一般流程图

商业票据贴现业务能为客户快速变现手中未到期的商业票据，手续方便、融资成本低。同时，客户可预先得到银行垫付的融资款项，加速公司资金周转，提高资金利用效率。

（二）银行承兑票据贴现

银行承兑汇票的贴现，是指申请人由于资金需要，将未到期的银行承兑汇票转让给银行，银行按票面金额扣除贴现利息后，将余额付给持票人的一种融资行为（见图2-4）。

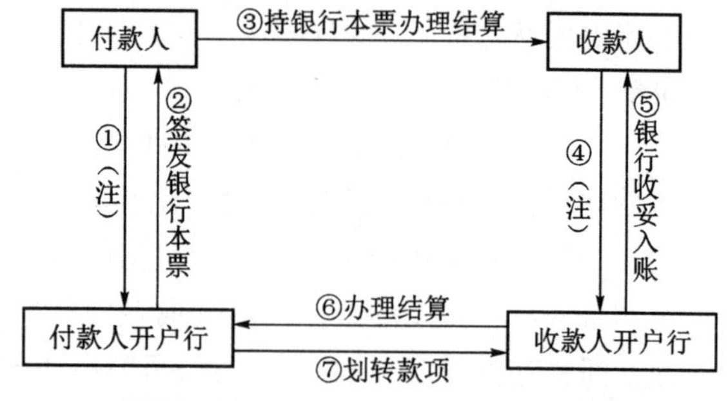

图2-4　银行承兑票据贴现的一般流程

对于卖方来说，对现有或新的客户提供远期付款方式，可以增加销售额，提高市场竞争力。而对于买方来说，利用远期付款，以有限的资本购进更多货物，最大限度地减少对营运资金的占用与需求，有利于扩大生产规模，相对于贷款融资，可以明显降低财务费用。

银行承兑票据贴现适用于具有真实贸易背景的、有延期付款需求的各类国有企业、民营企业、医疗卫生、机关学校等单位。

（三）短期债券贴现

票据贴现和发放贷款都是银行的资产业务，都是为客户融通资金，但二者之间却有许多区别。

1. 资金流动性不同

由于票据的流通性，票据持有者可到银行或贴现公司进行贴现，换得资金。一般来说，贴现银行只有在票据到期时才能向付款人要求付款。银行如果急需资金，它可以向中央银行再贴现。但贷款是有期限的，在到期前是不能回收的。

2. 利息收取时间不同

贴现业务中利息的取得是在业务发生时即从票据面额中扣除，是预先扣除利息。而贷款是事后收取利息，它可以在期满时连同本金一同收回，或根据合同规定，定期收取利息。

3. 利息率不同

票据贴现的利率要比贷款的利率低，因为持票人贴现票据目的是为了得到现在资金的融通，并非没有这笔资金。如果贴现率太高，持票人取得融通资金的负担过重，成本过高，贴现业务就不可能发生。

4. 资金使用范围不同

持票人在贴现了票据以后，就完全拥有了资金的使用权。他可以根据自己的需要使用这笔资金，而不会受到贴现银行和公司的任何限制。但借款人在使用贷款时，要受到贷款银行的审查、监督和控制，因为贷款资金的使用情况直接关系到银行能否很好地回收贷款。

5. 债务债权的关系人不同

贴现的债务人不是申请贴现的人而是出票人即付款人，只有遭到拒付时才能向贴现人或背书人追索票款。而贷款的债务人就是申请贷款的人，银行直接与借款人发生债务关系。有时银行也会要求借款人寻找担保人以保证偿还款项，但与贴现业务的关系人相比还是简单得多。

6. 资金的规模和期限不同

票据贴现的金额一般不太大，每笔贴现业务的资金规模有限，可以允许部分贴现。票据的期限较短，一般在 2～4 个月。然而贷款的形式多种多样，期限长短不一，规模一般较大，贷款到期的时候，经银行同意，借款人还可继续贷款。

票据贴现可以使一部分闲散资金拥有者互相利用，共获利益。故贴现在货币市场活动中处于中心地位。票据贴现市场与其他市场相比较，有许多特殊的优点。对银行来说，贴现银行可获得如下利益：利息收益较多，资金收回较快，资金回收比较安全等。对于贴现企业，通过贴现可取得短期融通资金。

[案例分析]

A公司需要在4月10日支付一笔95万元的货款，目前资金紧缺。公司有一张面值100万元的银行承兑汇票，出票日期为3月4日，到期日为5月4日。A公司于4月5日到甲银行贴现此汇票，贴现率为12%。

那么，A公司的贴现天数为从4月5日到5月4日的30天。贴现息为：

$$100\times12\%\times(30\div360)=1(\text{万元})$$

获得贴现净额：

$$100-1=99(\text{万元})$$

将该银行承兑汇票贴现后，A公司取得收益99万元，保证了付款需要。

三、债券类融资工具

债券类融资工具对于进口型企业来说，是补充进口业务所需资金的重要手段。目前，对于境内的进口型企业，主要有银行间市场债券、企业债、公司债和海外债券等几个品种可供选择。而由于银行间债券市场中的短期融资券和超短期融资券期限相对较短，对进口业务融资来说使用较多，将在下面重点介绍，而其他品种的债券将简略介绍，以供参考。

(一) 银行间债券市场融资

1. 短期融资券

短期融资券(Commercial Paper, CP)是由企业发行的无担保短期本票，指具有法人资格的企业，依照规定的程序和条件在银行间债券市场发行并约定在一定期限内还本付息的有价证券。在中国，短期融资券是指企业依照《银行间债券市场非金融企业债务融资工具管理办法》的条件和程序，在银行间债券市场发行和交易并约定在一定期限内还本付息的有价证券，是企业筹措短期(1年以内)资金的直接融资方式。

短期融资券适用于“分层分类”管理体系。按照主体分层、产品分类的思路，根据主体资质、信息披露成熟程度、合规性等指标，将发行人分为第一类企业、第二类企业进行管理；同时，按照常规产品、特殊产品等维度对产品进行区分，设计针对性的评议流程和信息披露要求。其注册有效期为2年。第一类企业可在注册有效期内自主发行，第二类企业可在接受注册后12个月(含)内自主发行，12个月后发行事前向协会备案。短期融资券的偿还余额不得超过企业净资产的40%，所募集的资金应用于企业生产经营活动，并在发行文件中明确披露具体资金用途，在短期融资券存续期内变更募集资金用途应提前披露。

短期融资按发行方式分类，可将短期融资券分为经纪人代销的融资券和直接销售的融资券；按发行人的不同分类，可将短期融资券分为金融企业的融资券和非金融企业的融资券；按融资券的发行和流通范围分类，可将短期融资券分为国内融资券和国际融资券。

短期融资券具有期限较短的特点，适合具有短期流动性管理需求的非金融企业发行人，适合进口业务融资大量使用。

2. 超短期融资券

超短期融资券(Super & Short-term Commercial Paper, SCP)是指一般由较高信用评级的法人发布的，期限在270天以内的融资券。超短期融资券填补了超短期和灵便性资金的空白，对企业融资和财务管理体制产生了积极的影响。

超短期融资券的发行人范围为所有具有法人资格的非金融企业。发行人应具备完善的公司治理结构，业务运营合规，信息披露规范，且不存在违法、违规行为。超短期融资券的主承销商必须具有良好的流动性管理和及时跟踪监控企业经营管理和财务状况的能力和条件。超短期融资券期限短，适合风险偏好较低、流动性偏好较高，但仍有较高收益率资产配置需求的投资人。

与其他融资工具相比，超短期融资券具有如下优势：

(1) 使企业高效地获得低成本融资。目前，国内企业实时摆布短期头寸的手段很少。短期融资工具有银行流动资金贷款、票据贴现等，这些融资方式都涉及较为复杂的信贷审批程序和授信管理，操作成本高，时效性低。超短期融资券可以有效填补这方面的空白。超短期融资券一次注册，分次发行，不受“发行限额不超过净资产40%”的限制，持续发行备案程序十分简便。短期资金获取高效快捷，能有效熨平企业现金流波动。由于超短期融资券发行期限短，市场需求旺盛，利率水平明显低于贷款。超短期融资券还可以更好地契合企业的现金需求，避免资金堆积造成的机会成本无谓增加。

(2) 增强企业资金集中管理能力。对于大型集团公司来说，资金管理权向上集中于总部是大趋势。资金集中管理有利于集团内部整体协调资金头寸，提高资金营运效率。大型集团公司通过建立财务公司或结算中心的方式，在系统内调控资金盈缺，匹配供需，使财务成本内部化，以更加方便和低成本地解决资金内部融通。超短期融资券为集团公司总部提供了更为便利的短期资金来源，大大强化了总部融资功能，提高了资金集中运管的能力。超短期融资券可以加速集团公司融资权和资金配置权向总部集中的进程。

(3) 加强银企合作，实现互利共赢。长期以来，企业和商业银行绝大部分业务局限于存、贷款等传统资产负债类业务。这些业务同质性强，竞争激烈，潜在道德风险高。银行和企业合作层次不高，缺乏长期合作基础。商业银行也在推进业务转型，更加注重与企业服务类业务层面的合作，以专业优质的金融服务吸引客户。超短期融资券将密切银行和企业在债务融资工具承销业务上的深层次合作，摆脱对传统业务的依赖，提升合作层次。商业银行可通过超短期融资券业务，为企业提供日常化的一揽子资金服务，扩大中间业务收入。企业则通过超短期融资券业务，享受低成本融资和差异化的金融服务，真正将银行当作长期业务伙伴。

相对于超短期融资券的种种便利，其对发行企业的要求也较高。首先，企业应具备足够的货币市场与金融知识。超短期融资券受市场资金面因素影响大，与回购利率、上海同业拆借利率(Shibor)、央行票据等货币市场工具联动性强。企业可以通过超短期融资券业务更多参与市场，积累经验，提升管理水平。其次，企业应紧跟货币政策步伐。超短期融资券对货币政策敏感度高，是企业参与货币政策传导的有力工具。人民银行的货币政策能够更加灵活地调控货币供给，直接作用于实体经济，减少传导损耗，提高货币政策执行效果。对于企业而言，宏观调控和货币政策不再高高在上，事不关己，而已经成为与企业利益息息相关的必须理解和把握的基本信息。最后，对企业财务精细化管理能力提出要求。超短期融资券是企业灵活配置资金简便灵活的工具，企业应提升内部管理水平，适应新产品的要求。企业必须提高财务精细化管理水平，建立起完善的系统内资金计价体系，准确掌握成员企业资金动向，提高配置效率，让超短期融资券充分发挥现金调节器的作用。

[案例分析]

A 公司的主要业务是从国外进口大宗农产品，在国内进行加工销售。由于 A 公司与外商签订进口合同的结算条款为单据到达托收银行后 5 日内付款，所以 A 公司需要大量的短期周转资金用于支付货款。2016 年，A 公司发现银行间债券市场的超短期融资券利率很低，发行程序便捷，便打算通过发债的方式解决自身资金需求问题。2016 年 3 月，A 公司联系 X 评级公司对其进行主体信用评级，2016 年 5 月 X 评级公司出具信用评级报告，认定 A 公司的主体信用评级为 AA 级。随后 A 公司聘请 B 银行作为其债券发行的主承销商，委托 B 银行将发行材料交银行间市场交易商协会审批。经过几轮交流后，银行间市场交易商协会于2016年7月批准了A公司关于发行5亿元超短期融资券的注册。2016年8月起，A公司与B银行一直关注银行间债券市场行情，并于2016年9月通过B银行成功发行了第一笔2亿元超短期融资券，期限90天，票面利率3.5%，远低于同期银行贷款利率。A公司计划根据自身资金需求，在随后的2年里继续发行超短期融资券。

此案例中，A公司通过发行超短期融资券，解决了进口采购资金需求，取得了低于同期市场融资成本。此外，A公司打通了债券融资的市场渠道，使公司融资渠道更加多样化，并在公开市场上的投资者中建立了良好的企业形象。

3. 中期票据

中期票据(Medium-Term Note, MTN)是指具有法人资格的非金融企业在银行间债券市场按照计划发行的，约定在一定期限内还本付息的债务融资工具。

中期票据期限为1年以上，通常为3年、5年或7年；注册有效期为2年，第一类企业可在注册有效期内自主发行；第二类企业可在接收注册后12个月(含)内自主发行，12个月后发行事前需向协会备案；中期票据待偿还余额不得超过企业净资产的40%；发行中期票据应披露企业主体信用评级，中期票据若含可能影响评级结果的特殊条款，企业还应披露中期票据的债项评级。

4. 资产支持票据

资产支持票据(Asset-Backed Note, ABN)，是一种债务融资工具。该票据由特定资产所产生的可预测现金流作为还款支持，并约定在一定期限内还本付息。资产支持票据通常由大型企业、金融机构或多个中小企业把自身拥有的、将来能够生成稳定现金流的资产出售给受托机构，由受托机构将这些资产作为支持基础发行商业票据，并向投资者出售以换取所需资金。

资产支持票据实现了基础资产的风险隔离，通过结构设计可以实现信用增进，降低融资成本。拥有稳定现金流资产的企业可用证券化技术将其资产剥离出来，转化为债项评级相对较高的证券化产品。资产支持票据产品具有定价复杂等特点，适合投资策略多元、风险偏好与长期偏好相对较高的投资人。

(二) 企业债券

企业债券是指中华人民共和国境内注册的企业(A股上市公司和H股上市公司除外)，依照法定程序发行、约定在一定期限内还本付息的有价证券。目前，我国的企业债券主要包括城投债和产业债两大类。城投债，即地方政府融资平台公司发行的债券，募集资金主要用于保障房、基础设施建设等市政工程，是解决地方政策融资压力的有效工具；产业债，即生产型实体企业发行的债券，募集资金主要用于企业的固定资产投资项目，募投项目可产生稳定的收益。

我国企业债的主管部门为国家发改委,其监管体系如图 2-5 所示。

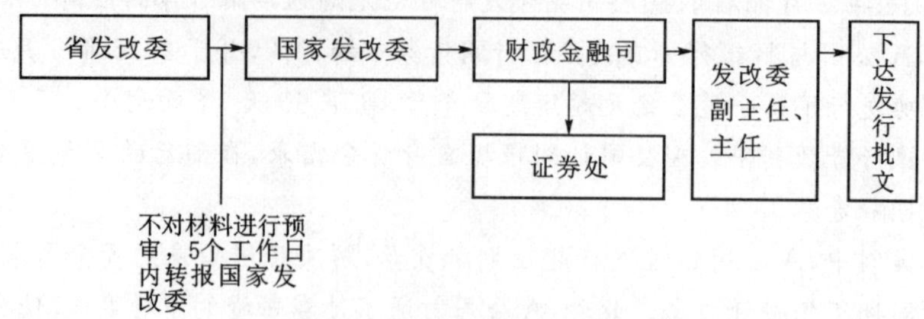

图 2-5 企业债监管体系图

我国企业债券以中长期品种为主,多为 7～10 年期固定利率债券。票面利率为 Shibor 基准利率加上基本利差,Shibor 基准利率通常为发行公告日前 5 个工作日全国银行间同业拆借中心在上海银行间同业拆放利率网(www. Shibor. org)上公布的 1 年期 Shibor(1Y)利率的算术平均数(四舍五入保留两位小数)。

企业债的主要要素如表 2-2 所示。

表 2-2 企业债的主要要素

行业要求	➢ 涉及受宏观调控的行业,如房地产行业,需遵守国家相关行业调控政策,若募集资金用于保障性安居工程,将优先审核 ➢ 涉及国务院 38 号文中有关产能过剩的企业将视情况与监管进行沟通
发行方式	➢ 以簿记建档、集中配售的方式,通过承销团成员设置的发行网点向中华人民共和国境内机构投资者公开发行和通过上海证券交易所向机构投资者发行
特殊条款	➢ 设置本金提前偿还条款/回售选择权
募集资金用途	➢ 募集资金的投向必须符合国家产业政策和行业发展方向,所需相关手续齐全 ➢ 用于固定资产投资的,原则上累计发行额不超过项目的总投资 60%。用于收购产权(股权)的,比照此比例;用于调整债务结构的,需提供银行同意还贷证明或即将到期的贷款合同 ➢ 用于保障性安居工程建设的,棚户区改造项目可发行并使用不超过项目总投资 70%的企业债券资金
担保方式	➢ 第三方保证担保 ➢ 土地使用权抵押担保 ➢ 无担保
主承销商	➢ 自 2000 年以来,已经担任过企业债券发行主承销商或累计担任过 3 次以上副主承销商的金融机构方可担任主承销商

（三）公司债券

公司债券是指公司依照法定程序发行、约定在1年以上期限内还本付息的有价证券。公司债的监管机构为中国证券监督管理委员会（以下简称证监委）。发行公司债的企业为筹措长期资金而向一般大众举借款项，承诺于指定到期日向债权人无条件支付票面金额，并于固定期间按期依据约定利率支付利息。

公司债的主要要素如表2-3所示。

表2-3　公司债的主要要素

发行主体要求	➢ 所有公司制法人（不包括地方政府融资平台公司） ➢ 涉及受宏观调控的行业，如房地产行业，需遵守国家相关行业调控政策 ➢ 涉及国务院38号文中有关产能过剩的企业将视情况与监管进行沟通 ➢ 非公开发行不能在负面清单范围之内
期限	➢ 公开发行不少于1年，非公开不受限
利率	➢ 市场化利率，与发行人资质及担保方资质（如有）密切相关
募集资金用途	➢ 公开发行公司债券，募集资金应当用于核准的用途 ➢ 非公开发行公司债券，募集资金应当用于约定的用途 ➢ 除金融类企业外，募集资金不得转借他人
发行方式	➢ 申请一次核准（公开）或取得无异议函（非公开），分期发行
信用评级与担保	➢ 应委托经证监会认定具有从事证券服务业资格的资信评级机构进行，且需进行跟踪评级 ➢ 公司可自主选择是否担保及担保方式
流通市场	➢ 公开发行：上海、深圳证券交易所，全国中小企业股份转让系统 ➢ 非公开发行：上海、深圳证券交易所，全国中小企业股份转让系统，机构间私募产品报价与服务系统和证券公司柜台
监管	➢ 监管机构：中国证券监督管理委员会 ➢ 监管方式：公开发行-核准制；非公开发行-备案制 ➢ 监管法律：《公司法》《证券法》《公司债券发行与交易管理办法》等 ➢ 公开发行核准批文有效期为24个月，有效期内发行，且发行人应当在12个月内完成首期发行；非公开发行分期发行与公开一致，但不分期发行需在6个月内发行完毕
公开发行法规规定	➢ 股份有限公司的净资产不低于人民币3 000万元，有限责任公司的净资产不低于人民币6 000万元 ➢ 最近3个会计年度实现的年均可分配利润不少于公司债券1年的利息 ➢ 累计债券余额不超过公司净资产的40% ➢ 筹集的资金投向符合国家产业政策 ➢ 债券的利率不超过国务院限定的利率水平
规模	➢ 公开发行实行余额管理 1）发行后累计中长期债券余额不能超过公司合并口径净资产的40% 2）净资产包含少数股东权益 3）规模核算中无需扣减已发行中期票据和短期融资，但需扣减已发行可转债和企业债

公司债的发行方式可以分为公募发行和私募发行。公募发行为公开发行，私募发行为非公开发行。公募发行又可以按照投资者分为大公募和小公募。3种不同的发行方式对应的发行流程如图 2-6 所示。

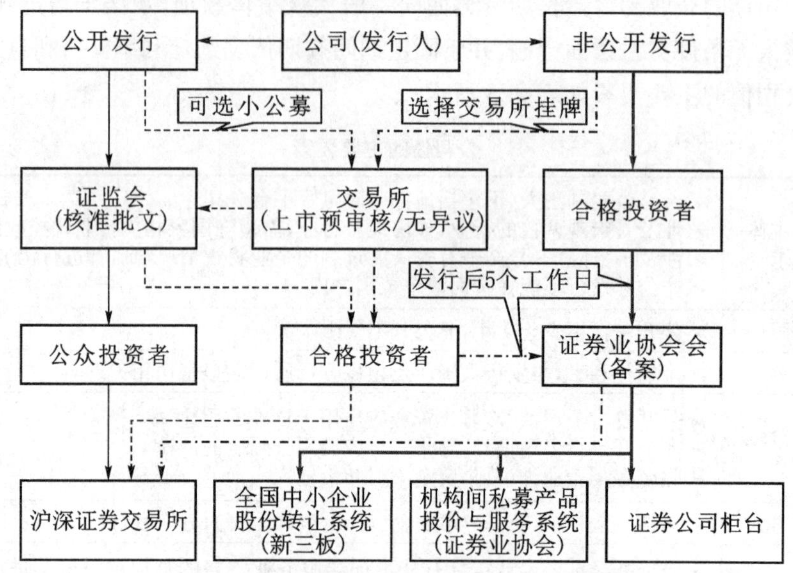

图 2-6　公司债发行方式和发行流程图

由于公司债融资期限一般较长，在进口融资业务中使用较少，因此在此不做过多详细介绍。

(四) 海外债券

1. 外国债券

通俗地讲，外国债券(Foreign Bond)是指外国借款人(政府、私人公司或国际金融机构)所在国与发行市场所在国具有不同的国籍并以发行市场所在国的货币为面值货币发行的债券。对发行人来说，发行外国债券的关键是筹资的成本问题；而对购买者来讲，它就涉及发行者的资信程度、偿还期限和方式、付息方式，以及和投资收益率相关的如票面利率、发行价格等问题。对于发行方式，目前有两种，一种是公募；另一种是私募。公募指向社会上不特别指定的广大投资者进行募集资金。

外国债券只在一国市场上发行并受该国证券法规制约。例如，扬基债券(Yankee Bond)是非美国主体在美国市场上发行的债券，武士债券(Samurai Bond)是非日本主体在日本市场上发行的债券，同样，还有英国的猛犬债券(Bull-dog Bond)、西班牙的斗牛士债券、荷兰的伦勃朗债券，都是非本国主体在该国发行的债券。在人民币逐步实现资本项目下的可自由兑换及人民币的国际化基础上，中国企业也可以考虑发行以人民币计价的外国债券，以进一步向外国筹资者开放国内债券市场。

企业发行海外债券，对建立和完善自我约束、自我发展的经营管理机制有积极的作用；可以让企业适应国际金融市场，在海外投资者中提高知名度，有利于企业在海外的融资业务和资本运作。

2. 我国主要外国债券：熊猫债券

熊猫债券是外国债券的一种，系中国境外的债券发行人在中国境内发行的、以人民币计价的、按照约定货币和汇率偿还的各类债券和结构化产品。熊猫债券是我国境外融资市场的主要产品。

2015 年以后，随着政策鼓励、人民币国际化、中国人民银行降息等因素推动，熊猫债券市场发展迅速，发行主体从机构扩大至海外企业；发行场所由银行间市场扩大至交易所市场；发行规模目前已逾 1 940 亿元。熊猫债券已成为我国外国债券的主要品种之一。当前熊猫债券依然存在发展主体评级、会计准则调整及资金出入境这 3 个关键问题。

第三节　公司进口业务贸易融资

一、贸易融资的基础：贸易结算

进口贸易融资，就是指银行对进口商提供的与进口贸易结算相关的短期融资或信用便利。因此，在介绍贸易融资之前，要先说明贸易结算的方式和特点，这是贸易融资的基础。

对公司进口业务来说，贸易结算方式的理性选择是非常重要的，它不仅关系交易各方的利益，也关系交易的成功与否。理性选择结算方式，关键是交易对象的选择，以及在不同条件下各种结算方式的灵活运用。目前，国内银行能够提供的贸易结算方式主要包括汇款、托收和信用证 3 种。

(一) 汇款

1. 汇款的含义

汇款(Remittance)是指申请人(进口商)委托当地银行，通过该银行的汇划网络，适用合适的结算工具，将款项交给收款人(出口商)的结算方式。也就是说，汇款是申请人利用银行间资金划拨渠道把资金输送给收款人，以完成债权债务的清偿的方式。

在国际贸易中，根据货物发送时间和支付货款时间的先后，汇款分为预付货款、赊销和寄售3种情况。其中，预付货款有利于出口商，赊销有利于进口商，寄售方式涉及货物价格涨跌、售货盈亏等风险均由出口方自负。

2. 汇款的有关当事人

汇款业务一般涉及4个当事人，即汇款人(Remitter)、收款人(Payee or Beneficiary)、汇出行(Remitting Bank)和汇入行(Paying Bank)。此外，需要转汇的业务还涉及转汇行。

3. 汇款业务的类型

按汇款支付授权书的发送方式划分，汇款业务分为电汇、票汇和信汇3种类型。在企业实务中，通常采用电汇的方式。

(1) 电汇(T/T)。电汇是指应汇款人申请，汇出银行以加押电传或SWIFT(环球同业银行金融电讯协会)报文指示另一国家或地区的联行或代理银行将指定金额交付给付款指令上指定的收款人的行为。由于SWIFT系统安全、高效、便利，因此绝大多数汇款业务均采用SWIFT方式进行。

(2) 票汇(D/D)。票汇是指汇出行应汇款人申请，开立以其国外联行或代理银行为付款行的即期汇票，令付款行将票面所列金额付给汇票上指定收款人或持票人(在票据经背书转让的情况下)的汇款方式。

(3) 信汇(M/T)。信汇是指除投递方式是以邮寄或快递方式将付款指令寄给汇入行外，信汇的其他内容和性质与T/T相同。信汇不需要发送电传或电子报文。所以费用较电汇便宜，但邮寄速度远不及电汇快。

4. 汇款业务的基本流程

(1) 汇款人向汇出行提交申请，并提供相应款项。

(2) 汇出行向汇入行发出汇款指示电报(T/T)或指示信函(M/T)或开具汇票(D/D)交给汇款人。

(3) 电汇或信汇项下，汇入行按汇出行指示向收款人解付汇款；票汇项下汇款人将汇票自行交给收款人，收款人向汇票注明付款银行提示汇票，付款银行向收款人解付汇款。

一般来说，汇款流程如图2-7所示。

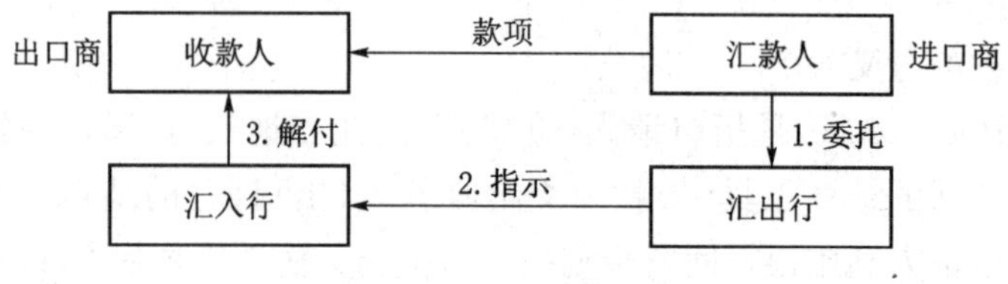

图2-7 汇款流程图

[案例分析]

国内A公司与欧洲B公司是长期合作伙伴。A公司从B公司进口橄榄油在国内销售。基于双方多年良好的合作关系和双方资信情况充分的了解与信任,双方在签订采购合同时约定使用电汇方式结算货款,付款期限为货到付款(赊销)。A公司在收到B公司寄来的提单、发票等商业单据并完成进口货物报关后,即持贸易合同、发票、提单、报关单等单据到银行办理电汇。A公司在银行提交电汇申请后,在1~2个工作日内,欧洲B公司便收到该笔货款。

电汇的高效性和便利性,为A公司能顺利高效办理银行电汇提供了保证。需要注意的是,采用汇款形式作为国际贸易结算手段,是完全建立在贸易双方的商业信用之上。作为进口商企业,若采用预付货款的形式,且已经通过银行电汇支付了货款,可能存在出口商收到货款后拒绝发货或货物与合同不一致,从而导致财货两空的风险。因此对于进口企业来说,若对出口商信用情况没有足够的了解和信任,应尽量选择赊销(货到付款)或其他比较安全的支付手段。

(二) 托收

1. 托收的含义

托收(Collection)是指委托人(出口商)向当地银行(托收行)提交凭证以收取款项的金融票据和商业单据,要求托收行通过代收行(进口商所在地银行)向付款人(进口商)请求付款的一种结算方式。国际商会《托收统一规则》(URC522)从银行的角度定义:"托收指银行依所受指示处理统一规则所称之单据,以求:(1)获得承兑/付款;(2)凭承兑/付款交付单据;(3)依其他条件交付单据。"其中金融票据是指汇票、本票、支票、付款收据或其他类似的用以收取款项的工具;商业单据是指发票、运输单据、所有权单据或其他类似的单据和其他"非金融"的单据。

2. 托收的分类

在托收业务中,根据所附带单据可分为光票托收和跟单托收。

1) 光票托收(Clean Collection)。光票托收是指金融单据不附带货运单据的托收。光票托收通常只用于收取货物的尾款、样品费、佣金、运费及保险费等。

2) 跟单托收(Documentary Collection)。跟单托收是指银行受出口商委托,凭汇票、发票、提单、保险单等商业单据向进口商收取货款的结算方式。卖方以买方为付款人开立汇票,委托银行代其向买方收取货款。在国际贸易结算实务中,一般多采用跟单托收方式。跟单托收根据交单方式的不同分为付款交单和承兑交单。

(1) 付款交单(D/P)(Documents Against Payment)。付款交单是指经济贸易交易中付款的一种方式。付款交单是指出口人的交单以进口人的付款为条件,即出口人将汇票连同货运单据交给银行托收时,指示银行只有在进口人付清货款时,才能交出货运单据。在实务中,付款交单又分为即期交单和远期交单。

• 即期交单(D/P at Sight):

即期交单是指出口方开具即期汇票,由代收行向进口方提示,进口方见票后即须付款的方式。货款付清时,进口公司方能取得货运单据。

• 远期交单(D/P after Sight or after Date):

远期交单是指出口方开具远期汇票,由代收行向进口方提示。经进口方承兑后,于汇票到期日或汇票到期日以前,进口方付款赎单。

在 D/P 业务中,银行并不审核单据的内容,银行也不承担付款义务。银行只是提供转交单据、代为提示单据、代为收款转账等服务。在 D/P 出口业务中,出口商应当注意如下重要问题:

① D/P 业务中,出口商获得货款的保障是进口商的资信。因此,注重进口商的支付能力和商业信誉,是得到款项的重要前提。

② 在货物交付后,单据从出口商到进口商的流转过程中,要注意通过单据的控制来控制货物,在进口商付款之前,应当牢牢控制单据。

③ 实践中常常出现问题的地方,都是在单据的流转、交接点,即出口商交到银行交接点、卖方银行到买方银行的交接点、买方银行交到进口商的交接点。因此,需要控制好这些交接点,单据要按照规范流转。

④ 尽量采用指示提单的方式。这样可以通过控制提单来控制货物。

D/P 的风险在于在两种情况下进口地银行都必须在进口商付款后才能交付单据给进口商,因而两者在法律上的风险应当说是一样的。但是,由于商业实践中面临的风险不同,出口商自行直接向买方指定银行提示付款风险更大。根据国际商会《托收统一规则》的规定,正常的托收做法是出口公司委托其往来银行办理托收,该银行称为托收行;托收行再委托进口商的往来银行或者委托进口商指定的银行(代收行)办理提示付款等。但是,在托收业务中,托收银行并没有义务接受出口商的委托。换言之,在收到托收指示后,银行是有权拒绝办理的。出口商通过自己的往来银行(托收行)办理托收,托收行会安排代收行(无论该行是否为进口商指定,也不论其是否为进口商的往来银行)代为办理提示和收款。托收行对于邮寄托收单证过程中的风险,需要向出口商承担义务。并且,如果在提示付款过程出现任何的问题,托收行会与代收行进行充分有效的联系。

(2) 承兑交单(D/A)(Documents against Acceptance)。承兑交单是指卖方以买方承兑汇票为交单条件的方式,即买方在汇票上履行承兑手续后,即可向代收行取得商业票据，凭之提取货物，于汇票到期日付款。

3. 托收的基本流程

托收的基本流程，如图 2-8 所示。

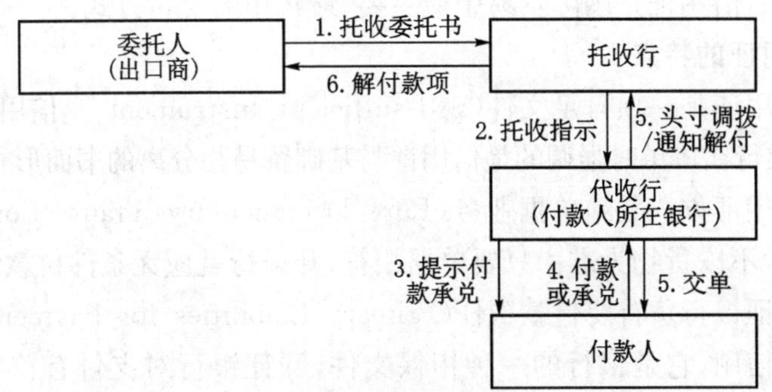

图 2-8　托收的基本流程

图 2-8 中：

① 出口商备货发运后，将有关单据提交托收行办理托收；

② 托收行将托收单据寄至国外代收行进行索汇；

③ 代收行收到单据后提示进口商；

④ 进口商承兑款项或者向代收行付款；

⑤ 代收行将单据交给进口商，并同时通知托收行或向托收行付款；

⑥ 托收行向出口商解付，业务结束。

［案例分析］

国内 C 公司与国外供应商 D 公司签订进口合同，约定的支付方式为 D/P at Sight(即期付款交单)，并指定国内 N 银行为其代收行。D 公司安排货物发运后，将全套商业单据通过 D 公司所在国 M 银行托收。N 银行收到 M 银行寄来的商业单据和托收指示后，通知 C 公司付款赎单，并将单据复印件一并提供给 C 公司。C 公司收到 N 银行的到单通知并核对单据复印件，无误后即安排付款，并从 N 银行取得全套正本商业单据。

与汇款一样，跟单托收支付所凭借的依然是贸易双方的商业信用。银行在托收实务中只承担通知的义务而不承担付款的责任，即若买方收到银行通知后拒绝付款，作为买方银行的代收行不承担必要的付款责任。同时，托收行不需审核单据内容和数量是否和合同要求一致，只需要按照委托人要求将单据寄至代收行；代收行收到单据后也不需审核单据内容，只需要将单据通知给付款人即可。

(三) 信用证

信用证(Letter of Credit，L/C)是指开证银行应申请人的要求并按其指示向第三方开立的载有一定金额的，在一定的期限内凭符合规定的单据付款的书面保证文件。信用证是国际贸易中最主要、最常用的支付方式。

1. 信用证的特点

一是信用证是一项自足文件(Self-sufficient Instrument)。信用证不依附于买卖合同，银行在审单时强调的是信用证与基础贸易相分离的书面形式上的认证。

二是信用证方式是纯单据业务(Pure Documentary Transaction)。信用证是凭单付款，不以货物为准。只要单据相符，开证行就应无条件付款。

三是开证银行负首要付款责任(Primary Liabilities for Payment)。信用证是一种银行信用，它是银行的一种担保文件，开证银行对支付有首要付款的责任。也就是说只要信用证的受益人提供了信用证规定的相符单据，无论开证人是否向开证行付款，开证银行就需要无条件支付信用证项下款项。

2. 信用证业务项下的关系人

(1) 开证申请人(Applicant)。开证申请人是指向银行申请开立信用证的人，一般为进口商。

(2) 受益人(Beneficiary)。受益人是指享受信用证项下相应权益的人，即按照信用证条款提供相应单据即可收到信用证款项的人，通常是出口商或实际供货人。

(3) 开证行(Opening/Issuing Bank)。开证行是指接受开证人委托向受益人开立信用证的银行。信用证开出后，开证行承担第一性的付款责任。

(4) 保兑行(Confirming Bank)。保兑行是指根据开证行授权或者委托，对开证行开立的信用证加具额外付款责任的银行。

(5) 通知行(Advising/Notifying Bank)。通知行是指受开证行委托，将信用证及时准确转交给受益人的银行。通知行只负责核实所收到信用证的真实性和完整性，不承担其他义务。通知行通常是受益人账户所在银行，通常也是受益人进行信用证项下交单的银行。

(6) 付款行(Paying/Drawee Bank)。付款行是指在信用证项下按指令付款的银行。通常情况下付款行即开证行。

(7) 承兑行(Accepting Bank)。承兑行是指对受益人提交的汇票进行承兑的银行。通常情况下承兑行即付款行。

(8) 议付行(Negotiating Bank)。议付行是指接受开证行的授权和指定，在获得开证行偿付之前，以购买受益人的合格汇票或信用证项下相符单据为前提向其预付或同意预付款项的银行。议付行即信用证项下受益人可以进行资金融通的银行。

(9) 偿付行(Reimbursement Bank)。偿付行是指受开证行委托或授权,代开证行向交单行、议付行或付款行清偿款项的银行。

3. 信用证的作用

(1) 资金融通。对于进口方来说,只要取得开证行的授信支持,就可以免交或交纳部分保证金开立信用证;待进口单据到达后,进口方再向银行支付差额或申请融资支付。对于出口方来说,收到信用证后,在货物装船前,可以凭借信用证向银行申请办理质押贷款;在货物装船后,可以向银行申请办理出口押汇等贸易融资,以缓解资金流动性压力。

(2) 付款保证。对于进口方来说,向开证行付款后即可取得代表货权的商业单据,提取货物。进口商开立信用证时,可以通过在信用证中规定相应的约束性条款,有效控制卖家货物装船期限、货物在装船前的质量和数量。对出口方来说,只要按照信用证条款备货装船,并在装船后提供与信用证相符的商业单据,就可以从银行顺利取得货款。对于进出口双方来说,由于信用证付款加入银行信用,在很大程度上杜绝了各种商业欺诈行为的发生。

4. 进口商采用信用证方式结算的优势

进口商采用信用证方式结算的优势主要有4个方面。

一是改善谈判地位。由于进口商的开证行承担首要付款责任,大大增强了进口商的付款信用,提高自身在商务谈判中的地位。

二是保障货物质量。进口商在开证时可以通过信用证条款的设置,控制货权转移、装期、货物数量和质量要求等。

三是减少资金压占。对于使用银行授信开立信用证的企业,在信用证开立后至付款的这段时间,可以免除保证金资金压占,加速资金周转。

四是改善现金流量。进口商可以通过银行提供的提货担保、进口押汇等贸易融资产品,在不支付货款的前提下提前取得货权单据,及时处理、销售货物,实现利润最大化。

5. 办理信用证的基本流程

办理信用证的基本流程见图2-9。

图2-9中:

① 进出口商签订贸易合同,进口商申请开立信用证;

② 开证行接受申请开出信用证;

③ 通知行向受益人(出口商)通知信用证;

④ 受益人(出口商)按信用证规定发货,并缮制相关单据,向指定银行交单;

⑤ 指定银行接到单据,审核与信用证要求相符后,根据指定银行不同义务,进行付款、做出付款承诺、做出承兑承诺或进行议付;

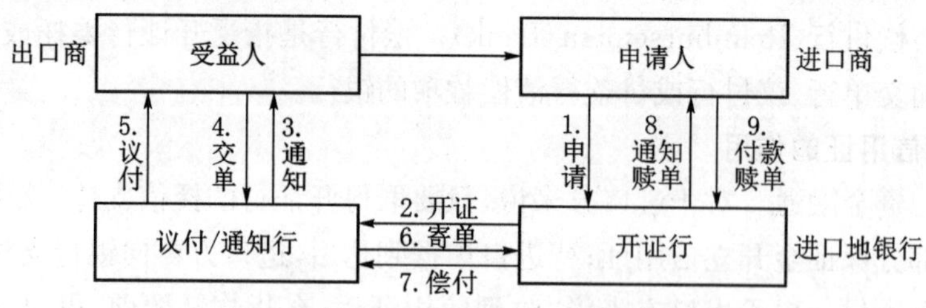

图 2-9　办理信用证流程图

⑥ 指定银行向开证行寄单索汇或向偿付行索汇；

⑦ 开证行向交单行或偿付行付款；

⑧ 开证行通知申请人赎单；

⑨ 申请人接到开证行赎单通知后到开证行付款赎单。在赎单之前，申请人审查单据，如发现存在不符点可以提出拒付。

［案例分析］

国内 ZC 公司与国外供应商 WD 公司签订进口合同，约定通过即期付款信用证进行结算。ZC 公司凭借已经签好的贸易合同到国内 F 银行申请开立信用证。境外 WD 公司指定的通知行 H 银行收到信用证电子报文后将该笔信用证通知给 WD 公司。WD 公司根据信用证条款安排发货，并在信用证规定时间内将信用证要求的全套商业单据交至 H 银行柜台。H 银行将信用证下单据寄至开证行 F 银行，F 银行审核，确认单与信用证相符后，通知 ZC 公司付款并赎取全套商业单据。

（四）信用证与跟单托收的区别

信用证与跟单托收相同的地方在于商业单据均通过银行进行传递。然而信用证与托收最大的区别在于信用证开证行承担第一性的付款责任，即在受益人（卖方）提供了信用证规定的相符单据后，无论开证人（买方）是否同意付款，开证银行均需要无条件向受益人支付信用证款项。这就把贸易双方间的商业信用转成了商业银行间的银行信用。同时，由于开证银行承担了付款责任，为了规避和缓释可能承担的付款责任，在开立信用证时，银行通常要求开证申请人提供足额的保证金或者银行授信。

二、贸易融资主要产品

（一）信用证融资

1. 信用证贴现

国际信用证贴现是指出口商以收到的信用证正本作为证明还款来源的依

据，向银行申请的一种货物装船前融资。其主要用于组织生产或采购及其他费用的资金融通，最终以出口收汇款偿还银行贷款。

信用证贴现具有如下6个特点：

(1) 突破评级授信的限制，提前收款，加速资金周转。

(2) 提前办理外汇结汇，锁定汇率风险。

(3) 融资比例可达单据金额的100%。

(4) 资金用途没有限制。

(5) 属于短期融资，期限一般不超过1年。

(6) 当出口企业不能正常从国外收回货款时，贴现银行有追索权。

信用证贴现适合具有进出口经营权，以出口为主并有融资需求的企业，在收到国外开来信用证时，备货生产阶段可能会发生资金周转困难，希望从银行获得装船前融资，用于原料采购、产品包装，以及支付租船订舱等费用。人民币、美元、港币、日元、欧元、英镑等都可以作为主要结算货币。

信用证贴现可扩大贸易机会，解决企业资金紧缺；解决企业在生产、采购等备货阶段资金占用问题，缓解企业流动资金压力。

[案例分析]

A公司从事外贸行业，主要交易对手为欧洲大型连锁卖场。A公司签订的贸易合同约定采用信用证方式结算，账期为提单发货后3个月。这给A公司备货生产带来资金周转困难。为了确保资金周转顺畅，保证合同货物顺利完工发货，A公司向当地银行申请办理信用证贴现，金额为收到信用证金额的100%，期限3个月。A公司得到银行贴现融资款项，确保货物按合同期限顺利完工并发货。待公司收到信用证项下货款后归还银行融资。

2. 提货担保

提货担保是指进口商开出信用证后，因航程过短，货比单据先到目的地，为及时提货用于生产销售并免付高额滞仓费，客户可要求银行为其开出提货担保书，交承运人先行提货，待正本提单收到后向承运人换回提货担保书的一种担保业务。客户只需保证日后及时补交正本提单，并负责缴付船公司的各项应收费用及赔偿由此而可能遭受的损失，即可由银行单独或与客户共同向船公司出具书面担保，请其凭以先行放货。

提货担保主要作用是在货物到港而正本提单未到达时，进口商可以先行办理提货，免去由于货物滞港而产生的滞港费等额外费用。对于一些易变质腐坏的货物，提前卸货可以保证货物质量，避免不必要的损失。

提货担保本质是开证行出具的一种保函。开证行承担该保函项下被保证人面临的一切风险。由于赔偿责任不仅限于货物本身,因此,开证行的担保责任具有无限责任的特点。同时,提货担保的期限具有不确定性,只有当进口商以正本提单向船公司换回提货担保时才能解除。

办理提货担保的流程如图 2-10 所示。

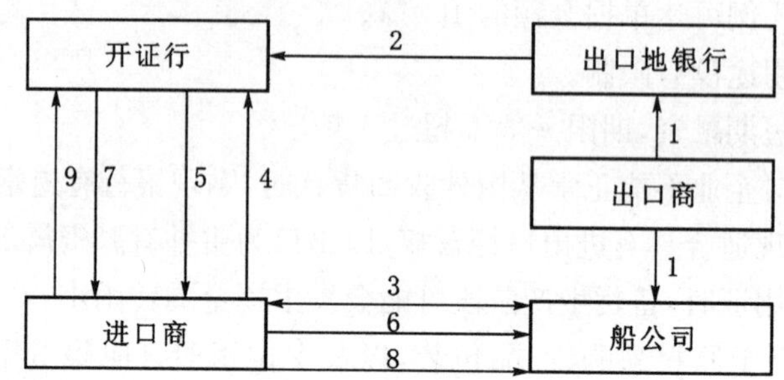

图 2-10　办理提货担保流程图

图 2-10 中:

① 出口商将货物交给船公司发运,同时将向当地银行交单;

② 出口地银行审单后寄单至开证行;

③ 船公司将货物运至目的地后通知进口商;

④ 由于进口商尚未收到提单,因急于提货,进口商向开证行申请办理提货担保;

⑤ 开证行审核材料后向进口商出具提货担保书;

⑥ 进口商凭提货担保书从船公司处提货;

⑦ 开证行收到商业单据后,向进口商发送到单通知;

⑧ 进口商取得正本提单后,将正本提单交至船公司换回提货担保书;

⑨ 进口商将提货担保书归还开证行。

[案例分析]

F 公司从东南亚地区进口一批热带水果。热带水果属于易腐坏变质商品。为了确保货物新鲜,F 公司在银行开立信用证后,即向银行申请办理提货担保。货物到港时,银行尚未收到境外寄来的正本提单。F 公司凭银行出具的提货担保书先行办理提货。时间上保证了此批次水果的新鲜度。待 F 公司收到正本提单后从船公司换回提货担保书,至银行解除提货担保。

3. 国内信用证议付

(1) 产品含义。国内信用证议付是指境内银行收到开证行到期付款确认书后，扣除议付利息并向受益人给付对价的行为。如开证行到期不付款，进行议付的银行对卖方有追索权。

（2）产品特点。其一，可以加快资金周转。即期收回远期债权，从而加快资金周转速度，缓解资金压力；其二，简化融资手续。融资手续相对于流动资金贷款等简便易行。

（3）利率。议付利率比照人民币贴现利率执行。

（4）适用客户。国内信用证议付主要适用以下客户：

① 卖方流动资金有限，依靠快速的资金周转开展业务；

② 卖方在获得开证银行付款确认后，收款前遇到临时资金周转困难；

③ 卖方在获得开证银行付款确认后、收款前遇到新的投资机会，且预期收益率高于议付利率。

（5）申请条件。国内信用证申请条件主要如下：

① 依法核准登记，具有经年检的法人营业执照或其他足以证明其经营合法和经营范围的有效证明文件；

② 拥有开户许可证，在银行开立结算账户；

③ 客户拥有已经银行确认付款的未到期远期债权；

④ 确认付款的开证银行必须是银行已核有授信且资信较好的金融机构（银行辖内机构除外）。

（6）办理流程。国内信用证议付办理流程见图 2-11。

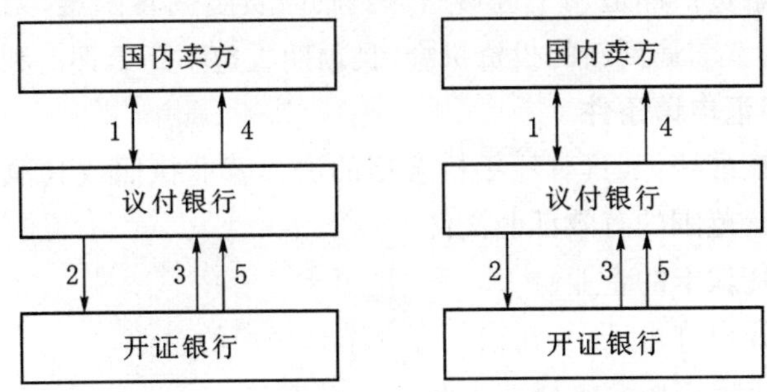

图 2-11　国内信用证议付办理流程图

图 2-11 中：

① 卖方与议付银行签订融资协议，向议付银行提交商业单据；

② 议付银行经审核单据后，将单据寄往开证行进行索汇；

③ 开证行收到单据后向银行进行付款确认；

④ 银行在收到开证行付款确认后，客户应向银行提交《国内信用证申请书》或《国内信用证议付合同》，银行将议付款项划入卖方账户；

⑤ 开证行到期向银行付款，银行用以归还议付款项。

（二）进口押汇

1. 进口押汇的含义

进口押汇是指银行收到国外来单后，应开证申请人要求向其提供短期资金融通，用以支付该单据项下的款项。银行开立了信用证或其他单据就要承担第一性的付款责任，所以银行在开证时应要求申请开证人提供保证金、抵押品或担保函。对资信良好的长期往来客户，可以提供优惠服务和简化手续，按一定的抵押品核定一个开证额度。议付行将单据交到开证行，开证行经过严格审单后无不符点，或虽有不符点但客户及开证行双方都同意接受，开证行应在合理工作时间内对外付款，通知申请人赎单。这时申请人还未见到货，有可能凭单付款有资金困难，开证行根据协议可以不立即向申请人收款，而是扣其授信额度，办理进口押汇，待申请人出售货物收回资金后再付款。

对开展进口业务的公司，进口押汇可以减少资金占压，利用银行资金进行商品进口和国内销售，不占压任何资金即可完成贸易、赚取利润；把握市场先机，帮助进口商在无法立即支付货款的情况下及时取得物权单据、提货、转卖，从而抢占市场先机；提高议价能力，通过将付款期限由远期改为即期，或相应缩短远期付款的期限，可以帮助进口商提高对国外出口商的议价能力；节约财务费用，可根据不同货币的利率水平选择融资币种，从而节约财务费用。

2. 进口押汇适用客户

进口押汇融资产品适用于进口商遇到临时资金周转困难，无法按时付款赎单；进口商在付款前遇到新的投资机会，且预期收益率高于押汇利率。

3. 进口押汇申请条件

（1）依法核准登记，具有经年检合格的法人营业执照或其他足以证明其经营合法性和经营范围的有效证明文件。

（2）拥有贷款卡的企业。

（3）拥有开户许可证，并在银行开立结算账户的企业。

（4）具有进出口经营资格的企业。

4. 进口押汇办理流程

进口押汇办理流程见图 2-12、图 2-13。

进口押汇受益对象要求是具有进出口经营权的银行客户，信用记录良好，财务、经营状况正常；对于已经获得银行进口押汇额度的押汇申请人，在可使用的进口押汇授信额度以内，最迟不得晚于信用证对外付款日之前 3 个工作日向银行申请叙作进口押汇；对于在银行没有进口押汇授信额度的押汇申请人，或者拟押汇金额超过其可使用的进口押汇授信额度的申请人，原则上必须向银行申请

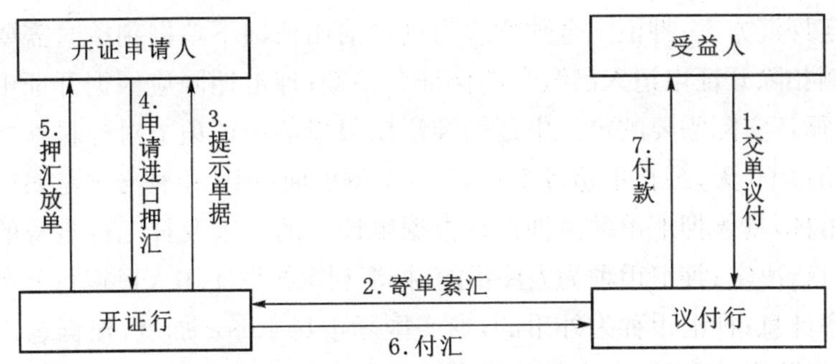

图 2-12 进口信用证押汇流程图 1

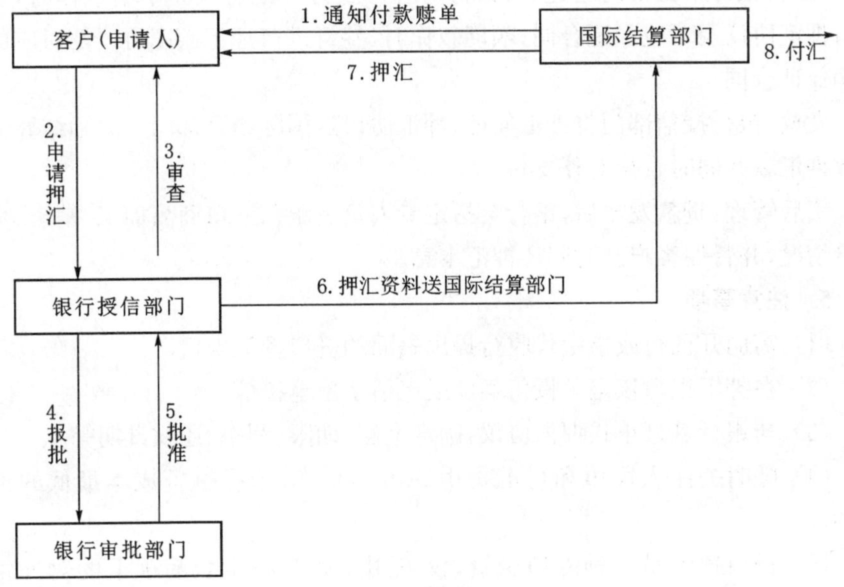

图 2-13 进口信用证押汇流程图 2

办理进口开证业务的同时,向银行申请叙作进口押汇;开证申请人申请进口押汇需提交包括“进口押汇申请书”,银行在该信用证项下发出的到单付款/承兑通知书,最近一期财务报表和进口押汇额度协议,以及相应的最高额担保文件(如果开证申请人申请叙作额度押汇);进口押汇由银行授信部门受理,可以逐笔受理,并单笔审批办理,也可以对符合条件的客户,给予进口押汇额度管理。

审查:银行授信部门收到客户递交的“进口押汇申请书”及其他资料后,按照短期贷款调查要求,对申请人资信、财务、经营及该笔进口商品市场销路、销售落实情况,商品回款周期、押汇担保措施等进行调查,核定押汇方案,落实相应担保措施,交银行审批部门进行单笔审批或确定是否给予授信限额的审批。

核定押汇方案：押汇本金数额应为进口信用证项下单据到单时需要对外支付的金额扣除开证申请人已缴存的保证金差额；押汇期限应根据开证申请人申请、贸易循环实际需要酌定。申请的押汇期限指信用证项下对外付款之日起原则上不超过 90 天，最长不超过 180 天，且不得展期；押汇币种必须是银行外汇牌价挂牌币种，具体押汇币种由押汇行根据申请人的需求及押汇行自身的外汇存量情况自行决定；押汇币种为人民币的，押汇利率按照中国人民银行公布的同期贷款利率计息；押汇币种为外币的，参照国际市场 Libor 加点，根据客户资信等级、业务风险度、银行综合收益等因素确定加点数。计息日自对外付汇日起，至押汇归还日止，利随本清。

签约：银行审批部门通过后，银行与客户签订押汇协议。单笔叙作时，签订进口押汇协议及对应保证合同；额度叙作时，签订进口押汇额度协议及对应的最高额保证合同。

发放：银行授信部门将押汇凭证、押汇协议送国际结算部门。国际结算部门发放押汇款并同时直接对外支付。

贷后管理：贷款发放后，银行会指定专人负责跟踪进口商品加工、销售、货款回笼情况，并督促客户及时归还押汇本息。

5. 注意事项

(1) 需向开证行或指定代收行提出书面的进口押汇申请。

(2) 在押汇银行核定了授信额度或申请了单笔授信。

(3) 与银行签订正式押汇协议，确定金额、期限、利率、还款日期等。

(4) 随时关注人民币和付汇货币的市场利率，选择融资成本最低的押汇币种。

(5) 进口押汇是一种专项融资，仅可用于履行特定贸易项下的对外付款责任。

(6) 押汇期限一般与进口货物转卖的期限相匹配，并以销售回笼款项作为押汇的主要还款来源。

[案例分析]

A 公司是一家主营业务为农产品大宗商品的进口企业。公司进口的农产品部分用于自营生产加工，大部分进口农产品均销往国内其他公司。公司凭借与国外供应商多年合作建立的良好基础，购销渠道顺畅，生产加工的产品质量过硬。近期，A 公司计划调整经营战略，在保证进口农产品销售份额稳定的基础上，扩大自营生产加工规模。为此，A 公司产生了如下资金管理需求：

(1) 减少进口农产品的资金占压,用于扩大自营加工产能。

(2) 确保进口货款按时支付,延续和国外供应商良好的合作态势。

根据A公司资金运营要求,结合公司周转资金回笼情况,国内甲银行为其设计了在即期付款信用证项下6个月进口押汇产品的方案。具体流程如下:

① A公司与国外供应商签订采购合同,原付款方式保持不变;

② 甲银行根据A公司的进口合同和开证申请,为A公司开立即期付款信用证,信用证受益人为国外供应商;

③ 国外供应商收到信用证后,组织生产发货,并向当地银行提交信用证项下单据;

④ 甲银行收到单据后,经审核无误后,向A公司发出到单通知;

⑤ A公司向甲银行提出进口押汇申请;

⑥ 甲银行代A公司垫付押汇款项,并将单据交给A公司;

⑦ A公司凭单据提货并组织销售,陆续收回货款;

⑧ 6个月后,A公司销售货款全部收回,在融资到期日向甲银行归还融资本息。

上述案例中,A公司与国外供应商的进口合同没有因为进口押汇融资而发生改变,保证了A公司和外商的贸易合作关系。A公司凭借其在甲银行良好的信用,通过甲银行为其垫付进口货款的方式,解决了自有资金被长期占用的问题。既缓解了进口时的资金压力;又为公司长期发展战略提供了有效的支持。

(三) 保理

保理(Factoring),全称保付代理。指卖方经过现在或将来的基于其与买方订立的货物销售/服务合同所产生的应收账款转让给保理商,由保理商向其提供资金融通、进口商资信评估、销售账户管理、信用风险担保、账款催收等一系列服务的综合服务方式。

在现代贸易中,随着市场经济的不断发展,竞争日趋激烈。买方地位的不断提高,卖方为了实现商品销售、控制交易成本,加速资金周转,不得不接受对它来说看似苛刻的条件——赊销。在赊销贸易下,卖方自然希望早日实现销售收入,加快资金周转。同时,希望得到有实力和信用的第三方担保,以转移不能收款的风险。当贸易发展到一定阶段时,就产生了一种利用自身的资金、信用、技术等资源,在经济活动中,通过向交易双方提供应收账款融资、管理服务来分享商品贸易的增值成果的个人或组织。

据说,在距今5000年的巴比伦王朝就出现了保理业务的雏形。当时的保理业务更多是带有商务行为的代理性质。在美国,早期的保理商就是指那些商业代理商,他们提供一种中介服务职能,收取委托人的货物以后,以寄售的形式代为销售货物并催收货款，同时为买方的付款提供担保。在保理业务发展初期，贸易融资的职能还没有显现出来。

受18世纪工业革命的影响，狭小的国内市场满足不了资本家追逐利润的需要，于是向海外倾销纺织品成了资本主义初期经济扩张的必经之路。在这种形势下，为了解决出口商的资金占压与扩大再生产的矛盾，这种采用寄售方式的商务代理逐渐演变成为提供短期贸易融资的保理服务。

19世纪后半叶，由于交通和通信的进一步发展，一些制造商和批发商为了更好推销自己的产品和保证自己的经济利益，雇佣商业代理商作为保理商来提供服务，使得卖方从保理商的委托人变成了保理商的客户。保理商从负责销售商品的商业代理变成了接受卖方应收账款转让的债权人。因而，保理也使得非法律意义性质的委托人和代理人之间的关系发生了质的变化，成了债权转让人和受让人之间的民商法律关系。保理业作为国际贸易活动中一种融资结算方式和法律制度，自此得到了长足进展。

20世纪，保理业在英国、美国、法国、日本等发达国家有了更普及性的发展，保理业由适用于一般的国内贸易和个别领域延伸至国际贸易和金融等领域，并有专门的法律制度相对应。

保理在亚洲的发展比欧美晚近20年。在亚洲，日本保理起步较早，1994年起，日本从意大利手中夺得出口保理全球第一的宝座，保持了7年。中国台湾地区则在20年前就着手探索和试办保理业务，从2001年起成为全球第一大出口保理市场，长达7年之久。在此期间，香港地区的保理业务也取得了令人瞩目的业绩。2006年11月1日，中国保理商协会在北京成立，其成员有中行、工行、建行、农行、交行、光大、中信、浦发、招商、民生、上海银行、汇丰上海等多家FCI成员。近年来，随着实体经济、国际国内贸易的发展，保理业务在我国高速发展。从2008年起，中国已成为全球最大的出口保理市场，保理总量排名全球第二，仅次于英国。截至2015年12月底，全国商业保理公司数量已达2 514家，全部企业业务总量超过2 000亿元。我国商业保理行业取得了前所未有的快速发展。

对于进口企业来说，常见的保理包括三类。

1. 进口保理

(1) 进口保理的含义。进口保理指在进口贸易中，银行(进口保理商)受让国外出口商对国内企业的应收账款，货到后及时向国内企业履行收款责任，并在保理额度内向国外出口商提供支付保证。

随着对外贸易的发展，企业进出口货物的数量不断增加。公司进口业务在参与对外贸易的过程中，往往会遇到这样的问题：公司手头资金短缺，想要通过赊销的方式来进行结算，以缓解资金的不足。因此，在进口货物的时候，公司往往会到银行去开立信用证，以银行信用为担保，承诺到期付款。但是，开立信用证需要缴纳保证金或者占用企业的授信额度，同时还需要支付一大笔开证手续费。针对此项难题，银行开展进口保理的业务。当公司以赊销或承兑交单为支付结算方式办理进口贸易的时候，想要获得出口商对自己的信任，就可以选择银行进行进口保理服务。进口保理是银行根据出口商的申请、接受出口商转让的应收账款，为公司提供信用担保及其相关的账务管理服务的业务。

（2）进口保理的基本流程。进口保理的基本流程见图 2-14。

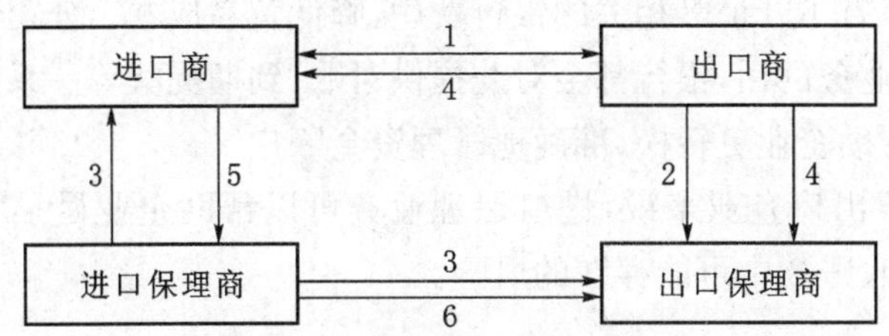

图 2-14 进口保理的基本流程

图 2-14 中：

① 进口商和出口商签订购销合同；

② 在洽谈时，出口商通过当地的出口保理商提交保理申请，选择一家银行作为进口保理商；

③ 进口保理商根据进口商的资信，核定信用担保的额度并通知出口商；

④ 出口商发货并转让应收账款，将发票转让给出口保理商，并获得融资；

⑤ 账款到期后，进口商向进口保理商支付货款；

⑥ 进口保理商付汇给出口保理商。

（3）进口保理的特点。

① 免费获得信用担保：由进口保理商为企业提供信用担保，有利于提升公司的信用实力和企业形象；

② 有效降低成本：采用赊销方式进口，既可节省开证等费用，又可先收货、后付款，从而降低营运资金占用，提高资金使用效率；

③ 业务手续简便：无需提供担保抵押，无需开立信用证，即可轻松办理进口业务；

④ 简化账务管理：进口保理商为企业提供对账、到期提醒等一系列的账务管理服务，让应付账款管理工作更加准确和轻松；

⑤ 稳定贸易关系：在进口保理业务中，基于进口保理商的信用担保，出口保理商可以为客户提供资金融通和信用担保，有助于与出口商建立长期稳定、互惠

互利的贸易伙伴关系。

(4) 进口保理对公司的影响。首先,从公司进口业务角度来看,在赊销进口的情况下,公司无需申请授信额度,无需提供担保抵押,就可免费获得银行信用担保。基于银行的信用担保,有利于公司与客户之间建立长期稳定的贸易伙伴关系,提升公司的信用实力和企业形象,更易于与出口商建立赊销的购销模式。

其次,在这种模式下,进口方先收货、后付款,有效降低了公司营运资金的占用,提高了资金的使用效率,缓解了公司当前资金短缺的困境。相比同类产品,信用证而言,节省了开证等相关的银行费用,降低贸易成本。公司在进口保理商这里办理保理业务的话,银行都会对此提供对账、到期提醒等一系列账务管理的服务,进一步帮助企业更轻松、准确地管理资金账户。

同时,对于出口企业来说,进口保理业务可以帮助企业尽早实现货款的回收。降低了应收账款中可能存在的风险。

[案例分析]

A海外公司从事大宗农产品贸易。A公司从海外供应商采购农产品后,销往国内进口企业B公司,付款条件为提单日后180天。A公司有低成本融资需求的同时,还有优化财务报表、降低应收账款规模的需求。

A公司在境外银行没有授信额度,融资存在一定困难;B公司是境内大型贸易公司,是银行竞相提供授信合作的对象。公司货币资金充足,并无融资需求。

结合两家公司的实际情况和融资需求,甲银行为A公司设计了进口双保理的融资模式。具体方式为:境内甲银行与境外乙银行联动。A公司向乙银行提出保理融资申请,乙银行作为出口商A公司的出口保理商,审核A公司的贸易背景后向境内甲银行提出为B公司核准保理额度。甲银行作为进口商B公司的进口保理商,在审核B公司的资信情况和贸易背景真实性的情况下,为B公司核定了保理额度。

A公司通过占用B公司在境内甲银行的授信额度,在乙银行获得了无追索权的融资,从而减少对B公司的应收账款,实现了财务报表的优化。同时,借助乙银行在境外的资金优势,实现了降低融资成本的目的。

2. 双保理

(1) 双保理的含义。双保理模式是指由销售商所在国的保理商(出口保理商)与债务人所在国的保理商(进口保理商)合作而共同完成的保理业务。由销售商与出口保理商签订保理合同,出口保理商向销售商提供出口保理服务;出口保理商再与进口保理商签订合同,由进口保理商向债务人追收账款。这是当前最主要的保理业务形式。

双保理的业务流程如图 2-15 所示。

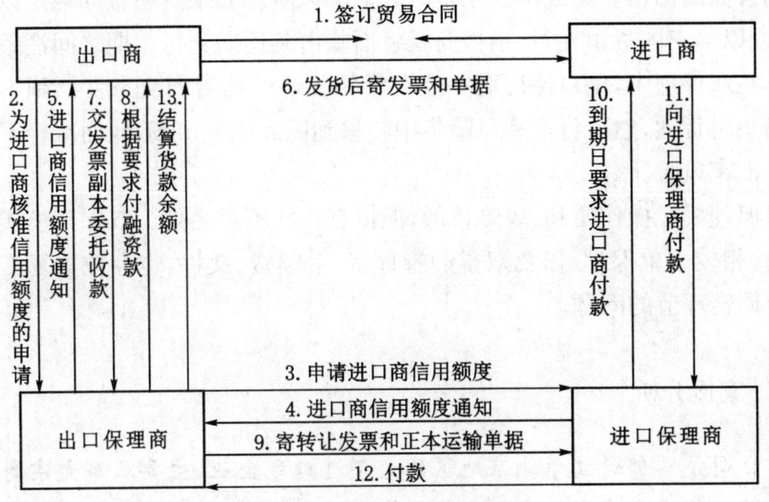

图 2-15 双保理业务流程

图 2-15 中：

① 出口商向银行提交出口双保理业务申请，银行据此联系进口保理商对进口商进行信用评估；

② 进口保理商为进口商核准信用额度，银行与出口商签订出口双保理协议。出口商同意将其应收账款转让给银行，并由银行进一步转让给进口保理商；

③ 出口商发货或提供服务后，将附有转让条款的发票交银行寄单，并将发票副本转交银行；

④ 银行通知进口保理商有关发票详情；

⑤ 如出口商有融资需求，银行将针对已核准的应收账款为出口商办理融资；

⑥ 进口保理商于发票到期日前若干天或发票到期日开始向进口商催收；

⑦ 如进口商于发票到期日向进口保理商付款，进口保理商将款项付出口保理商；如进口商在发票到期日 90 天后仍未付款，亦未发生争议，进口保理商做核准付款。出口保理商扣除融资本息（如有）及费用，将余额支付出口商，业务结束。

（2）双保理模式的优劣。双保理模式的优点主要有三个。一是交易双方操作便捷。出口方和进口方只需链接到一家保理公司，保理公司会为其提供全面的保理服务。即使同时向几个国家销售或购入货物，出口商和进口商也可以仅用本国语言、法律，按照本国贸易习惯完成交易。二是较低的费用和预付垫款。

由于销售商成为出口保理公司的经常客户，出口保理公司对其十分了解并能够随时掌握其经营变化情况。因此，对其收取的各种费用和预付垫款较低，从而降低了销售商的出口贸易成本。三是减轻汇率风险。如果贸易合同规定以进口国货币，或以第三国货币支付，销售商就将面临由装运期到付款期之间汇率变动的风险。在双保理中，出口保理商一般在货物装运后销售商交来发票副本时要向销售商垫付货款，然后将汇率风险集中转移到国际金融市场，从而减轻了国际贸易中的汇率风险。

双保理模式操作便利、风险较低，但也有一些不足之处。双保理模式中两个保理商，相较于单保理，需要双重的管理费、手续费、文件，也存在重复工作和较多资金周转环节的问题。

[案例分析]

A公司是总部设立于北京地区的大型进口型企业，主要从事大宗商品进口业务。近几年的海关进口量均位列北京地区前20名，与多家商业银行保持密切业务合作，在银行有大量可用贸易融资额度；B公司是A公司在境外主要的合作伙伴。A公司进口业务流程为：B公司与境外供应商签订进口合同。付款方式为D/P交单；B公司再与A公司签订合同，将货物销售给B公司及其境内其他子公司。付款方式为赊销，付款期限为提单日后1年。由于下游A公司压款，B公司在与境外供应商结算时存在资金周转紧张的情况；并且，B公司在境外商业银行取得的授信资源有限，现有的融资渠道成本高昂，无法满足A公司进口业务需求。

境内甲银行依托其境外分支机构优势为A公司设计了双保理融资方案，以解决资金问题。具体来说，甲银行北京分行作为进口商A公司的进口保理商，境外分行作为B公司的出口保理商。甲银行审核B公司提交的出口业务商业单据后，向境内北京分行发出融资申请；该银行北京分行收到申请电报后，审核A公司的资质、进口业务商业单据、核定的银行授信情况后，与A公司签署应收账款转让声明。B公司有了足额授信后，向境外分行发送担保报文。境外分行收到报文后向B公司发放融资款项，用于B公司即期支付供应商货款。融资到期时，A公司将融资本金归还甲银行北京分行，由北京分行通过电汇方式汇至境外分行，归还双保理融资。

该业务中，通过一家商业银行境内外分支机构联动，解决了境内优质客户与其境外合作伙伴之间授信资源不平衡的问题，保障了境内进口企业业务的顺利开展，解决了境外供应商授信资源紧张、融资成本高昂的问题。同时，由于进出口保理商为同一家银行的分支机构，还能在一定程度上解决重复收取手续费用和资金，以及文件传递过程中遇到的困难，在很大程度上简化了双保理融资的流程，提高了企业融资效率。

3. 国内综合保理

(1) 国内综合保理的含义。国内综合保理是指保理商为国内贸易中以赊销的信用销售方式销售货物或提供服务而设计的一项综合性金融服务。卖方(国内供应商)将其与买方(债务人)订立的销售合同所产生的应收账款转让给保理商，由保理商为其提供贸易融资、销售分户账管理、应收账款的催收、信用风险控制与坏账担保等综合性金融服务。

按是否可以向供应商追索，保理业务可分为有追索权保理(又叫应收账款收购及代购)和无追索权保理(又叫应收账款买断)两种。有追索权保理是指应收账款到期后买方没有履行付款义务，保理商可向供应商追索的保理；无追索权保理是指应收账款到期买方没有履行付款义务，保理商不能向供应商追索的保理。但买方以商业纠纷为由拒绝付款的，保理商仍可向供应商追索。

(2) 国内综合保理的适用对象。国内综合保理主要适用于赊销结算方式的国内贸易。申请企业须有良好信用记录，且具备完善的应收账款管理体系，财务状况良好；所经营的产品质量稳定，标准化程度高，易于保管。

(3) 国内综合保理的特点。国内综合保理的主要特点有：

① 兼容多种操作方式，突破应收账款债务人不配合办理手续的瓶颈，应收账款一旦形成，即可办理保理业务；

② 支持多种融资方式，便于企业灵活选择合适的融资品种，合理控制财务成本；

③ 融资期限可以突破单笔应收账款的金额和期限，降低企业资金管理的难度。

(4) 国内综合保理对公司的影响。国内综合保理对公司的影响，分两个方面。

首先是对卖方的影响：

① 将未到期的应收账款立即转换为销售收入，改善财务报表；

② 对卖方提供更有竞争力的远期付款条件，拓展市场，增加销售；

③ 卖方的信用风险转由应收账款受让银行承担，收款有保障；

④ 资信调查、账务管理和账款追收等由应收账款受让银行负责，节约管理成本。

其次是对买方的影响：

① 利用优惠的远期付款条件，加速资金周转，创造更大效益；

② 节省开立银行承兑汇票、信用证等的费用。

(5) 国内综合保理的属性。国内综合保理的属性有 4 点。

① 期限：保理融资期限一般不超过 12 个月，最长不超过 18 个月(含 1～6 个月的宽限期)；

② 额度：保理融资金额根据应收账款的质量、结构和期限按一定的预付比率确定，一般不超过应收账款净值的 80%；

③ 利率：应收账款融资按中国人民银行规定收取融资利息，利率按照同档期贷款利率含浮动计算；

④ 费率：办理业务的手续费费率的高低取决于交易性质、金额、融资风险和服务内容等，一般为应收账款净额的 0.1%～1%。

(四) 进口代付

1. 进口代付的含义

进口代付(Import Refinance)是指有融资需求的进口商在付款日之前，通过其办理业务的银行向提供业务的银行询价，由代付银行在付款日先行向出口商垫付进口商款项，在代付到期日，进口商将应付款项、利息和相关银行费用归还给代付行的一种业务模式。

根据进口商付款结算方式的不同，代付业务可以分为信用证项下代付、进口代收项下代付和汇出汇款项下代付。这三者的区别是进口商的业务银行的身份分别是开证行、代收行和汇出行，但是共同点是进口商的业务行(开证行、代收行或汇出行)均以承诺到期偿付的形式委托一家境外银行为进口商垫付资金，并约定融资利率、手续费率和融资期限。由于代收行是凭借进口商业务银行的承诺向出口商垫付资金，银行该业务无需占用出口商银行授信，也无需提前征得出口商的同意。

境外代付行通常是进口商业务银行的境外分支机构，但也可以是其他境外商业银行。进口商业务银行通常会根据不同境外银行间融资成本的差异为进口商选择合适的代付银行。对于叙作进口代付的进口企业来说，进口业务是银行选择境外分支机构，还是其他境外银行，没有本质区别。

2. 进口代付的特点和适用企业

从融资角度来看，进口代付和进口押汇有一定的相似性，两者的主要区别表现在资金的来源。进口代付业务的资金由代付行提供，进口押汇业务资金由开证行向进口商提供。

对于进口企业来说，有两种情况下适用进口代付业务：一是出口商希望即期收款，但进口商希望远期付款并向银行进行资金融通的；二是进口商可以在国内进行融资，但国内融资市场环境较差、银行贷款额度紧张、融资成本高于境外出口方所在国家和地区的，可以采用进口代付的方式改善企业的融资成本，合理规避国内对外汇贷款政策的约束和监管。

3. 进口代付业务流程

通常情况下，进口代付业务流程如图 2-16 所示。

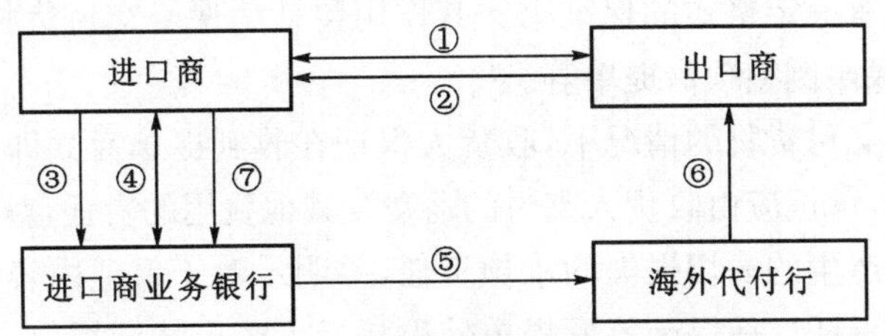

图 2-16　进口代付业务流程

图 2-16 中：

① 进口商与出口商签订贸易合同，约定付款方式和付款期限等内容；

② 出口商根据合同约定安排发货；

③ 进口商与其所在地银行确定合同支付方式(电汇、代收或信用证)；

④ 进口商向银行提出代付申请，双方签订代付业务协议；

⑤ 进口商银行委托境外代付银行进行付款，委托内容包括代付金额、代付到期日、还款日等；

⑥ 境外代付银行以收到的委托向出口商支付货款；

⑦ 代付到期日进口商将代付本金、利息和银行费用支付给进口商银行。

[案例分析]

国内 A 公司从国外进口一批货物，与外商签订了贸易合同，约定通过信用证即期付款。A 公司希望通过银行融资，支付该笔货款。经过与国内甲银行询价，目前国内人民币融资和外币融资成本较高，且银行融资规模紧张，难以顺利取得融资。

在上述案例中，A 公司选择进口代付融资方式，保证了进口业务的顺利运行，避免自有资金的长期占用。甲银行向 A 公司推荐了境外代付的融资方案。甲银行境外分支机构有一笔闲置外币资金，其融资成本加上银行手续费用仍低于 A 公司直接从境内取得贷款的利率。于是，A 公司与甲银行签订境外代付协议，由甲银行境外分支结构向出口商即期支付货款，代付期限半年，到期时 A 公司向甲银行支付融资本息和银行费用。

(五) 保函

保函(Letter of Guarantee，L/G)又称保证书，是指银行、保险公司、担保公司或个人应申请人的请求，向第三方开立的一种书面信用担保凭证。保证在申请人未能按双方协议履行责任或义务时，由担保人代其履行一定金额、一定期限范围内的某种支付责任或经济赔偿责任。保函即为保证书。为了方便，一般公司及银行都印有一定格式的保证书。其作用包括凭保函交付货物、凭保函签发清洁提单、凭保函倒签预借提单等。

在凭保函交付货物的情况下，收货人保证在收到提单后立即向船公司交回全套正本提单，承担应由收货人支付的运费及其他费用的责任，对因未提交提单而提取货物所产生的一切损失均承担责任，并明示对于保证内容由银行与收货人一起负连带责任。凭保函签发提单使得托运人能以清洁提单，或已装船提单顺利结汇。关于保函的法律效力，海牙规则和维斯比规则都没有做出规定，考虑到保函在海运业务中的实际意义和保护无辜的第三方的需要，汉堡规则第一次就保函的效力问题做出了明确的规定，即保函是承运人与托运人之间的协议，不得对抗第三方，承运人与托运人之间的保函，只是在无欺骗第三方意图时才有效；如发现有意欺骗第三方，则承运人在赔偿第三方时不得享受责任限制，且保函也无效。

1. 融资保函

（1）融资保函的含义。融资保函(Financing Guarantee)又称“融资性保函”或“融资类保函”，是指担保银行应借款人的申请而向贷款人出具的，保证借款人履行借贷资金偿还义务的书面文件。该保函主要包括：借款保函、透支保函、有价证券发行担保、融资租赁担保、延期付款担保和银行授信额度保函等。

（2）融资保函适用对象。融资保函主要适用于借款人向银行等金融机构取得各种形式的融资和借款人在金融市场上发行有价证券融资。

（3）融资保函对企业的影响。融资保函对企业的影响有两个方面。

首先，对借款人来说，提高借款人的信用评价，有利于借款人取得融资；在有价证券发行中，降低有价证券无力偿还的风险，利于有价证券销售。

其次，对贷款人或有价证券购买方来说，分散融资风险，提高了贷款资金的安全；获得有价证券偿付的充分保障。

2. 付款保函

（1）付款保函的含义。付款保函(Payment Guarantee)是指担保银行应买方的申请而向卖方出具的，保证买方履行因购买商品、技术、专利或劳务合同项下的付款义务而出具的书面文件。付款保函应买方、业主等申请，向卖方、施工方保证，在卖方、施工方按合同提供货物、技术服务及资料或完成约定工程量后，如买方、业主不按约定支付合同款项，则银行接到卖方、施工方索偿后代为支付相应款项。

（2）付款保函适用范围。付款保函适用于一切存在付款行为的商品贸易、技术劳务贸易和工程项目等。

① 商品贸易中，是买方在卖方按照合同约定发货后及时支付货款的付款保证。

② 工程项目中，是工程承包项下业主向承包方按期足额支付工程进度款的付款保证。

（3）付款保函的特点。

① 在商品贸易中，付款保函与信用证作用相似，但办理手续简便。

② 付款保函灵活多样，适应不同需求。信用证遵循固定的格式、惯例，而付款保函格式则因项目而异，可为企业度身定做。

③ 适用范围广。付款保函不仅可以用于商品贸易，还可以用于工程项目等，范围相对信用证来说更为广泛。

（4）付款保函对企业的影响。付款保函对企业的影响有两个方面。一方面，对卖方或承包方而言，获得了充分的收回货款、工程款的保证，以利其发货、施工，便利了贸易的顺利进行；另一方面，对买方、业主而言，付款保函中的付款条件在一定程度上制约卖方、承包方的行为，并保证货物、工程质量表面上达到买方、业主的要求，从而维护买方的利益。

3. 海事保函

（1）海事保函的含义。海事保函是指担保银行应申请人（通常为船东或船公司）的要求向海事法院或海事仲裁机构出具的，担保申请人将被扣留的属于申请人的船只或财产取回后，能够按照法院的判决书或仲裁结果所列明的赔款金额赔付而出具的书面文件。

海事保函适用于船舶运输项下因发生船舶之间碰撞或海事纠纷而造成的船舶和财产被海事法院或海事仲裁机构扣押的情况。

（2）海事保函对企业的影响。海事保函对企业的影响有3个方面。

① 对船公司、船东而言，避免支付因船舶或财产被扣押而产生各种损失和费用，减少缴纳现金保证金引起的资金占用；

② 对海事法院或海事仲裁机构而言，能够保证按照法院的判决书或仲裁结果上列明的赔款金额做出赔付，避免了判决无法执行的风险，保障了当事方的权益；

③ 帮助企业提高商业信用。担保银行凭借其自身良好的信誉介入交易充当担保人，为当事人提供担保，促进交易的顺利执行。

4. 为境外投资企业提供的融资性对外担保

（1）融资性对外担保的含义。融资性对外担保是银行为其境外全资附属企业或参股企业向当地金融机构融资或取得授信额度而出具的担保，保证境外企业履行贷款本息偿还义务或授信额度协议规定的资金偿还义务。

(2) 融资性对外担保的功能。融资性对外担保可以解决境外投资企业资金不足、授信困难的问题，为“走出去”企业的境外业务发展提供融资服务。

(3) 融资性对外担保的特点。境外投资企业可以借助国内母公司的实力，通过银行担保获得在当地金融机构的授信支持。

[案例分析]

案例一

在京大型企业A集团的香港子公司需要向当地金融机构融资1 000万美元，用于日常经营周转。但因该子公司自身实力所限，无法取得当地银行授信。为此，A集团向甲银行总行申请为其香港子公司出具融资性对外担保，受益人为甲银行香港分行，担保子公司到期偿还甲银行香港分行的贷款本息。

凭借甲银行总行的担保，甲银行香港分行为该企业香港子公司提供了1 000万美元贷款，解决了企业的融资难题。

案例二

B公司在新加坡实施一项境外收购项目，需要在当地银行取得项目贷款。从税务筹划考虑，B公司向甲银行申请出具融资性对外担保，担保其新加坡子公司从新加坡甲银行分行取得并购贷款。采纳对外担保模式的方案比B公司的直接融资减少税务成本数百万美元。

案例三

C公司在欧洲成立了全资子公司，作为C公司欧洲业务的制造和销售平台。为解决扩大生产和营运周转所需资金，需向当地银行融资800万欧元。甲银行建议C公司以融资性对外担保方式解决上述需求，即，C公司国内母公司向甲银行申请出具融资性保函，担保其境外子公司从当地甲银行融资或取得开立信用证额度，并按授信协议履行贷款偿还及资金支付义务。

通过开立融资性保函，C公司的欧洲子公司在自身资质条件不足的情况下，成功获得了生产运营所需的融资。

(六) 进口汇款融资

1. 进口汇款融资的含义

进口汇出款融资(T/T)是指采用汇款方式结算的、进口合同规定货到付款的国际贸易项下进口货物到港后，根据申请人的书面申请，银行为其支付国外出口商的部分或全部应付货款而提供的短期资金融通，按约定利率和期限，由申请人还本付息的业务。

2. 进口汇款融资的币种和期限

进口汇出款融资的币种限于美元、欧元、日元、英镑、港币、人民币。

进口汇出款融资的期限最长不超过3个月。

3. 进口汇款融资的适用条件

(1) 申请人必须具有法人资格和进出口经营权，必须在银行开立本币或外币结算账户。申请人财务经营状况正常，资信情况良好，并与银行保持长期稳定的国际结算业务往来，有按期还本付息的能力。

(2) 申请融资的进口商品必须是申请人主营范围内的商品，市场销售前景良好。

(3) 融资申请必须具有真实的贸易背景，符合中国国家外汇管理的有关规定。

(4) 申请人必须获得银行授予的相关授信额度，在授信额度内提出进口代收融资申请。

第三章 公司进口业务外汇管理与运用

第一节 公司进口业务外汇管理概述

一、公司外汇管理的发展

（一）国际背景

公司汇兑管理的发展来源于公司进出口贸易的发展。公司在国际经济活动中，因要使用外币进行收付，会发生外币与本币（或两种外币）之间的兑换。由于从交易的达成到账款的实际收付，以及借贷本息的最后偿付，均有一段期限，兑换时如果汇率在这一期限内发生不利于企业的变化，则公司将外币兑换成本币（或两种外币间兑换）的收入就会减少，或以本币兑换单位外币的成本就会增加，于是产生了风险。

1982 年，据西方学者 Marthur 研究统计，世界 500 强所有公司都利用远期合约对冲汇率风险，远期合约应用非常普遍。公司可以利用外汇远期合约锁定未付原材料成本及各种应收收入和款项等。当汇率大幅变动时，公司可以从外汇远期合约中大量获利。

（二）国内背景

改革开放前，我国实行严格外汇集中计划管理，国家对外贸和外汇实行统一经营，外汇收支实行指令性计划管理。所有外汇收入必须售给国家，对外汇实行计划分配；对外基本不举借外债，不接受外国来华投资；人民币汇率仅作为核算工具。改革开放后，经过 40 年的努力，初步建立适应社会主义市场经济要求的外汇管理体制。外汇管理体制改革大致经历三个重要阶段。第一阶段（1978—1993 年），外汇管理体制改革起步。第二阶段（1994—2000 年），社会主义市场经济条件下的外汇管理体制框架初步确定。第三阶段（2001 年以来），以市场调节为主的外汇管理体制进一步完善。

截至 2014 年年末，外汇管理取得阶段性成果：一是简政放权和依法行政取得重要进展;二是重大领域改革取得实质性突破。货物和服务贸易外汇管理改革平稳推进,允许出口收汇存放境外并实现意愿结售汇,跨国公司外汇资金集中运营试点、直接投资资本金意愿结汇等资本项目的改革已全国推广,人民币可兑换程度进一步提升;三是外汇管理方式产生重大转变。随着逐笔匹配核销等传统管理手段退出历史舞台,外汇管理事前审批大幅减少,监管重心转向事中事后管理,跨境资本流动监测预警能力不断强化,逐步构建宏观审慎管理框架下的外债和资本流动管理体系。

《财经》杂志 2017 年 10 月 8 日刊发报道中,中国人民银行原行长周小川表示:从我国经济领域对外开放看,“三驾马车”值得关注:经济对外开放主要体现为贸易投资对外开放;汇率形成机制改革,方向是人民币汇率更多由市场决定,逐步走向合理均衡;减少资本管制。

二、公司外汇管理的目的与意义

(一) 调整货币结构

对于涉及外汇的公司,其在对外经济交易过程中,商品进出口、劳务成本、资本借贷均需要相对应的结算货币。通过公司外汇管理调整货币结构,以符合公司实际货币需求,可促进公司维持良好稳定的经营模式。

(二) 规避汇率风险

公司在从事对外经济活动中,要进行外币支付,或者以外币计价债权和债务,这样可能会因汇率波动给公司带来额外风险。随着人民币汇率双向波动的建立和企业外汇风险管理意识的增强,公司可通过合理的避险工具规避汇率波动风险,以减少汇率波动带来的潜在损失。

此外,对于外汇需求量大、币种需求较多的公司,还可通过多元化管理规避风险,譬如投资不同的币种;同时,在同一币种下再投资不同的资产,将风险分散化。

第二节 外汇市场金融衍生工具

一、金融衍生工具概述

(一) 金融衍生工具的概念

金融衍生工具是从全球金融创新的浪潮中涌现出的产品,是金融创新工具的重要组成部分。由于金融衍生工具出现于 20 世纪七八十年代,且产品的品种数量较多，并处于高速发展的过程中，目前还没有一个十分严格的定义。国际互换和衍生品协会对金融衍生品描述如下："金融衍生品，是有关互换现金流量和旨在为交易者转移风险的双边合约。合约到期时，交易者所欠对方的金额由基础商品、证券或指数的价格决定。"

我国学者何林祥对金融衍生品定义为："那些产生、存在、支付、价格由所依据的资产或指数决定的金融工具、所依据的资产或指数等称之为基础工具。基础工具包括股票、债券、商品、货币、指数、存款、贷款等。衍生产品还包括具有远期、期货、掉期（互换）和期权中一种或多种特征的结构化金融工具。"

（二）金融衍生工具的产生

金融衍生工具是在一定的客观背景中和一系列因素的促动下产生的。20世纪70年代中期，布雷顿森林体系崩溃，以美元为中心的固定汇率制彻底瓦解，浮动汇率制使得汇率和利率剧烈动荡。这一时代也是金融衍生工具发展的重要历史阶段，全球金融创新的高科技产品不断出现。20世纪80年代以来，汇率和利率的波动更加频繁和剧烈，给金融机构和企业的资产与负债带来风险，使得任何一个金融机构、企业和个人都要随时随地面临因汇率变动而造成损失的风险。这就迫使金融业开拓金融投资的新领域，以利率趋向为目标的保值避险金融创新工具应运而生。

二、主要外汇市场金融衍生工具

（一）即期外汇交易

即期外汇交易又称为现货交易或现期交易，是指外汇买卖成交后，交易双方于当天或两个交易日内办理交割手续的一种交易行为。即期外汇交易是外汇市场上最常用的一种交易方式，占外汇交易总额的大部分。即期外汇买卖不但可以满足买方临时性的付款需要，也可以帮助买卖双方调整外汇头寸的货币比例，以避免外汇汇率风险。

（二）外汇远期合约

1. 外汇远期合约的含义

外汇远期合约是指外汇买卖双方在成交时先就交易的货币种类、数额、汇率及交割的期限等达成协议，并用合约的形式确定下来。在规定的交割日双方再履行合约，办理实际的收付结算。外汇远期合约的主要目的就是规避汇率风险。不论是有外汇远期收入的出口企业，还是有外汇远期支出的进口企业，都可以与银行订立外汇远期合约。按约定的价格，在将来到期时进行交割，避免进口产品成本上升或出口销售收入减少的损失，以控制结算风险。

2. 国内外汇远期合约的发展现状

1997年4月，与中国外汇管理政策相配套的，具有中国特色的外汇与人民币之间的远期合约——人民币远期结售汇业务推出，标志着中国外汇远期业务的正式开始。当时以中国银行总行及其11家分行为试点，币种包括美元、日元、德国马克和港币，期限分为7天至4个月9种。1998年1月后，中国银行全辖分行均可进行远期保值外汇买卖业务。1999年1月又增加了欧元与人民币之间的远期结售汇业务。1999年4月，国家禁止资本项目下的远期结售汇业务，只允许从事经常项目下的远期结售汇业务。

3. 外汇远期合约的特点

外汇远期合约的交易地点并不固定。通常是通过现代通信手段进行，交易时间也不受限制，可以24小时交易，因而属于无形市场。

外汇远期合约是交易双方经协商后达成的协议，在交易币种、汇率、交割方式、金额等方面，能够灵活地满足交易双方的偏好，因而是非标准化的合约。

4. 外汇远期合约的分类

外汇远期合约的分类按交割日划分，可以分为固定交割日远期外汇和择期外汇合约两种；按形式分，可以分为封顶远期、普通敲出远期、目标敲出远期、目标敲出封顶远期和目标敲出红利远期5种。

（1）按交割日划分。

① 固定交割日远期外汇。固定交割日远期外汇买卖是按照交易双方商定的日期进行外汇交割，既不能提前，也不能推迟，双方都无权更改交割日期。

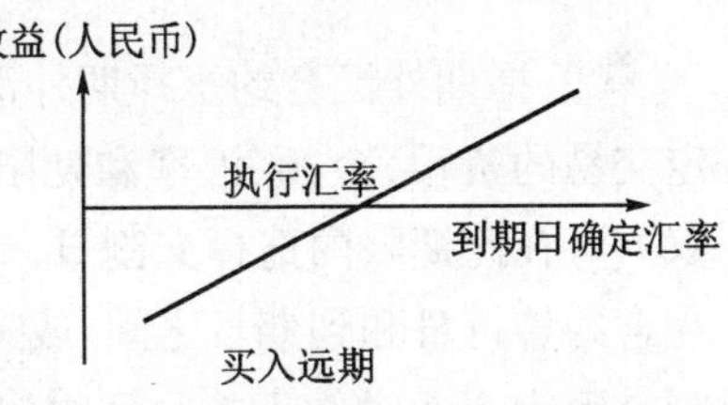

图3-1 买入固定交割日远期收益图

图3-1为买入固定交割日远期的收益情况。以买入美元卖出人民币为例，无论到期日汇率如何变动，购买外汇远期的企业均须以执行汇率买入约定金额的美元，并卖出人民币。

当到期日汇率高于执行汇率时，获得收益；当到期日汇率低于执行汇率时，发生损失。具体得失金额(单位：人民币)计算公式为：

(到期日汇率－执行汇率)×本金

以买入美元人民币外汇远期为例，该产品主要优势适用于人民币贬值预期很强的情况下；在人民币大幅贬值情况下收益不封顶，是良好的对冲手段；该产品主要不足在于，产品在人民币升值情况下存在潜在损失。

［案例分析］

A公司2016年5月进口一批小麦，总价100万美元，合同约定2017年5月货物到港后A公司付款。A公司为了规避汇率波动风险，在B银行买入1年期美元人民币外汇远期合约，本金为100万美元，执行汇率为7.008 9，到期日A公司以7.008 9的汇率购汇100万美元。到期日情况如下：

情景1：到期日即期汇率为7.020 0

按照外汇远期条款约定，A公司仍可在到期日以执行汇率7.008 9在B银行买入100万美元并卖出相应人民币。与不买入远期购汇合约相比，A公司可从普通远期中获得的收益为：

$$(7.020\,0-7.008\,9)\times 1\,000\,000=11\,100(\text{人民币元})$$

情景2：到期日即期汇率为7.000 0

按照普通远期条款约定，A公司仍需在到期日执行汇率7.008 9在B银行买入100万美元并卖出相应人民币。与不买入远期购汇合约相比，A公司由普通远期发生的损益为：

$$(7.000\,0-7.008\,9)\times 1\,000\,000=-8\,900(\text{人民币元})$$

在以上两个情景中，无论即期汇率如何波动，A公司的采购成本都为：

$$7.008\,9\times 1\,000\,000=7\,008\,900(\text{人民币元})$$

② 择期外汇合约。择期外汇合约就是交易双方在签订远期合约时，只需确定交易的货币、金额、汇率和期限，但具体的交割日不固定，而是规定一个期限，双方可在此期限内选择交割日。这时货币的交割只固定在两个日期之间，可以在合约签订日和到期日之间，或未来两个具体日期之间，而由交易方选择日期交割。因为企业时常不能收回出口的外币收入，或不能肯定进口物资在什么日期到岸，什么日期应支付贷款，若做固定日期的外汇买卖合约，很可能到时应收款仍未收到，或应付款因故不能支出，造成外汇合约难以执行。此时，企业必须通过做择期的远期外汇合约来摆脱外汇风险。

(2) 按形式划分。

① 封顶远期。封顶远期包含一个外汇远期合同和卖出一个看涨期权。此组合可以降低执行价格汇率。同时也将收益封顶。

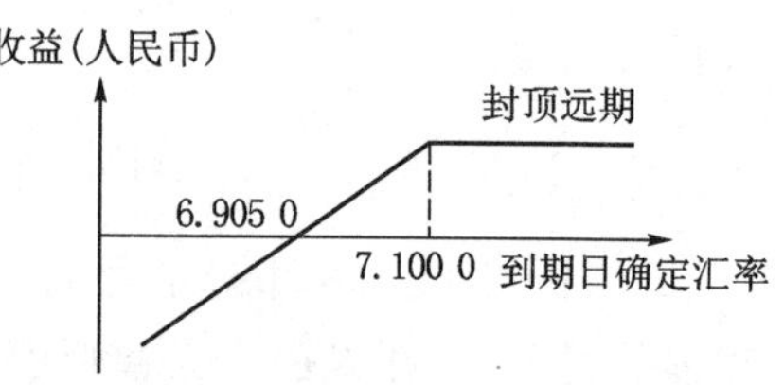

图3-2 买入封顶远期收益图

图3-2为封顶远期的收益情况。以

买入美元卖出人民币为例。当到期日汇率高于执行汇率时,获得收益;当到期日汇率低于执行汇率时,发生损失。具体得失金额(单位:人民币)计算为:

(到期日汇率－执行汇率)×本金

当汇率到达封顶汇率时,收益值无法继续增大。

与买入美元人民币外汇远期相比,该产品主要优势在于可以享受较低的执行汇率;该产品的主要劣势在于在获得降低执行汇率的同时,封顶汇率限制了封顶远期的收益。

[案例分析]

A 公司 2016 年 5 月进口采购一批小麦,总价 100 万美元,合同约定 2017 年 5 月货物到港后 A 公司付款。A 公司为了规避汇率波动风险,在 B 银行买入 1 年期美元人民币封顶远期合约,本金为 100 万美元,执行汇率为 6.905 0,封顶汇率为 7.100 0。到期日情况如下:

情景 1:到期日即期汇率为 6.900 0,低于执行汇率

A 公司以执行汇率 6.905 0 买入 100 万美元,收益为:

(6.900 0－6.905 0)×1 000 000＝－5 000(人民币元)

情景 2:到期日即期汇率为 6.985 0,低于封顶汇率,高于执行汇率

A 公司以执行汇率 6.905 0 买入 100 万美元,收益为:

(6.985 0－6.905 0)×1 000 000＝80 000(人民币元)

情景 3:到期日即期汇率为 7.109 5,高于封顶汇率

A 公司以汇率 7.109 5－(7.100 0－6.905 0)＝6.914 5 买入 100 万美元。收益为:

(7.109 5－6.914 5)×1 000 000＝195 000(人民币元)

以上情景中,当到期日即期汇率低于封顶汇率或等于封顶汇率时,A 公司的采购成本均为:6.905 0×1 000 000＝6 905 000(人民币元);但当到期日即期汇率高于封顶汇率时,A 公司的采购成本为:[到期日即期汇率－(封顶汇率－执行汇率)]×1 000 000。这说明当到期日即期汇率高于封顶汇率时,该产品的汇率保护区间是有限的。与普通远期合约相比,A 公司在享受较低的执行汇率的同时,需要承担一定的汇率波动风险。

② 敲出远期。敲出远期是指当汇率达到一定障碍水平时(即敲出价格),合同自动作废的一种远期合约。

图 3-3 为敲出远期的收益情况。以买入美元卖出人民币为例。当人民币兑美元汇率超出一定水平时，远期合同将会自动作废。

当到期日汇率高于执行汇率时，获得收益；当到期日汇率低于执行汇率时，发生损失。具体得失金额(单位：人民币)计算为：

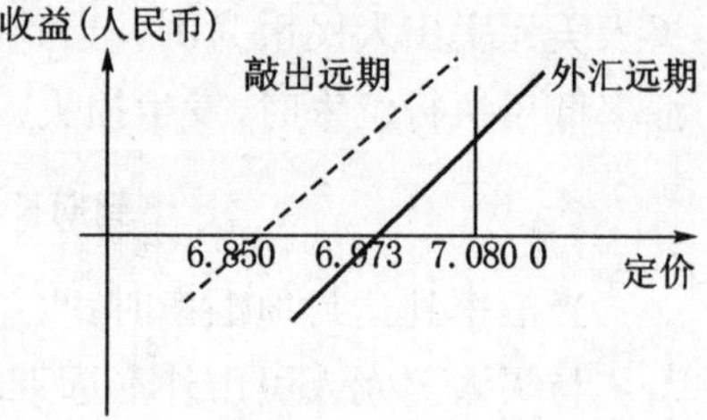

图 3-3　买入敲出远期收益图

(到期日汇率－执行汇率)×本金

其收益最大值为：

(敲出汇率－执行汇率)×本金

与买入美元人民币外汇远期相比，该产品主要优势在于可以享受更低的执行汇率；该产品主要劣势在于，当美元汇率持续上涨并高于敲出汇率时，将无法获得额外收益。

[案例分析]

A 公司 2016 年 5 月进口采购一批小麦，总价 100 万美元，合同约定 2017 年 5 月货物到港后 A 公司付款。A 公司为了规避汇率波动风险，在 B 银行买入 1 年期美元人民币敲出远期合约。本金为 100 万美元，执行汇率为 6.850 0，敲出汇率为 7.080 0。到期日情况如下：

情景 1：到期日即期汇率为 7.000 0，低于敲出汇率

按照外汇远期条款约定，A 公司仍可在到期日执行汇率 6.850 0 买入 100 万美元并卖出相应人民币，则 A 公司可从中获得的收益为：

(7.000 0－6.850 0)×1 000 000＝150 000(人民币元)

情景 2：到期日即期汇率高于 7.080 0

远期合同终止，A 公司只能以即期汇率购汇。

在以上情景中，当到期日即期汇率低于敲出汇率时，A 公司的采购成本固定为 6.850 0×1 000 000＝6 850 000(人民币元)；当到期日即期汇率高于敲出汇率时，远期合约终止。这时，A 公司只能以即期汇率购汇，承担全部汇率波动带来的损失。与外汇远期合约相比，A 公司在享受更低的执行汇率的同时，需要承担较大的汇率波动风险。

③ 目标敲出远期。目标敲出远期是指当汇率达到一定障碍水平时(即敲出价格)，合同自动作废的一种远期合约。不同于敲出远期，目标远期为每月交割，

即若汇率在任何一个月超出敲出汇率，合同终止。

图 3-4 为目标敲出远期的收益情况。以买入美元卖出人民币为例，当人民币兑美元汇率超出一定水平时，远期合同将会自动作废。

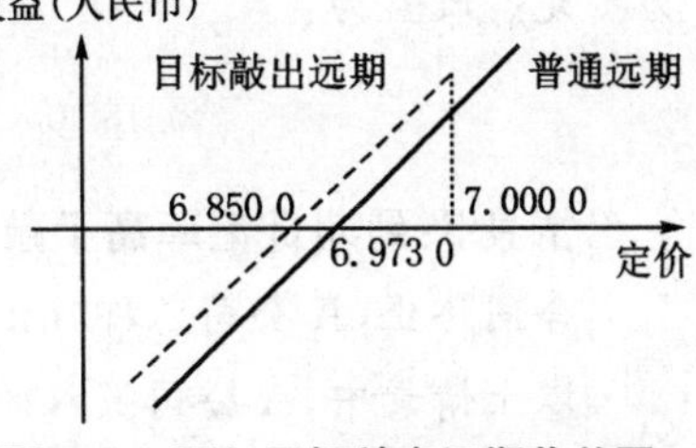

图 3-4　买入目标敲出远期收益图

当到期日汇率高于执行汇率时，获得收益；当到期日汇率低于执行汇率时，发生损失。具体得失金额(单位：人民币)计算为：

(到期日汇率－执行汇率)×本金

其收益最大值为：

(敲出汇率－执行汇率)×本金

与买入美元人民币外汇远期相比，该产品主要优势在于可以享受更低的执行汇率；该产品主要劣势是：当美元汇率持续上涨并高于敲出汇率时，将无法获得额外收益，且目标远期敲出价倾向于低于外汇远期。

④ 目标敲出封顶远期。封顶远期包含一个外汇远期合同和卖出一个看涨期权。此组合可以大幅降低执行价格汇率，同时也将企业收益封顶。而在封顶远期的基础上加入敲出机制可以进一步改善执行价格。见图 3-5。

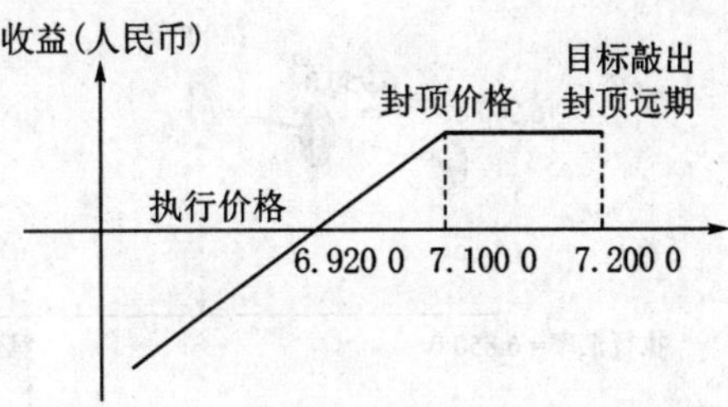

图 3-5　买入目标敲出封顶远期收益图

[案例分析]

A 公司 2016 年 5 月进口一批小麦，总价 100 万美元，合同约定 2017 年 5 月货物到港后 A 公司付款。A 公司为了规避汇率波动风险，在 B 银行买入 1 年期美元人民币目标敲出封顶远期合约，本金为 100 万美元，执行汇率为 6.920 0，封顶汇率为 7.100 0，敲出汇率为 7.200 0。到期日情况如下：

情景 1：到期日汇率低于封顶汇率

A 公司以执行汇率 6.920 0 买入 100 万美元。收益为：

(到期日汇率－6.920 0)×1 000 000(人民币元)

情景 2：到期日汇率高于封顶汇率，低于敲出汇率

A 公司以到期即期汇率减 0.180 0(7.100 0－6.920 0＝0.180 0)买入 100

万美元。收益为：

$$0.1800\times1000000=180000(\text{人民币元})$$

情景3：到期日汇率高于敲出到期日汇率

合同终止，A公司以即期汇率购汇。

以上情景中，A公司买入的目标敲出封顶远期，在外汇远期的基础上又加入了封顶和目标敲出的结构，在享受更低的执行价格的同时，也要承担更高的汇率波动风险。

⑤ 目标敲出红利远期。目标敲出红利远期的定义为，购买该产品的企业统计若干观察日收益，当累计收益达到一定点数时，敲出事件发生，结构终止；未发生敲出事件时，按照观察日汇率交割（见图3-6）。

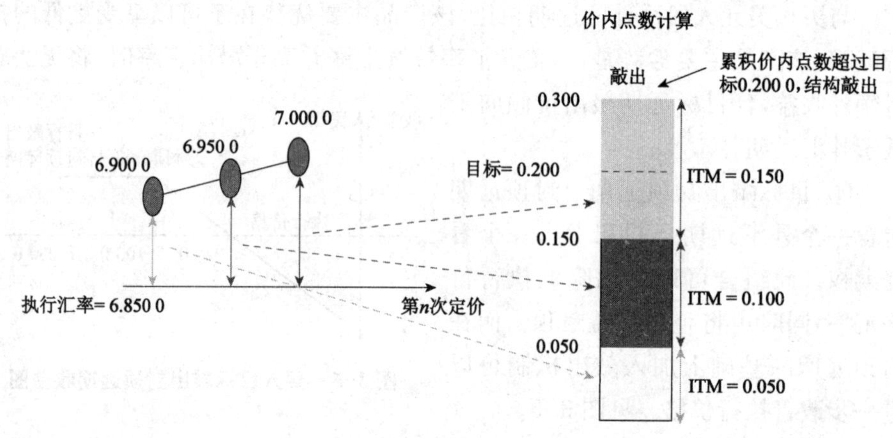

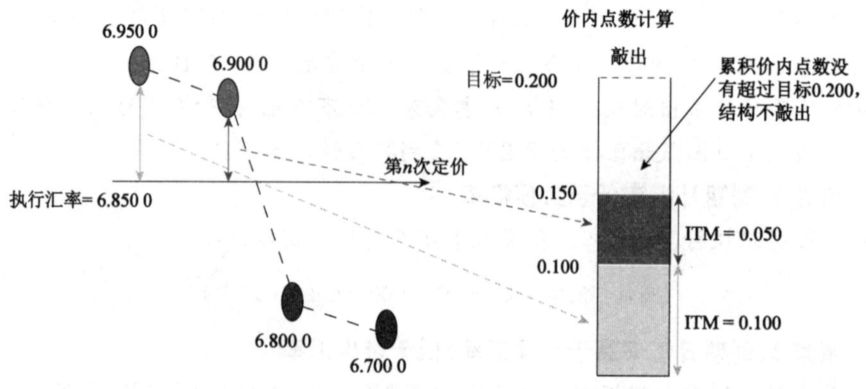

图3-6 买入目标红利远期收益图

[案例分析]

A 公司 2016 年 5 月采购一批小麦，总价 600 万美元，合同约定从 2016 年 6 月开始每月到货，月到货金额 100 万美元，6 个月后全部货物到齐。每月货物到港后，A 公司按到货金额付款。A 公司为了规避汇率波动风险，在 B 银行买入美元人民币目标红利远期合约，期限为 6 个月，每月观察，每月交割，累计敲出点数为 2 000 点，本金 100 万美元，执行汇率为 6.850 0。以情景 1，即敲出事件发生为例，具体情况如下：

• 第一个观察日汇率为 6.900 0，价内累计收益点数 500 点（6.900 0－6.850 0），敲出事件未发生，A 公司执行汇率 6.850 0 购买 100 万美元，累计获利：

$$(6.9000-6.8500)\times1\,000\,000=50\,000(\text{人民币元})$$

• 第二个观察日汇率 6.950 0，价内点数累计 1 500 点，敲出事件未发生，A 公司执行汇率 6.850 0 购买 100 万美元，累计获利：

$$(6.9500-6.8500)\times1\,000\,000+50\,000=150\,000(\text{人民币元})$$

• 第三个观察日汇率 7.000 0，价内点数累计 3 000 点，超过目标红利点数（2 000 点），敲出事件发生。A 公司执行汇率 6.850 0 购买 100 万美元，累计获利：

$$(7.0000-6.8500)\times1\,000\,000+150\,000=300\,000(\text{人民币元})$$

因敲出事件发生，对冲结构终止，后续 3 个月 A 公司只能以即期价格购汇付款。

以买入美元人民币目标敲出红利远期为例，该产品主要优势在于企业可以用比市场更优惠的价格买入美元。如果美元兑人民币汇率持续处于相对较高的区间，则可以获益。该产品主要劣势在于当人民币大幅升值时，企业必须以执行价格买入美元并卖出人民币，将损失部分收益；敲出之后，需要重新对冲。

（三）外汇期权

1. 外汇期权的含义

外汇期权(Foreign Exchange Options)，也称为货币期权，指合约购买方在向出售方支付一定期权费后，所获得的在未来约定日期或一定时间内，按照约定汇率买进或者卖出一定数量外汇资产的选择权。外汇期权是期权的一种，相对于股票期权、指数期权等其他种类的期权来说，外汇期权买卖的是外汇，是期权买方在向期权卖方支付相应期权费后获得的一项权利，即期权买方在支付一定数额的期权费后，有权在约定的到期日，按照双方事先约定的协定汇率和金额，同期权卖方买卖约定的货币，同时权利的买方也有权不执行上述买卖合约。

2. 外汇期权产生的背景

外汇期权的产生归因于两个重要因素：国际金融市场日益剧烈的汇率波动和国际贸易的发展。随着 20 世纪 70 年代初期布雷顿森林货币体系危机的出现到最终崩溃，汇率波动越来越剧烈。例如，1959—1971 年，联邦德国马克对美元的日均波动幅度是 1 马克兑 0.44 美分，而 1971—1980 年增长了近 13 倍，1 马克达 5.66 美分。同时，国际商品与劳务贸易也迅速增长，越来越多的交易商面对汇率变动幅度较大的市场，需要寻求避免外汇风险更为有效的途径。

在远期外汇和货币期货这两种保值交易的基础上，期权的产生不仅具有能避免汇率风险、固定成本的作用，而且克服了远期与期货交易的局限，因而颇得国际金融市场的青睐。对于那些应急交易（Continent Transaction），诸如竞标国外工程或境外公司分红等不确定收入或投资保值来说，期权交易尤其具有优越性。

3. 外汇期权的特点

外汇期权业务的优点在于可锁定未来汇率，提供外汇保值。公司有较好的灵活选择性，在汇率变动向有利方向发展时，也可从中获得盈利的机会。期权的买方风险有限，仅限于期权费，获得的收益可能性无限大；卖方利润有限，仅限于期权费，风险无限。

4. 外汇期权的影响因素

外汇期权波动主要受以下因素影响。

(1) 期权的执行价格与市场即期汇率。看涨期权，执行价格越高，买方的盈利可能性越小，期权价格越低。看跌期权，执行价格越高，买方的盈利可能性越大，期权价格越高。即期汇率上升，看涨期权的内在价值上升，期权费越大；而看跌期权的内在价值下跌，期权费变小。

(2) 到期时间。到期时间指的是距到期日的天数。到期时间的增加将同时增大外汇期权的时间价值，因此期权的价格也随之增加。

(3) 预期汇率波动率大小。汇率的波动性越大，期权持有人获利的可能性越大，期权出售者承担的风险就越大，期权价格越高；反之，汇率的波动性越小，期权价格越低。

(4) 国内外利率水平。外汇期权合约中规定的卖出货币，其利率越高，期权持有者在执行期权合约前因持有该货币可获得更多的利息收入，期权价格也就越高。

外汇期权合约中规定的买入货币，其利率越高，期权持有者在执行期权合约前因放弃该货币较高的利息收入，期权价格也就越低。

5. 外汇期权的分类

(1) 按交易目的分类。

① 看涨期权。看涨期权又称认购期权、买进期权、购买期权、买方期权、买权、延买期权，或敲进期权。看涨期权是指在协议规定的有效期内，协议持有人按规定的价格和数量购进标的物的权利。期权购买者购进这种买进期权，是因为他对标的物价格看涨，将来可获利。购进期权后，当标的物市价高于协议价格加期权费用之和时(未含佣金)，期权购买者可按协议规定的价格和数量购买，然后按市价出售，或转让买进期权，获取利润；当标的物市价在协议价格加期权费用之和之间波动时，期权购买者将受一定损失；当标的物市价低于协议价格时，期权购买者的期权费用将全部消失，并将放弃买进期权。因此，期权购买者的最大损失不过是期权费用加佣金。

② 看跌期权。看跌期权又称卖方期权、卖权、延卖期权或敲出。看跌期权是指期权的购买者拥有在期权合约有效期内按执行价格卖出一定数量标的物的权利，但不负担必须卖出的义务。

看跌期权给予投资者在某一特定日期或在此日期之前以特定的执行价格出售某种资产的权利。例如，一份 10 月份到期的执行价格为 6.900 0 的人民币兑美元汇率看跌期权给予其所有者在 10 月份期满以 6.900 0 的价格出售美元的权利。当标的汇率下跌的时候，看跌期权的利润才会增长。只有当其持有者确定标的汇率当前价格比执行价格低时，看跌期权才会被执行。

(2) 按标的金融产品分类。

① 现货期权。现货期权是以现货为标的资产的期权。

② 外汇期货期权。外汇期货期权指以货币期货合约为期权合约的基础资产。也就是期权买方有在期权到期日或以前执行或放弃以执行价格购入或售出标的货币期货的权利。与货币期权的分别在于：货币期货期权在执行时，买方将获得或交付标的货币的期货合约，而不是获得或交付标的货币本身。

③ 复合期权。复合期权是指以金融期权合约本身作为金融期权标的物的金融期权交易。这种期权通常以利率工具或外汇为基础。投资者通常在波幅较高的时期内购买复合期权，以减轻因标准期权价格上升而带来的损失。

复合期权给予了持有者在某一约定日期以约定价格买入或卖出一份期权的权利。投资者行使复合期权后，便会持有或卖出一份标准的期权。复合期权可作为高杠杆投资的工具，投资者只需较少的资金便可买入复合期权，随后再看是否投入更多的资金买进复合期权的标的期权，最后再决定是否花钱买进最终的标的金融工具。

复合期权有两个执行价格和两个到期日。一个是复合期权的到期日，一个是标的商品期权到期日，由于受两个到期日的影响，所以期权价值的判断非常复杂。

(3) 按形式划分。

① 跨式期权。跨式期权又被称为“同价对敲”。它是一种非常普遍的组合期权投资策略，是指投资人以相同的执行价格同时买进或卖出相同的到期日、相同的标的资产的看涨期权和看跌期权。

图 3-7 为买入跨式期权的收益情况。以买入美元卖出人民币为例。若到期日汇率低于拐点汇率，公司以执行汇率 1 买入约定数额的美元并卖出人民币；若到期日汇率高于拐点汇率，公司以执行汇率 2 卖出约定数额的美元并买入人民币。

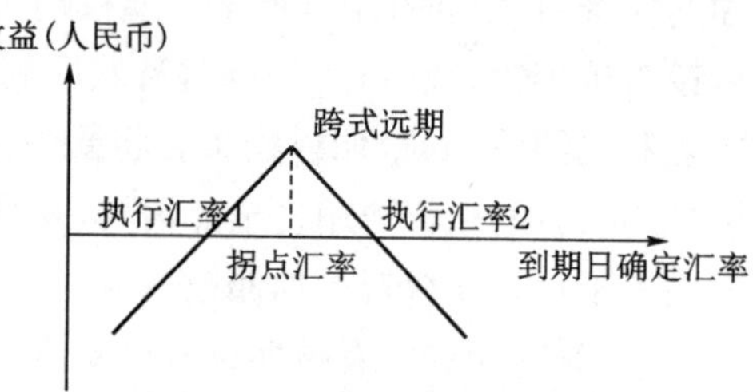

图 3-7　买入跨式期权收益图

当到期日汇率位于执行汇率 1 与执行汇率 2 之间时，获得收益；否则发生损失。具体得失金额(单位：人民币)计算为：

i. 到期日汇率低于拐点汇率时，

得失金额＝(到期日汇率－执行汇率 1)×本金

ii. 到期日汇率高于拐点汇率时，

得失金额＝(执行汇率 2－到期日汇率)×本金

以买入美元人民币跨式期权为例，该产品主要优势在于：一是执行汇率得到大幅改善；二是适用人民币波动率低的环境，公司可通过该产品获取收益。

该产品主要劣势在于，在人民币大幅升值或大幅贬值时，公司存在潜在损失。

[案例分析]

A 公司 2016 年 5 月进口一批小麦，总价 100 万美元，合同约定 2017 年 5 月货物到港后 A 公司付款。A 公司判断 1 年后美元人民币汇率极有可能在 6.930 0～6.980 0 之间波动。因此，为了对冲汇率波动风险，在 B 银行买入 1 年期美元人民币跨式期权，本金为 100 万美元，执行汇率 1 为 6.930 0，拐点汇率为

6.955 0，执行汇率 2 为 6.980 0。到期日情况如下：

情景 1：到期日即期汇率为 6.940 0

按照跨式期权条款约定，A 公司可在到期日以执行汇率 1 即 6.930 0 买入 100 万美元并卖出相应人民币。则，A 公司可从跨式期权中获得的收益为：

$$(6.9400-6.9300)\times 1000000=10000(\text{人民币元})$$

情景 2：到期日即期汇率为 6.970 0

按照跨式期权条款约定，A 公司可在到期日以执行汇率 2 即 6.980 0 卖出 100 万美元并买入相应人民币。则，A 公司可从跨式期权中获得的收益为：

$$(6.9800-6.9700)\times 1000000=10000(\text{人民币元})$$

② 异价跨式期权。异价跨式期权是指包含不同行使价，但相同到期日的看涨期权和看跌期权的期权策略，在价格突破（升破或跌破）某一区间时可以获利。实际上，这是一种对价格波动的赌注。

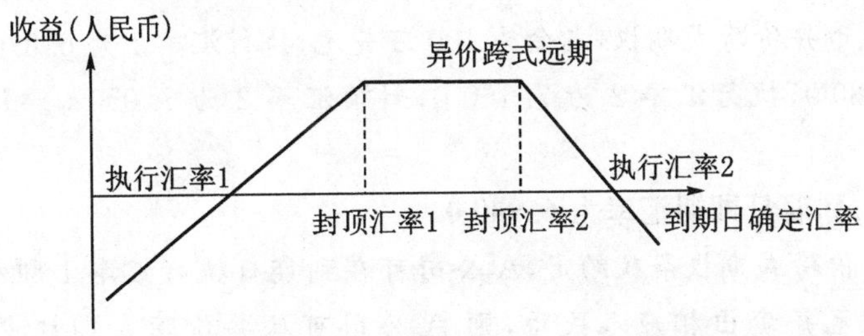

图 3-8　买入异价跨式期权收益图

图 3-8 为买入异价跨式期权的收益情况。以买入美元卖出人民币为例。若到期日汇率低于封顶汇率 1，公司以执行汇率 1 买入约定数额的美元并卖出人民币；若到期日汇率介于封顶汇率 1 和封顶汇率 2 之间，公司以“（即期汇率－固定差额）”买入约定数额美元并卖出人民币；若到期日汇率高于封顶汇率 2，公司以执行汇率 2 卖出约定数额的美元并买入人民币。

当到期日汇率位于执行汇率 1 与执行汇率 2 之间时，获得收益；否则发生损失。具体得失金额（单位：人民币）计算为：

i. 到期日汇率低于封顶汇率 1 时，

$$\text{得失金额}=(\text{到期日汇率}-\text{执行汇率 1})\times\text{本金}$$

ii. 到期日汇率介于封顶汇率 1 和封顶汇率 2 之间时，

$$\text{得失金额}=(\text{封顶汇率 1}-\text{执行汇率 1})\times\text{本金}$$

iii. 到期日汇率高于封顶汇率 2 时，

得失金额＝(执行汇率 2－到期日汇率)×本金

以买入美元人民币异价跨式期权为例。该产品主要优势在于：执行汇率得到大幅改善；适用于人民币波动率低的环境，公司可通过该产品获取收益；相较于跨式期权，异价跨式期权适用的汇率波动范围更大。

该产品主要劣势在于，在人民币大幅升值或大幅贬值时，公司存在潜在损失。

[案例分析]

A 公司 2016 年 5 月进口一批小麦，总价 100 万美元，合同约定 2017 年 5 月货物到港后 A 公司付款。A 公司判断 1 年后美元兑人民币汇率极有可能在 6.870 0～7.160 0 之间波动。因此，为了对冲汇率波动风险，在 B 银行买入 1 年期美元人民币异价跨式期权，本金为 100 万美元，执行汇率 1 为 6.870 0，封顶汇率 1 为 6.980 0，执行汇率 2 为 7.160 0，封顶汇率 2 为 7.050 0。到期日情况如下：

情景 1：到期日即期汇率为 6.940 0

按照异价跨式期权条款约定，A 公司可在到期日执行汇率 1 即 6.870 0 买入 100 万美元并卖出相应人民币，则 A 公司可从异价跨式期权中获得的收益为：

(6.940 0－6.870 0)×1 000 000＝70 000(人民币元)

情景 2：到期日即期汇率为 7.000 0

按照异价跨式期权条款约定，A 公司可在到期日以[即期汇率－(封顶汇率 1－执行汇率 1)]，即 6.890 0 买入 100 万美元并卖出相应人民币，则 A 公司可从异价跨式期权中获得的收益为：

(7.000 0－6.890 0)×1 000 000＝110 000(人民币元)

情景 3：到期日即期汇率为 7.100 0

按照异价跨式期权条款约定，A 公司可在到期日执行汇率 2 即 7.160 0 卖出 100 万美元并买入相应人民币，则 A 公司可从异价跨式期权中获得的收益为：

(7.160 0－7.100 0)×1 000 000＝60 000(人民币元)

③ 海鸥期权。海鸥期权是由领式期权和封顶远期组合而成的策略，同时享有领式期权和封顶远期的好处。

图 3-9 为买入海鸥期权的收益情况。以买入美元卖出人民币为例。若到期日汇率低于下执行汇率，公司以下执行汇率买入约定金额美元并卖出人民币；若到期日汇率在下执行汇率和上执行汇率之间，无交割；若到期日汇率介于上执行汇率和封顶汇率之间，公司以上执行汇率买入约定数额的美元并卖出人民币；若到期日汇率高于封顶汇率，则公司以[即期汇率－(封顶汇率－上执行汇率)]买入约定数额的美元并卖出人民币。

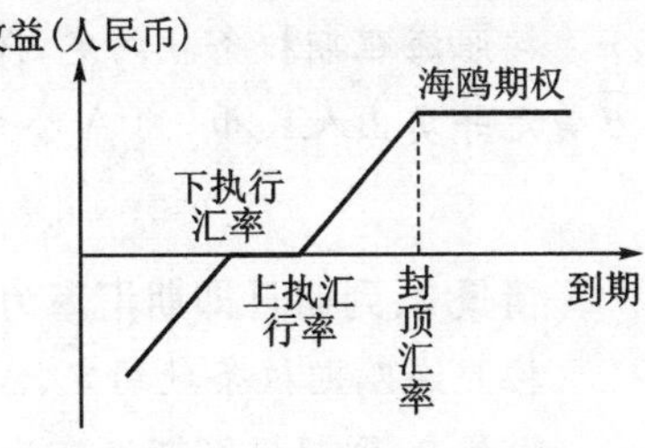

图 3-9　买入海鸥期权收益图

当到期日汇率高于上执行汇率时，获得收益；当到期日汇率介于上、下执行汇率之间时，收益为 0；当到期日汇率低于下执行汇率时，则发生损失。具体得失金额(单位：人民币)计算为：

i. 到期日汇率低于下执行汇率时，

得失金额＝(到期日汇率－下执行汇率)×本金

ii. 到期日汇率介于下执行汇率和上执行汇率之间时，

无交割，得失金额＝0

iii. 到期日汇率介于上执行汇率和封顶汇率之间时，

得失金额＝(到期日汇率－上执行汇率)×本金

iv. 到期日汇率高于封顶汇率时，

得失金额＝(封顶汇率－上执行汇率)×本金

以买入美元人民币海鸥期权为例，该产品主要优势是，在领式期权的基础上加入封顶条款，从而进一步改善执行汇率。适用于人民币小幅贬值的情况。

该产品主要劣势在于：在人民币大幅贬值时，公司潜在收益也封顶。

[案例分析]

A 公司 2016 年 5 月进口一批小麦，总价 100 万美元，合同约定 2017 年 5 月货物到港后 A 公司付款。A 公司为了规避汇率波动风险，在 B 银行买入 1 年期美元兑人民币海鸥期权，本金为 100 万美元，下执行汇率为 6.935 0，上执行汇率为6.945 0，封顶汇率为7.000 0。到期日情况如下：

情景1：到期日即期汇率为6.850 0

按照海鸥期权条款约定，A公司在到期日以下执行汇率即6.935 0买入100万美元并卖出人民币，则A公司从海鸥式期权中承受的损失为：

(6.935 0－6.850 0)×1 000 000＝85 000(人民币元)

情景2：到期日即期汇率为6.940 0

按照海鸥期权条款约定，A公司在到期日无交割，收益为0。

情景3：到期日即期汇率为6.980 0

按照海鸥期权条款约定，A公司在到期日以上执行汇率即6.945 0买入100万美元并卖出人民币，则A公司可从海鸥期权中获得的收益为：

(6.980 0－6.945 0)×1 000 000＝35 000(人民币元)

情景4：到期日即期汇率为7.100 0

按照海鸥期权条款约定，A公司在到期日以汇率[7.100 0－(7.000 0－6.945 0)]＝7.045 0买入100万美元并卖出相应人民币，则A公司可从买权价差中获得的收益为：

(7.100 0－7.045 0)×1 000 000＝55 000(人民币元)

④ 领式期权。领式期权也就是利率上下限期权，它是利率上限期权和利率下限期权的结合。

所谓利率上下限，是指将利率上限和利率下限两种金融工具结合使用，具体地说，购买一个利率上下限，是指在买进一个利率上限的同时，卖出一个利率下限，以收入的手续费来部分抵销需要支出的手续费，从而达到既防范利率风险又降低费用成本的目的；而卖出一个利率上下限，则是指在卖出一个利率上限的同时，买入一个利率下限(见图3-10)。

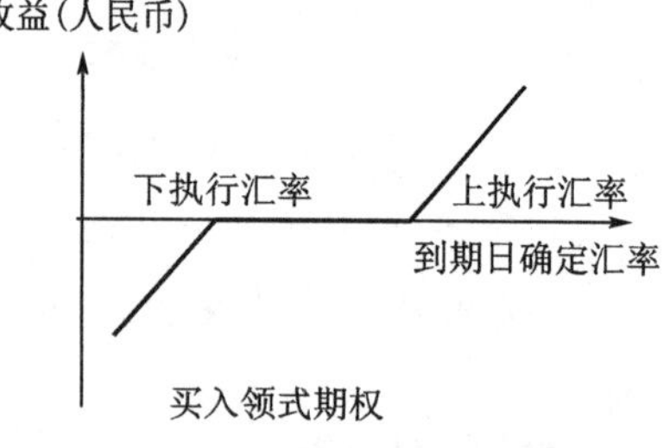

图3-10　买入领式期权收益图

以买入美元卖出人民币为例。如果到期日汇率低于下执行汇率，公司下执行汇率买入约定金额的美元。如果到期日汇率高于上执行汇率，公司上执行汇率买入约定金额的美元；如果到期日汇率在上执行汇率和下执行汇率之间，公司不交易。

以买入美元人民币领式期权为例。该产品主要优势在于汇率在上执行汇率和下执行汇率之间波动时，公司无损失；该产品主要劣势在于当人民币大幅升值时，公司存在潜在损失。

[案例分析]

A公司2016年5月进口一批小麦，总价100万美元，合同约定2017年5月货物到港后A公司付款。A公司为了规避汇率波动风险，在B银行买入1年期美元人民币领式期权，本金为100万美元，下执行汇率为6.930 0，上执行汇率为6.940 0，期权费为0。到期日情况如下：

情景1：到期日即期汇率为7.000 0

A公司可在到期日上执行汇率6.940 0买入100万美元并卖出相应人民币，A公司可从中获得的总收益为：

(7.000 0－6.940 0)×1 000 000＝60 000(人民币元)

情景2：到期日即期汇率为6.935 0

A公司不进行任何交易，需要即期购汇支付货款。

情景3：到期日即期汇率为6.900 0

A公司在到期日下执行汇率6.930 0买入100万美元并卖出相应人民币，A公司可从中获得的总收益为：

(6.900 0－6.930 0)×1 000 000＝－30 000(人民币元)

⑤ 差期期权。差期期权就是同时买入和卖出执行价格相同的看涨期权。买入的看涨期权比卖出的看涨期权期限更长。通常以短期的看涨期权到期日作为收益结算日。

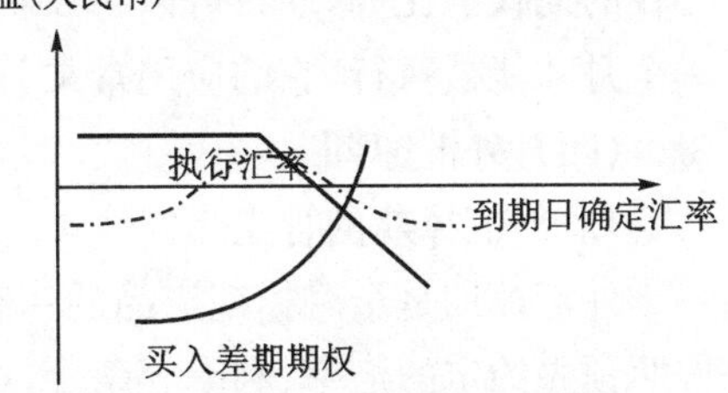

图3-11　买入差期期权收益图

如图3-11虚线所示的收益曲线，以买入美元卖出人民币为例，如果到期日汇率在执行汇率附近，公司获得正收益；如果到期日汇率远大于或远小于执行汇率；则公司损失期初期权费费用。

以买入美元人民币差期期权为例，该产品主要优势在于：风险较小，公司最大损失为期初期权费损失；当到期日汇率在执行汇率附近时，公司获得大量收益。

该产品主要劣势在于当到期日汇率偏离执行价格太远时，公司存在损失。

⑥ 对角式期权。对角式期权可以看作价差期权和差期期权的组合，即同时买入和卖出一份看涨期权，两份看涨期权的执行价格和期限均不相同。

对角式期权收益图随买卖期权的不同变化较大，但在价差期权的基础上增加差期期权的特征，可以进一步扩大总收益的范围。

以买入美元人民币差期期权为例，该产品主要优势在于：较灵活，在市场横盘或上涨时均可获利；在市场下行时能够有效控制风险，最多损失初期期权费用。

该产品主要劣势在于收益空间有限，但它是良好的对冲手段。

(4) 按交割时间划分。

① 欧式期权。欧式期权是指买入期权的一方必须在期权到期日当天才能行使的期权。

公司预期欧元/美元会在两周内从 1.150 0 水平逐步上升到 1.170 0 水平。于是买入一个面值 10 万欧元、时间两周，行使价在 1.150 0 水平的欧式期权，期权费是 0.65%(即付费 650 欧元)。欧式期权必须在到期日当天的北京时间下午 14∶00 才能行使。不像美式期权那样随意执行。假设该期权到期同样以 1.170 0 执行，公司即可获利 1 252.50 美元(2 000－650×1.150 0＝1 252.50)。

② 美式期权。美式期权是指可以在成交后有效期内的任何一天被执行的期权。也就是指期权持有者可以在期权到期日以前的任何一个工作日纽约时间上午 9 时 30 分以前，选择执行或不执行期权合约。美式期权允许期权持有者在到期日或到期日前执行购买(如果是看涨期权)或出售(如果是看跌期权)标的资产的权利。

③ 百慕大期权。百慕大期权是一种可以在到期日前所规定的一系列时间行权的期权。比如，期权可以有 3 年的到期时间，但只有在 3 年中每一年的最后一个月才能被执行，它的应用常常与固定收益市场有关。

(四) 外汇掉期

1. 外汇掉期的含义

外汇掉期是金融掉期产品的一种。金融掉期又称金融互换，是指交易双方按照预先约定的汇率、利率等条件，在一定期限内，相互交换一组资金，达到规避风险的目的。掉期业务结合了外汇市场、货币市场和资本市场的避险操作，为规避中长期的汇率和利率风险提供了有力的工具。作为一项高效的风险管理手段，掉期的交易对象可以是资产，也可以是负债；可以是本金，也可以是利息(见图 3-12)。

交易双方约定以货币 A 交换一定数量的货币 B，并以约定价格在未来的约定日期用货币 B 反向交换同样数量的货币 A。外汇掉期形式灵活多样，但本质上都是利率产品。首次换入高利率货币的一方必然要对另一方予以补偿，补偿的金额取决于两种货币间的利率水平差异，补偿的方式既可通过到期的交换价格反映；也可通过单独支付利差的形式反映。

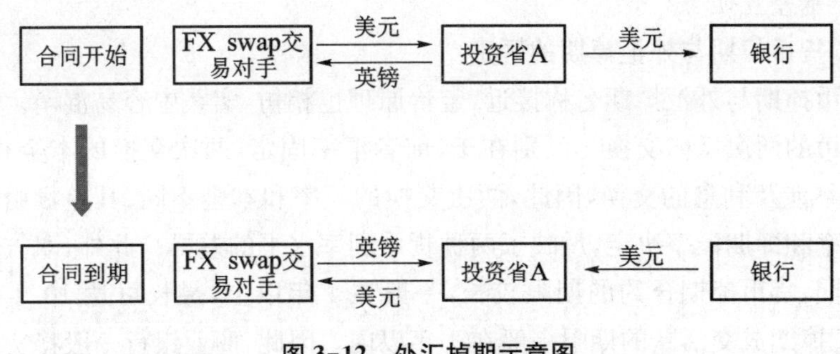

图 3-12　外汇掉期示意图

2. 外汇掉期存在的风险

外汇掉期交易中包括即期交易与远期交易两部分。在缺乏有深度的外汇市场的情况下，这一远期汇率价格往往由央行来决定。如果央行报出的远期汇率主要是按照自己的主观想法进行定价，所得到的远期汇率往往与市场实际价格发生较大的偏差，这便会引起市场的波动。这种情况也可以看作是，掉期交易的远期部分消失了（远期汇率未按照市场客观进行定价），于是，交易就变得类似以外汇作为相关资产的直接公开市场操作。这种操作应该属于外汇干预，而不是外汇掉期。

外汇掉期与外汇干预的区别主要在于交易的范围：前者通常被看作是用于控制国内流动性，而后者通常被看作是用于影响汇率。掉期交易比央行参与的其他外汇交易给市场带来的波动更加剧烈。

3. 外汇掉期的特点

（1）掉期外汇交易不会改变交易者的外汇持有额，改变的只是交易者所持有外汇的期限结构。

（2）掉期交易可以用于固定换汇成本。

（五）交叉货币掉期

1. 交叉货币掉期的含义

交叉货币掉期即货币互换。根据国际互换与衍生工具协会（ISDA）的定义，货币掉期交易是指："在约定的期间内，一方定期向另一方支付一种货币的，以某一固定利率计算出的，或以浮动利率（浮动利率定期进行调整）计算出的利息金额，以换取另一方向其支付另一种货币的，以某一固定利率计算出的，或以浮动利率（浮动利率定期进行调整）算出的利息金额。"其中，利息的计算基于两种货币事先约定的本金数额。在合约的生效日和到期日，交易双方可以选择将两种货币的本金进行某种形式的交换。在互换利率的选择中，以浮动利率交换固定利率的品种又被称为"交叉货币互换"，以浮动利率交换浮动利率的品种则通常被称作“基差互换”。

2. 货币掉期与外汇掉期的区别

货币掉期与外汇掉期名称接近，定价原理也相仿，实践中容易混淆。两者都涉及货币的两次反向交换。区别在于，前者汇率固定，两次交换的本金相同；后者由于不涉及利息的交换，因此，两次交换的汇率和本金不同，其差额由两种货币的利率和即期汇率决定，反映了两种货币利率水平的差异。此外，双方的运用周期不同，货币掉期合约的期限较长，一般在1年以上，最长可达10年甚至更长；外汇掉期成交活跃的期限一般在1年以内。因此，商业银行一般将货币掉期用于资产负债币种错配的风险管理，而外汇掉期则会更多用于短期流动性管理和资金筹措。

3. 货币掉期原理

交叉货币掉期实质上是通过债务置换，完全规避未来的汇率和利率风险。

货币掉期涉及两种货币的现金流交换，其定价原理的主要原则是收入现金流和支出现金流在合约生效时的折现值按当时汇率折算基本相等。参考图3-13，假设机构A（银行）与机构B（银行或非银企业）达成一笔货币互换交易。机构B在美元融资方面具有优势，希望以此降低人民币的融资成本，于是选择机构A作为交易对手方。双方约定在合约生效日，B用美元本金交换A的人民币本金，期间每个利息交割日，双方互换美元和人民币的利息。在合约到期日，双方则再次交换本金。

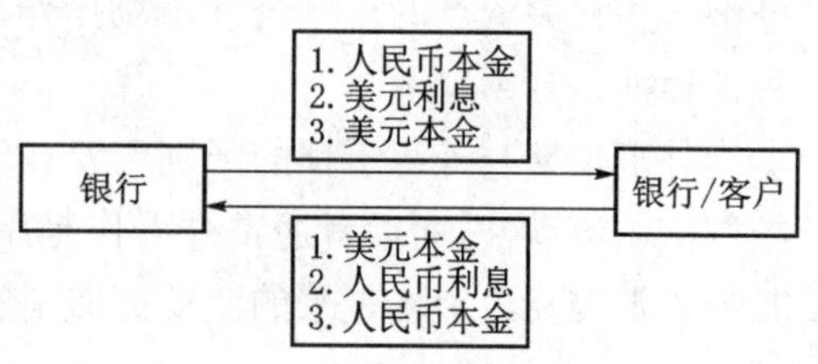

图3-13　货币掉期示意图

［案例分析］

假设英镑和美元汇率为：1英镑=1.500 0美元。

A公司计划借入5年期1 000万英镑借款，B公司计划借入5年期1 500万美元借款。但由于A公司的信用等级高于B公司，两国金融市场对A、B两公司的熟悉状况不同，因此，市场向它们提供的固定利率也不同，如表3-1所示。

表3-1　市场向A、B公司提供的借款利率

	美元	英镑
A公司	8.0%	11.6%
B公司	10.0%	12.0%

在货币互换操作中，A 公司以 8%的利息借入 1 500 万美元，B 公司以 12%的利息借入 1 000 万英镑。

第一步，A、B 公司交换本金；第二步，A、B 公司交换利息，具体流程如图 3-14 所示；第三步，A、B 公司将本金换回。

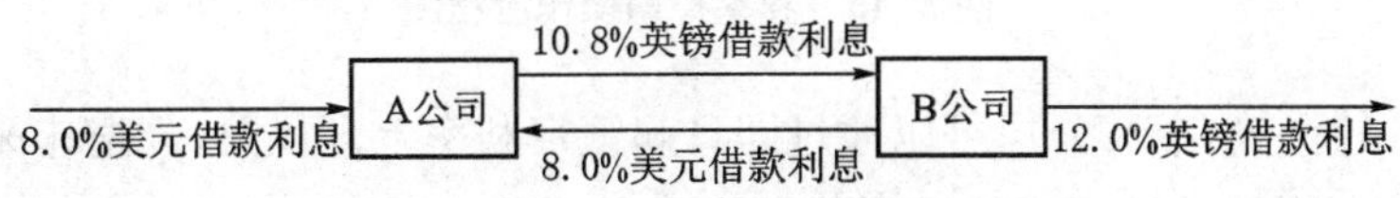

图 3-14　货币互换流程图

在以上案例中，A 公司每年节约借款利息 1 000×(11.6%−10.8%)=8 万英镑；B 公司每年节约借款利息 1 500×[10%−(8%+12%−10.8%)]=12 万美元。

(六) 利率掉期

1. 利率掉期的含义

利率掉期，即利率互换，是指两笔货币相同、债务额相同(本金相同)、期限相同的资金，做固定利率与浮动利率的调换。这个调换是双方的，如甲方以固定利率换取乙方的浮动利率，乙方则以浮动利率换取甲方的固定利率，故称互换。互换的目的在于降低资金成本和利率风险。利率互换与货币互换都是于 1982 年开拓的，是适用于银行信贷和债券筹资的一种资金融通新技术，也是一种新型的避免风险的金融技巧，目前，在国际上已被广泛采用。

2. 利率掉期原理

利率互换交易的基本原理是大卫·李嘉图的比较优势理论与利益共享。首先，根据比较优势理论，由于筹资双方信用等级、筹资渠道、地理位置，以及信息掌握程度等方面的不同，在各自的领域存在着比较优势。因此，双方愿意达成协议，发挥各自优势，然后再互相交换债务，达到两者总成本的降低，进而由于利益共享，最终使互换双方的筹资成本都能够得到一定的降低。

[案例分析]

为了规避利率风险，降低融资成本，某公司与银行约定进行一系列利率互换，利用掉期工具 IRS(Interest Rate Swap)将浮动利率转为固定利率，从而固定公司的边际利润。

例如，某公司借入一笔美元融资并配套美元 IRS 锁定利率成本，到期以美元收入归还美元融资。操作流程如图 3-15 所示。

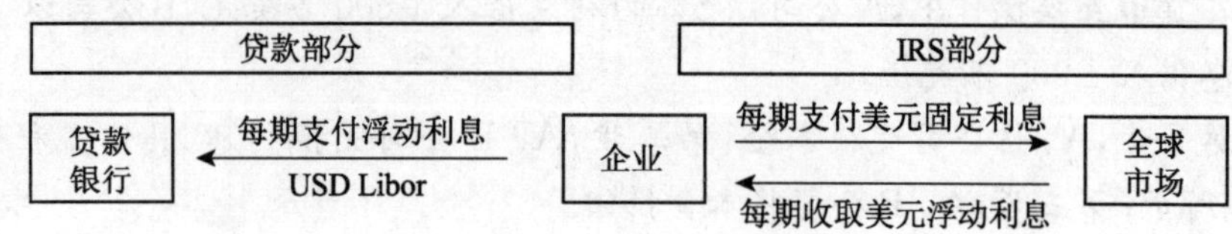

图 3-15　利率掉期操作流程图

IRS 的优势在于:公司可以通过即日起锁定利率上升风险,规避未来浮动利率上升对公司浮动利率贷款融资成本上升的风险;也可以固定公司的融资财务成本,锁定边际利润,确保财务成本不会受不明朗因素影响。

需注意的是,当公司把浮动利率换为固定利率时,将无法享有当市场利率下降所带来的优惠;对冲交易期限越长,相应的对冲成本也越高。

第四章　公司进口业务短期资金运用

第一节　公司进口业务短期资金运用概述

一、资金运用目标

降本增效是公司进口业务资金管理的最终目标，公司通过融资和外汇管理控制进口成本，资金的"增效"则要通过资金运作来实现。同时，融资和外汇业务的期限限制了资金运用的期限，因此，开展进口业务的公司往往进行短期资金运用以提升资金使用效率效益。

具体来说，开展进口业务的公司为支付货款及业务正常运营会发生融资行为，根据进口贸易的性质，公司融资往往具有短期、大额的特点，这在为企业带来流动资金的同时，也增加了其融资成本。同时，公司通过融资及日常经营活动，可以获得短期闲置资金。如何运用闲置资金取得收益，以弥补其进口融资活动带来的成本，成为公司资金管理和运作的重要内容。所以，短期资金运用，解决了开展进口业务的公司在筹集资金和获得收入后如何使用资金的问题，使公司的闲置资金得到合理、高效地利用，从而为企业增加盈利。

二、资金运用策略

根据公司的性质、业务规模，以及发展阶段的不同，公司具有相应的资金流动性需求和风险承受能力，这决定了不同的公司资金运用战略。公司资金运用战略可分为保守型战略、稳健型战略和积极型战略。

保守型战略是以规避风险为原则的资金运用战略。公司采用保守型战略时，资金风险低、流动性强、收益较低，同时，资金持有成本较高。在保守型战略下，进口公司通常选择投资于银行理财产品。

积极型战略以追求高收益为目标，资金短缺成本较高、风险较大。这类公司往往倾向于投资高风险、高收益的产品，如市场相关性较小的股权投资、券商的高收益资管计划等。

稳健型战略介于保守型和积极型战略之间，对于一些具有一定风险承受能力的公司，会根据自身公司规模、业务资金需求来选择具有较低的资金风险，且有收益性的投资组合。

第二节 主要运用产品

对于以开展进口业务为主的公司来说，其融资期限一般较短。匹配其融资期限，结合成本收益的平衡，以及不同的公司风险承受能力，公司形成的短期闲置资金多用于短期资金投资产品。目前，公司常见的资金运用产品包括以银行作为载体的一系列货币理财产品、证券投资和以券商为载体的资金管理产品等。

根据公司资金运用战略，可以将公司主要资金运用产品分为银行产品，如存款、银行理财等符合保守型投资战略的产品，以及资产管理计划、信托、证券投资等符合积极型投资战略的产品。稳健型投资型战略则要求公司选择相应的资金运用组合。

一、保守型策略——银行产品

（一）通知存款

通知存款是一种不约定存期、一次性存入、可多次支取，支取时需提前通知银行、约定支取日期和金额方能支取的存款。通知存款的币种包括人民币、港币、英镑、美元、日元、欧元、瑞士法郎、澳大利亚元、新加坡元。本金一次存入，可一次或分次支取。

1. 通知存款的分类

通知存款不论实际存期多长，按存款人提前通知的期限长短划分为 1 天通知存款和 7 天通知存款两个品种。

（1）1 天通知存款。1 天通知存款必须提前 1 天通知约定支取存款。

（2）7 天通知存款。7 天通知存款则必须提前 7 天通知约定支取存款。

进口公司选择该产品，保持存款账户余额满足通知存款起始金额及计息标准的余额时，公司无需做任何工作，即可以通知存款利率计息，灵活收益一举两得。

与 1 天通知存款相比，7 天通知存款的流动性、收益率、操作便捷度都占有优势。

2. 通知存款的特点

(1) 比活期存款有更高的收益。通知存款能够更好地获得利息收入，提高资金效益，提升公司财务管理水平。

(2) 期限灵活，方便支取。通知存款只需提前 1 天或 7 天通知银行，可随时提取。

(3) 便捷的活期与通知存款互转。如开通网上企业银行功能，可实现人民币活期存款与通知存款互转。通知存款可网上产生、网上取消通知。

一般情况下，通知存款起存金额为人民币 50 万元。单次最低支取金额为人民币 10 万元，分为柜台办理和企业网银办理两种，见表 4-1 和表 4-2。

表 4-1　　柜台办理流程

通知存款存入	1. 提供转账支票等支付凭证，并加盖预留银行印鉴 2. 将"单位定期存款开户证实书"第一联、收款回单客户回单联、付款回单交给企业
办理通知	提前 1 天或 7 天将加盖预留印鉴的"银行单位通知存款客户通知书"(一式二联)交银行，与银行约定支取存款，银行将第二联退给公司
支取手续	提交"开户证实书"和办理通知时的"客户通知书"办理支取 (1) 留存部分高于最低起存金额，收回原"开户证实书"，开具新"开户证实书" (2) 留存部分低于最低起存金额及全额支取，收回原"开户证实书"；低于起存金额的部分根据公司意愿转为其他存款种类，将通知存款账户销户
取消通知	1. 将取消通知的"客户通知书"(加盖预留印鉴)，连同原"客户通知书"一并送交银行 2. 银行打印"客户通知书"(第二联)退客户

表 4-2　　企业网银办理流程

通知存款存入	1. 设置通知存款业务模式 2. 投资理财—定活互转—活期转通知存款 3. 选择"业务模式"、可经办账号、通知类型，并输入金额，点击"活转通知" 注：若业务模式中设置审批人需审批人审批
办理通知	投资理财—定活互转—产生通知选择"业务模式"、通知存款账号及通知金额，点击"产生通知" 注：若业务模式中设置审批人需审批人审批

（续表）

支取手续	到期支取： 无需公司操作，产生通知1天或7天后资金自动回到公司活期账号 提前支取： 投资理财—定活互转—通知存款提前支取，选择“业务模式”、通知存款账号、通知金额及通知标记（①未产生通知的选择“支取未发通知存款”；②已产生通知的选择“支取已发通知存款”），点击“通知转活” 注：若业务模式中设置审批人需审批人审批
取消通知	投资理财—定活互转—取消通知，选择“业务模式”、通知存款账号，点击“查询”，再点中通知记录信息，点击“取消通知” 注：不建议企业取消通知，可做提前支取，因为取消通知，通知期限1天或7天内不计息，详见计息规则

3. 通知存款收益及风险评价

通知存款利率高于活期存款低于定期存款。既保证了用款需要，又可享受高于活期的利息，是风险低收益较高的存款类型，企业普遍适用。

［案例分析］

A公司从事商品进口业务，需要经常支付进口货款，并且资金风险承受能力较低。目前A公司有闲置资金100万元，预计闲置期间为2个月。经与银行沟通，近期活期存款利率为0.35%，7天通知存款利率为1.35%，但使用资金需要提前7天通知银行。通过对比分析，A公司决定选用7天通知存款来获得收益。

2个月后，A公司7天通知存款获得利息：

100万×60天×1.35%/360天=22 509(元)

同一时期若存入活期存款，则获得利息：

100万×60天×0.35%/360天=583.33(元)

7天通知存款的利息比同时期的活期存款多出1 666.67元，既保证了公司的用款需要，又能享受活期利息3.86倍的收益。

（二）协定存款

协定存款是指已开立基本存款户或一般存款户的企事业单位，在取得银行同意后，其账户保留用于业务备付资金以外的存款资金，按单位协定存款利率计息的人民币存款业务。

协定存款功能等同活期存款，但收益要高出活期存款近2倍。一般银行倾向与有大额存款的公司做协定存款。一般而言，存款的余额越高，公司获得的利率越高。

合同期限最长为1年(含1年)。到期任何一方如未提出终止或修改,则自动延期。

1. 协定存款的特点

协定存款根据“一个账户、一个余额、两个结息积数、两种利率”的管理方式,将账户余额按合同规定的“基本存款额度”分为两部分,账户余额小于或等于“基本存款额度”的部分是所形成的“结算存款累计积数”,按活期存款利率计算存款利息,账户余额大于“基本存款额度”的部分所形成的“协定存款累计积数”,按协定存款利率计算存款利息。

具体来说,协定存款实行AB协定账户管理,即在开办协定存款单位的原有结算账户下,虚拟二级A账户和B账户,以实现协定存款业务的处理。其中,A账户用于业务备付资金额度以下(含)的活期存款管理,B账户用于业务备付资金额度以上协定存款管理。

A账户按结算日中国人民银行公布的活期存款利率计息,B账户按结算日中国人民银行公布的协定存款利率计息。

开户单位的存款资金全部通过A账户往来,超过基本存款额度部分的资金,银行将自动转入B账户;当A账户低于基本存款额度时,银行自动用B账户资金补足A账户基本存款额度;当B账户资金不足以补足A账户额度时,B账户余额直至为零,A账户和B账户在合同期可继续使用。

单位结算账户资金为A户(活期存款)和B户(协定存款)资金之和。每日系统依据设定的业务备付资金额度,对A户和B户的资金进行划分。

2. 协定存款办理条件

一般公司均可办理,需要签署相关协议。一般要求备付资金额度不少于人民币50万元。

企业填写《银行单位协定存款申请审批书》,银行根据开户企业的存款和结算往来情况,核定结算账户需用于业务备付的资金额度并报批。

银行审批同意后,企业签订一式三份“协定存款合同”(加盖企业公章和有权人签章),在合同中明确每日营业中企业结算账户用于业务备付的资金额度。合同号10位,前6位为网点的机构号,后4位为顺序号。

3. 协定存款收益评价

协定存款在保证结算便利的基础上获得较高收益。收益根据公司与银行签订的合同确定。一般而言,存款的余额越高,公司获得的利率越高。

4. 协定存款适用企业类型

协定存款业务适用于资金结算频率高、流量大的企事业单位。凡开立基本存款账户或一般存款账户的企业、事业单位均可申请。

[案例分析]

M公司从事进口业务,在甲银行开立账户。由于业务性质,M公司既需要较高的资金流动性以满足日常付款需要;又希望获得比一般活期存款利率更高的收益。经公司内部协商,与甲银行签订了协定存款合同,当日超过基本存款额度即可享受协定利率计息。合同约定基本存款额度 500 万元,协定利率为 1.2%,期间活期存款利率为 0.35%。

成为协定账户前,M公司的原存款账户有 300 万元人民币。成为协定账户后,季末结息时,新增A账户积数 100 万元,超出存款额度的B账户积数 600 万元。

那么,本季度M公司通过协定存款账户获得收益:

(300 万+100 万)×0.35%/4+600 万×1.2%/4=3 200 元+18 000 元=21 500(元)

若本季度仅存入活期存款,可获得收益:

(300 万+100 万+600 万)×0.35%/4=8 750(元)

协定存款比活期存款所获利息多 12 750 元。

(三) 结构性存款

结构性存款也称收益增值产品(Yield Enhancement Products),是运用利率、汇率产品与传统的存款业务相结合的一种创新存款。该产品适合对收益要求较高,对外汇汇率及利率走势有一定认识,并有能力承担一定风险的公司。

所谓外汇结构性存款,是指在普通外汇存款的基础上嵌入某种金融衍生工具(主要是各类期权),通过与利率、汇率、指数等的波动挂钩或与某实体的信用情况挂钩,从而使存款人在承受一定风险的基础上获得较高收益的业务产品。它是一个结合固定收益产品与选择权组合形式的产品交易。通过选择权与固定收益产品间的结合,使结构性产品的投资报酬与标的关联资产的价格波动产生连动效应,可以达到在一定程度上保障本金或获得较高投资报酬率。

1. 结构性存款的发展

在结构性存款发展初期,银行只能对等值 300 万美元以上的大额外汇存款提供这种产品。从 2004 年年初开始,小额外汇结构性存款在我国流行。从各家银行推出的这类产品看,它的特点是存款期限较长,短则 1 年(由银行决定),长则 3~5 年,现阶段投资者将资金以存款方式交于银行后,一般由银行向国外代理行叙作结构性存款,并给予在 2.53%~2.63%之间(高于同期息率 1~2 倍)

的固定收益。由于有高出同期存款数倍的收益，在目前外汇投资渠道狭窄、风险较高，监管政策限制，收益较低的情况下，外汇结构性存款自然深受投资者的青睐和追捧。

2. 结构性存款的主要特点

（1）挂钩标的种类较多。发行人民币结构性存款产品挂钩标的包括境外利率、汇率、股票、基金、指数、商品等。中资银行发行的产品挂钩标的较为单一，大多中资银行发行的产品均单一挂钩境外利率或汇率。外资银行发行的产品挂钩标的较多，产品与境外利率、汇率、股票、基金、商品等挂钩，美元 LIBOR、美元/日元汇率、香港上市石油概念股/银行股组成的股票篮子、香港及纽约上市交易基金组成的篮子、抗通胀商品等。

（2）产品期限以短期为主。挂钩标的不同，人民币结构性存款产品期限也不同，除挂钩商品的产品期限最长达 5 年外，其他产品期限均在 1 年以内，个别产品期限短至 1 周左右。

（3）投资风险程度普遍较低。人民币结构性存款产品预期收益率一般参考中国人民银行公布的同期限存款利率，结合具体投资期限和挂钩标的确定。由于结构性存款多为保本型产品，所以投资风险相对较低，投资者最大损失为同期限存款利息。

3. 结构性存款的种类

按挂钩标的划分，目前有与利率挂钩的结构性存款、与汇率挂钩的结构性存款、与其他标的物挂钩的结构性存款，如与一篮子股票组合挂钩、与国际市场黄金价格挂钩、与英国北海原油价格挂钩、与特定地区天气状态挂钩等。投资于这类产品需对选定的挂钩标的物的波动趋势有深入的了解。若判断失误，将会导致收益率的降低。

（1）利率挂钩型结构性存款。一般与 Libor 利率挂钩，由投资者选定存款期限和 Libor 利率区间，银行报出相应的收益率（一般高于普通存款利率）。在存期内，若当日 Libor 在选定的区间内，则该日可按约定的收益率计息；反之，则该日不计息。此类结构性存款多为 1 年以内的短期产品。

（2）汇率挂钩型结构性存款。可挂钩人民币汇率也可挂钩外币汇率，从 2005 年开始集中出现，存在挂钩汇率值、汇率波动区间、人民币升值幅度多种产品，大多数为 3 个月期限的产品。

（3）股票挂钩型结构性存款。挂钩于某一只股票、一揽子股票组合或某一股价指数，这类结构性存款一般为保本收益型，若股票反向波动较大，投资者不损失本金，仅损失利息。此类结构性存款期限多为 1～5 年。

（4）商品挂钩型结构型存款。与商品期权挂钩，包括黄金、原油、农产品等，挂钩标的商品有逐渐丰富的趋势，可以作为对冲商品价格波动的工具。此类结构性存款期限一般较长，根据挂钩标的物的不同从1年到7年不等。

4. 结构性存款的风险

理财产品相对于一般储蓄存款具有风险更大、预期收益更高的特点。银监会规定商业银行应对结构性存款产品实施分离管理，基础资产按照储蓄存款业务管理，衍生交易部分按照金融衍生产品业务管理，一定程度上降低了结构性存款产品交易风险。但由于其嵌入境外衍生产品交易，投资者、银行以及管理部门仍面临一定的风险。由跨境交易引发的风险主要体现在以下几个方面：

(1) 投资者风险。投资者面临的跨境交易风险主要体现为收益波动风险和汇率风险。产品收益取决于挂钩标的市场表现，由于投资市场状况不断变化，产品收益存在大幅波动的可能，投资者最终收益可能低于产品预期收益。尤其是对于高风险的非保本型产品，投资者本金可能遭受损失。银行如果以外币形式支付人民币结构性存款到期收益，且投资者需将其结汇为人民币。在人民币升值的形势下，投资者的实际收益率可能受到影响，甚至可能因汇率变动而造成投资本金的损失。

(2) 银行风险。银行面临的跨境交易风险主要体现为交易风险和汇率风险。银行与境外交易对手进行“背对背”平盘交易时，可能面临来源于境外交易对手的信用风险，交易适用法律风险及交易合约起草、谈判、签订过程中的法律风险等。由于外资银行基本与其境外关联行进行对冲交易，这类风险对中资银行更为突出。银行吸收人民币存款，结构性部分投资于境外衍生产品，需以外币形式进行境外交易定价和最终交易结算，在汇率波动的形势下，银行需承担汇兑风险。对于以人民币形式支付到期收益的，在人民币升值的形势下，银行承担的风险更为突出。

(3) 管理风险。人民币结构性存款带来的跨境管理风险主要体现为资金跨境收支和结售汇风险。结构性存款可选择挂钩的境外标的广泛，针对不同类型标的挂钩的多类型产品可以起到分散和平衡总量风险的作用。但由于境内银行产品研发设计能力不足，市场上发行的结构性存款产品普遍较为简单，且同质性很强，挂钩标的、产品期限、收益率计算方式极其相似。产品的同质性一旦遭遇国际市场动荡势必引发跨境资金同向集中流动，以及由此带来的集中结汇或售汇。

[案例分析]

A公司近期有一笔100万元的闲置资金，拟进行投资增值。A公司了解到，由于监管政策限制，银行保本理财产品收益越来越低，结构性存款成为A公司闲置资金投资的又一选择。

经与甲银行沟通，目前有挂钩黄金、原油、汇率等标的物的结构性存款，通过对比分析，A公司认为近期美元兑港币汇率稳定，遂选用挂钩美元兑港币汇率的结构性存款。

该结构性存款启动日为20×8年3月15日，到期日为20×8年6月14日。A公司与甲银行约定，若美元兑港币的最终汇率始终位于汇率区间（不含边界点）内，则到期时结构性存款收益率为5.00%，否则，收益率为2.60%，约定的美元兑港币汇率期间为7～9。

情景1：

购入结构性存款期间，美元兑港币的汇率在7.75～7.85之间波动，未达到触发条件，到期后A公司获得收益：

$$100\times5\%\times90/360=12\,500(\text{元})$$

情景2：

购入结构性存款期间，美元兑港币的汇率跌破7，低至6.98，到期后A公司获得收益：

$$100\times2.6\%\times90/360=6\,500(\text{元})$$

（四）银行理财产品

银行理财产品按照标准的解释，是商业银行在对潜在目标客户群分析研究的基础上，针对特定目标客户群开发设计并销售的资金运用和管理计划。

在理财产品这种投资方式中，银行只是接受公司的授权管理资金，投资收益与风险由公司或其与银行按照约定方式承担。

1. 银行理财产品分级

根据产品风险特性，银行将理财产品风险由低到高分为R1（谨慎型）、R2（稳健型）、R3（平衡型）、R4（进取型）、R5（激进型）5个级别。

银行从本金保障特性、收益保障特性、信用风险等级和市场风险等级等维度，采用定性和定量相结合的方法，对理财产品的风险进行评价并确定理财产品的风险级别。

（1）R1级（谨慎型）。R1级，即谨慎型级别理财产品由银行保证本金的完全偿付，产品收益随投资表现变动，较少受市场波动和政策法规变化等风险因素的影响。产品主要投资于高信用等级债券、货币市场等低风险金融产品。

（2）R2级（稳健型）。R2级，即稳健型级别理财产品不保证本金的偿付，但本金风险相对较小，收益浮动相对可控。在信用风险维度上，产品主要承担高信用等级信用主体的风险,如 AA 级(含)以上评级债券的风险;在市场风险维度上,产品主要投资于债券、同业存放等低波动性金融产品,严格控制股票、商品和外汇等高波动性金融产品的投资比例。此级别还包括通过衍生交易、分层结构、外部担保等方式保障本金相对安全的理财产品。

(3) R3 级(平衡型)。R3 级,即平衡型级别理财产品不保证本金的偿付,有一定的本金风险,收益浮动也有一定波动。在信用风险维度上,主要承担中等以上信用主体的风险,如 A 级(含)以上评级债券的风险;在市场风险维度上,产品除可投资于债券、同业存放等低波动性金融产品外,投资于股票、商品、外汇等高波动性金融产品的比例原则上不超过 30%,结构性产品的本金保障比例在 90%以上。

(4) R4 级(进取型)。R4 级,即进取型级别理财产品不保证本金的偿付,本金风险较大,收益浮动且波动较大,投资较易受到市场波动和政策法规变化等风险因素影响。在信用风险维度上,产品可承担较低等级信用主体的风险,包括 BBB 级及以下债券的风险;在市场风险维度上,投资于股票、商品、外汇等高波动性金融产品的比例可超过 30%。

(5) R5 级(激进型)。R5 级,即激进型级别理财产品不保证本金的偿付,本金风险极大,同时收益浮动且波动极大,投资较易受到市场波动和政策法规变化等风险因素影响。在信用风险维度上,产品可承担各等级信用主体的风险;在市场风险维度上,产品可完全投资于股票、外汇、商品等各类高波动性的金融产品。

理财产品风险收益评级仅针对银行自行开发、设计并向银行个人客户和机构客户销售的各类理财产品,包括流动性管理产品、固定收益类产品、代客境外投资产品、信托证券类产品和结构性产品等。

其中,风险收益主要针对投资者购买银行理财产品所承担的风险。

2. 保证收益理财产品

保证收益理财产品是指商业银行按照约定条件向公司承诺支付固定收益,银行承担由此产生的投资风险或者银行按照约定条件向公司承诺支付最低收益并承担相关风险,其他投资收益由银行和公司按照合同约定分配,并共同承担相关投资风险的理财产品。

保证收益的理财产品包括了固定收益理财产品和有最低收益的浮动收益理财产品。前者的收益到期为固定的,而后者到期后有最低收益,其余部分视管理的最终收益和具体的约定条款而定。

3. 非保证收益理财产品

非保证收益理财又可以分为保本浮动收益理财产品和非保本浮动收益理财产品。

保本浮动收益理财产品是指商业银行按照约定条件向公司保证本金支付，本金以外的投资风险由公司承担，并依据实际投资收益情况确定公司实际收益的理财产品。

非保本浮动收益理财产品是指商业银行根据约定条件和实际投资收益情况向公司支付收益，并不保证公司本金安全的理财产品。

非保证收益的理财产品的发行机构不承诺理财产品一定会取得正收益，有可能收益为零，不保本的产品甚至有可能收益为负。

在银行推出的每一款不同的理财产品中，都会对自己产品的特性给予介绍。目前各家银行的理财产品大多是对本金给予保证的，即使是打新股之类的产品，尽管其本金具有一定风险。

二、积极型策略——券商及证券产品

(一) 资产管理计划

1. 资产管理计划的含义

资产管理计划，顾名思义是集合企业的资产，由专业的投资者(券商)进行管理。资产管理业务是获准创新试点的证券公司为投资者提供的一种增值理财服务。资产管理计划属于资产证券化产品，证券公司作为管理人，以能够产生现金流的特定财产或财产权利为基础资产发起设立资产证券化专项资产管理计划，并通过专门账户为公司提供资产管理服务。公司可根据风险偏好，自行选择产品并进行认购，根据合同的约定取得投资收益。

2. 资产管理计划的特点

资产管理计划带有一定的私募性质，它的目标群多为中高端客户。券商设立的非限定性集合计划接受单个客户的资金不得低于10万元。而设立的限定性集合理财计划接受单个客户的资金不得低于5万元。

券商集合计划的股票投资下限最低可以为0，而一般基金都有持仓下限，尤其是股票型基金的最低持仓下限为60%。

3. 资产管理计划的优势

(1) 管理专业化。有些优质债券，投资者自己并不容易买到，而集合资产管理计划凭借证券公司的债券业务优势，可获得比普通投资者更多的机会。除此之外，集合资产管理计划的管理人拥有多种市场交易资格，可进行多品种投资，获得一般投资者所无法获得的收益。

(2) 分散风险。集合资产管理计划可投资的封闭式基金多种多样，单个客户选择面较窄，不能保证一定会有持有到期收益；同时它的一般流动性好，区别于信托计划的流动性受到很大限制。

(3) 券商资质较高。一般投资者没有足够的精力进行债券的组合优化投资。集合资产管理计划由从业多年的专业人士专门管理,可进行充分、科学的债券组合优化投资并且凭借经验可以在更低的费率下购买。

(4) 集合计划门槛低。集合计划每份 10 万元,而信托计划由于受 50 份的最高发行量的限制,每份的最低参与金额都大大高于集合资产管理计划,令一些投资者望而却步。

4. 资产管理计划的风险

资产管理计划是一种利益共享、风险共担的集合证券投资方式,主要面临市场风险、管理风险、流动性风险、信用性风险。

市场风险受到政策带来的证券价格波动,经济周期带来的收益水平变化,利率变动导致的资产价格和利息的损益,上市公司经营状况导致的投资收益变化等多方面的影响。

管理风险指的是管理人(券商等机构)的知识、经验、判断、决策等会对其获取信息、判断经济形势、分析市场价格产生影响,从而带来收益水平的变动而产生的风险。

流动性风险指的是因市场交易量不足而导致证券无法迅速、低成本地转变为现金的风险。此外,还会受到资产管理计划在开放期间遭遇投资者大额赎回而导致没有足够的现金应付支付需求的风险。

信用风险指的是发行人能否实现发行时的承诺,按时足额还本付息的风险,或交易对手未能按时履约的风险。

[案例分析]

某从事进口加工的 A 公司产品具有季节性,在 2015 年下半年积累了大量资金,闲置资金规模达到 1 亿元。A 公司资金管理人员决定进行理财获取收益,用来弥补其即将增多的进口成本和融资成本。由于 A 公司对资金流动性要求较高,A 公司决定将大部分闲置资金投资于短期银行理财产品,一小部分投资于资产管理计划。

A 公司选定甲基金管理有限公司的某产品,该产品投资范围为上市公司股份,闲置资金可投资于债券逆回购、货币市场基金、债券等低风险高流动性固定收益类产品。A 公司用 300 万元购买了 200 万份某产品资产管理计划。

收益分配方案由基金公司拟定,收益将于每年最后一个工作日分配,分配金额为完整年度的基础收益。按照合同约定,2015 年该产品每 10 份资产管理计划发放红利 0.8 元,A 公司获得收益 16 万元。

(二) 信托计划

1. 信托的含义

信托是指委托人基于对受托人的信任,将其财产权委托给受托人,由受托人按委托人的意愿以自己的名义,为受益人的利益或者特定目的,进行管理或者处分的行为。

简言之,信托是一种为了他人利益或特定目的管理财产的一项制度安排,也即"受人之托,代人理财"。利用信托原理,一个人(委托人)在没有能力或者不愿意亲自管理财产的情况下,可将财产权转移给自己信任并有能力管理财产的人(即受托人),并指示受托人将信托财产及其收益用于自己或者第三人(受益人)的利益。

2. 信托计划的特点

(1) 信托具有融通资金的性质。

(2) 信托方式灵活,适应性强。

(3) 信托财产具有独立性。

(4) 信托收益稳定,且远远高于同期银行定期存款利息,是银行定期存款的理想替代品。

(5) 国家信托计划的发行与运作监管严格,有效地保护了投资人的利益。

3. 信托计划的风险

信托计划具有政策风险、违约风险、管理风险。政策风险指的是国家政策的变化对信托产品收益的影响,信托产品一般期限较长,与股票债券相比更容易受到政策影响;违约风险指的是信托产品无法按照约定偿还本金的风险,这受经营者的经营状况和道德影响;管理风险是指管理人在分析、决策、操作及信用各个层面可能出现的问题,直接影响收益的风险。除此之外,由于信托产品可以运用杠杆策略,增加了其流动性风险。

4. 信托公司设立信托计划的条件

(1) 委托人为合格投资者。

(2) 参与信托计划的委托人为唯一受益人。

(3) 单个信托计划的自然人人数不得超过50人,但单笔委托金额在300万元以上的自然人投资者和合格的机构投资者数量不受限制。

(4) 信托期限不少于1年。

(5) 信托资金有明确的投资方向和策略,且符合国家产业政策及其他有关规定。

(6) 信托受益权划分为等额份额的信托单位。

(7) 信托合同应约定受托人报酬。除合理报酬外,信托公司不得以任何名义直接或间接以信托财产为自己或他人牟利。

(8) 中国银行业监督管理委员会规定的其他要求。

这里所称的合格投资者，是指符合下列条件之一，能够识别、判断和承担信托计划相应风险的人：

(1) 投资一个信托计划的最低金额不少于100万元人民币的自然人、法人或者依法成立的其他组织。

(2) 个人或家庭金融资产总计在其认购时超过100万元人民币，且能提供相关财产证明的自然人。

(3) 个人收入在最近3年内每年收入超过20万元人民币或者夫妻双方合计收入在最近3年内每年收入超过30万元人民币，且能提供相关收入证明的自然人。

[案例分析]

某进口加工企业A公司在2015年下半年积累了大量资金，公司资金管理人员决定进行理财获取收益，用来弥补其即将增多的进口成本和融资成本。A公司于2015年12月21日用300万元购买甲信托公司的Y信托产品，Y信托资金用于向某县投资开发有限责任公司发放信托贷款，用于该县经济开发区安置房建设。Y产品的年收益为100万元8.1%；300万元8.3%；600万元8.5%。2016年12月20日，A公司获得收益249 000元。

(三) 证券投资

1. 证券投资的含义

证券投资是狭义的投资，是指企业或个人购买有价证券，借以获得收益的行为，是对预期会带来收益的有价证券的风险投资。证券投资具有高度的“市场力”，具有较高的风险性和收益性，投资和投机是证券投资活动中不可缺少的两种行为。进口型企业一般资金流动性要求较高，较少进行证券投资。

2. 证券投资的优势

证券投资有利于调节资金投向，提高资金使用效率，从而引导资源合理流动，实现资源的优化配置。

证券投资有利于改善企业经营管理，提高企业经济效益和社会知名度，促进企业的行为合理化。

3. 证券投资的风险

证券投资风险是证券投资中存在的使投资者遭受损失的危险。主要包括：

(1) 信用风险。信用风险是由于发行人到期不能还本付息而使投资人遭受损失。这种风险主要受证券发行人的经营能力、资本大小、事业的前途和事业的稳定性等影响。一般政府证券的信用风险小，属于投资级证券；而那些信誉差、风险大的证券属于投机级证券。

(2) 利率风险。利率风险是指由于金融市场上利率水平的变化，可能给投资者带来损失。

(3) 通货膨胀风险。通货膨胀风险指的是由于货币贬值，物价上涨，投资于证券所获得的报酬相对于物价上涨幅度已经贬值，实际购买力降低，从而给投资人带来损失。

(4) 市场风险。市场风险指的是由于证券市场变化或经济形势动荡给投资人带来的损失。

(5) 期限风险。期限风险是指债券到期期限较长而引起的不稳定因素较多所造成的损失。

[案例分析]

A公司近期有一笔闲置资金，希望进行短期投资以获得收益。A公司选取股票投资的方式，并拟择期出售赚取价差。2017年5月1日，A公司以720万元(含已宣告尚未领取的现金股利20万元)购入B公司股票100万股。5月30日，A公司收到B公司的现金股利20万元。2017年8月20日，B公司宣告分派现金股利每股0.2元，9月1日，A公司收到分派的现金股利20万元。至2017年12月31日，B公司股票每股市价为7.3元，A公司以740万元将股票卖出。期间，公司共支付佣金4万元。A公司进行上述股票投资的收益为：

$$(730+20+20)-(720+4)=469(\text{万元})$$

第五章 资金集团化管理的主要方法

第一节 资金流动性管理

稳定合理的资金流动性水平是一个公司赖以生存的基石,是公司正常生产经营的保障,资金流动性管理对于公司的可持续发展有着重要意义。

资金流动性管理可以分为短期流动性管理和中长期流动性管理。短期的流动性管理通过收支预测和短期资金计划,进行资金的使用与借贷安排,保证公司银行账户随时有足够的资金可用,属于现金管理。中长期的流动性管理是要保障公司的财务状况处于持续稳定健康的发展状态,包含营运资金管理和资本架构管理。保障公司的盈利能力和运营效率,持续的经营性现金流入,属于营运资金管理;配置适宜的资本结构和管控财务风险水平,保持良好的外部融资能力,属于资本架构管理。

一、公司进口业务资金流动性概述

(一) 公司进口业务资金流动性的含义

资金流动性是指公司通过经营活动创造现金和外部融资筹集资金来随时满足公司所有现金需求的能力,反映了公司的持续支付能力。其主要包括两层含义:一是资产的变现性,即各种资产按照原定用途使用转化为现金及现金等价物的能力,资产变现时间越短和价格波动越小,其流动性越强。二是债务的清偿性,即偿还到期债务的能力。把资产的变现性与负债清偿性联系起来,只有当两者适当匹配,公司才具有流动性。

资金流动性包括正流动与负流动:正流动是指流动性来源,包括资产转化为现金及现金等价物的能力和外部筹集资金能力;负流动是指流动性支出,包括在一定时间内偿还到期债务的支出和其他流动性支出。资金流动性取决于现金流入量和流出量的比较,当现金流入量超过流出量,净现金流入量就越多,流动性就越强。

对公司进口业务来说，资金流动性的流入来源主要是销售所得和短期融资，流出去向主要是采购支出和投资，当销售收入和短期融资大于采购支出和投资金额时，就会产生资金的净流入；反之，则会产生资金的净流出。当资金净流入时，公司会有充裕的现金流和较高的偿债能力。但这并不意味着公司资金净流入越大越好，过多的闲置资金代表公司的资金使用效率不高，增加了资金的机会成本。而过多的资金净流出，则代表公司面临流动性风险，严重者甚至会发生现金流断裂的情况。

（二）公司进口业务资金流动性风险

公司进口业务的资金流动性风险可以分为两类，即内生流动性风险和外生流动性风险。内生流动性风险是指公司资产不能正常和确定性地转移为现金或公司债务和付现责任不能正常履行的可能性。外生流动性风险是指受公司外部市场变动的不确定性而导致的风险。从风险的构成要素来看，其风险因素是公司从事金融活动，风险事件是汇率、利率和证券价格等基础金融变量发生非预期的变化，风险结果是公司进口业务蒙受经济损失的可能性，即实际收益少于预期收益或实际成本的可能性。外生流动性风险并不是由公司自身决策所决定的，而是公司外部的一种客观存在。

1. 公司内生流动风险因素

内生流动性风险因素包括公司进口业务资产配置结构、经营能力及筹资能力等方面的内容，是公司自身因素造成的流动性不足的可能性，具体表现在以下几个方面：

第一，资金管理不善。应收账款过多或者周转率差，导致资金不能有效运转以及账龄长的应收账款带来坏账损失；存货占用资金过多或者周转率差，导致存货不能及时变现，从而占用资金时间过长，这使得公司资金使用效率低下，降低了公司资金变现能力，增加了资金使用成本，从而增加了流动性风险。

第二，经营亏损。这是最直接的原因，公司的生产和销售状况陷入困境，无法实现销售收入，导致无法产生足够的经营活动现金流量，从而影响到期债务的支付，为公司带来流动性危机。

第三，融资结构不合理。一种情况是企业自有资金有限，并过度依赖外部资金，资本结构中长期债务比重过高，一旦现金流量不足或融资市场利率变动，将导致公司发生偿付困难甚至破产；另一种情况是以滚动的流动负债支持长期投资，一旦流动负债到期，而长期投资还未到期，债务压力迅速膨胀，公司必须借新债或债务延期，从而加大资金成本，当短期资金周转不足以应付到期债务，即使生产和销售状况正常，也无力支付到期的债务本息。

2. 公司外生流动性风险因素

公司流动性风险同时受到外部风险因素的影响，该因素是公司流动性风险识别和管理不可缺少的考虑范畴。外生流动性风险因素主要指市场变动的不确定性，比如，国际国内时局变动，宏观经济政策、不可抗力和其他偶发事件。具体表现在以下几个方面：

第一，汇率变动。当进口国货币相对出口国货币贬值，进口采购成本会上升。进口成本的资金占用随之增加，从而间接造成了公司流动性的降低。

第二，国际金融环境。国际金融环境从宏观上影响进口国和出口国的经济。例如，金融危机时，通过贸易渠道，金融财富的消失和个人收入的不确定性将对消费者的消费行为产生影响，商品的总需求下降，从而对进口商品的需求也会下降。因此，公司进口产品销量下降，贸易融资难度增大，导致难以获得充足的现金流量。其次，如果公司本身持有大量证券或股票的话，由于这些金融资产的价值在危机中大量缩水，公司的流动性必将受到重大影响。金融危机期间，决定市场流动性的因素与市场在正常状态下迥然不同，市场流动性突然蒸发，筹资流动性受到限制，使得银行及风险基金拒绝或者没有能力借钱给公司，依靠向银行借款而保持现金流的公司及已发行大量债券而面临到期偿付的公司可能会面临严重的资金短缺，从而引发财务危机。

第三，出口国通货膨胀。出口国通货膨胀使原材料价格大幅度提高，生产成本增加，从而导致物价上涨，出口价格增加，公司进口业务的进口成本增加。对于我国一些严重依赖进口的行业来说，对进口价格缺乏协商的能力，只能被动地接受进口成本上涨。

第四，国际政治环境。这个因素对流动性的影响主要体现在跨国经营或对外贸易中。比如，公司贸易对象所在的国家因不利的政治事件的影响，政治时局不稳定，从而使收汇没有保障。同样，如果出口国的政治环境不稳定，公司进口业务的进口风险也会增加，收货没有保障。

第五，国内经济政策。对于公司进口业务来说，如果国家对进口的补贴力度增大，或进口关税减少，都会减轻进口型公司的进口成本，从而间接增强其资金流动性。另外，当国家实行宽松的货币政策时，即中央银行采取增加货币供给和降低利率的政策以刺激内需，将有利于公司扩大销售以获得更多的现金流入；反之，将不利于销售获得现金流入。

综上所述，内生流动性风险因素是可控因素，而外生流动性风险因素是不可控因素。从内部因素着手识别潜在的流动性风险是公司识别、评估及应对风险的第一步。对公司进口业务流动性风险产生因素的分析是为了帮助公司预防流动性风险，认识风险的根源。在识别了流动性风险的源头后，公司应当根据自身特点和外部环境建立风险识别、风险估计和风险应对的机制。

二、流动性度量方法

在银行坏账增多的背景下，资金流动性风险成为公司的“又一大杀手”，不少公司因为资金链趋紧而陷入每况愈下的境地，最后亏损破产。因此，资金流动性越来越受到公司的重视。而如何度量其流动性风险则是公司进行资金流动性风险管理的前提与关键。

尤其对进口业务的公司来说，需要制定一套流动性度量体系，随时监测其资金流动性情况和预防流动性风险，通过该体系来判断资金是否在短期投融资之间取得了平衡，是否高效地运用了资金。下面分别从现金流量和流动性指标两个角度对公司进口业务流动性进行评价和度量。

（一）现金流量评价体系

现金流量是指公司在一定会计期间按照现金收付实现制，通过一定经济活动（包括经营活动、投资活动、筹资活动和非经常性项目）而产生的现金流入、现金流出及其总量情况的总称，即公司一定时期的现金和现金等价物的流入和流出的数量。通过一定会计期间的现金流量情况，可以对公司的资金流动性进行初步的判断。

表 5-1 通过现金流量的表现来评价公司资金流动性的状况。值得注意的是，表 5-1 只是根据流量各组成部分的方向所作的一般分析。在实际操作中，还应根据公司所处的宏观经济环境、行业经营特点及现金流量的比率分析，全面考察评价，才能对其资金流动性作出准确判断。

表 5-1　　资金流动性评价表

经营活动现金流量	投资活动现金流量	筹资活动现金流量	资金流动性评价
负	负	正	一般是初创期的公司。靠融资进行初始投资，生产销售能力尚未形成。此时公司资金流动性极低
正	负	正	一般是高速发展的公司。生产销售能力很强，经营活动货币回笼速度快，同时大量进行投资和筹资活动。此时公司资金流动性较高，因为有经营活动现金流入的保证
负	负	负	一般是扩张过度的公司。对货币回笼能力预测失误，投资效果差又难以筹得资金，资金流动性无以为继
正	正	负	一般是成熟公司。此时经营活动和投资活动形成良性循环，进入债务偿还期，融资需求小。此时资金流动性较大
正	负	负	公司有良好的经营状况。处于偿还债务的时期并对外投资，融资需求较少，资金流动性大，但可能资金利用率低

（续表）

经营活动现金流量	投资活动现金流量	筹资活动现金流量	资金流动性评价
正	正	正	公司经营状况良好。吸收外部投资或固定资产变现，并积极进行筹资以用于更好的投资赚取差价。此时资金流动性较大
负	正	正	公司经营状况不佳。回收投资本金和举债以维持业务的正常经营，此时公司流动性风险较大
负	正	负	公司可能面临为了偿债而大幅变卖资产或收回投资资本的状况，经营状况不善，面临很大的资金流动性风险

（二）流动性指标评价体系

衡量公司偿债能力的财务指标如资产负债率、流动比率、速动比率、产权比率、利息保障倍数等经常作为公司计算资金流动性的依据。常见的衡量短期流动性的财务指标及其含义如表 5-2 所示。

表 5-2　流动性指标表

指标	计算公式	含义
资产负债率	负债总额÷资产总额×100%	反映债务占全部资本的比例
流动比率	流动资产÷流动负债×100%	代表短期资产对短期负债的偿付能力
速动比率	（流动资产－存货）÷流动负债×100%	提出变现能力较差的存货
产权比率	负债总额÷股东权益×100%	反映债权人与股东提供的资本的相对比例，体现债务受到股东权益的保障程度
利息保障倍数	（利润总额＋利息费用）÷利息费用	公司经营收益为所需支付的债务利息的多少倍，反映公司获利能力对偿还到期债务的保障程度
净现金	现金－有息流动负债	剔除短期现金偿付义务，体现真正可以自由使用的现金存量
现金/总资产	现金/总资产	从资产结构的角度反映公司的流动性
烧钱率	现金÷月平均运营支出×100%	计算持有现金能够支持多长时间的运营支出
自由现金流	经营性现金流量－必要资本性支出	是在不影响公司持续发展的前提下可供自由分配或投资的现金流
现金流保障倍数	经营性现金流量/有息债务	经营性现金流对有息负债的保障能力

利用上述指标对公司的资金流动性进行分析相对直接，是集团公司常用的参考工具。对公司进口业务来说，通常持有大量的短期资产和短期负债，并且存货是其经营性资产，变现能力较强。所以流动比率能够较好地反映其流动性状况。

这些主要指标只是对公司资金流动性风险作静态的分析，而公司的资金流转是动态的，在不同的时点各项财务指标肯定不同。例如，一个公司资产为1 000万元，负债与所有者权益均为500万元，资产负债率为50%，收到代理进出口用户保证金1 000万元并转中国人民银行保证金账户后，公司资产为2 000万元，负债为1 500万元，所有者权益为500万元，而资产负债率为75%，支付完进口保证金1 000万元后，资产负债率又变回50%。这之间，公司的偿债能力和资金流动性风险并没有发生实质性变化，而该公司资产负债率财务指标变化却很大。因此，在分析一个公司的流动性状况时，应结合其所在行业状况、自身规模等特点，以流动性指标作为参考综合分析。

三、短期投融资策略

公司资金持有量的高低，对公司的流动性、风险性和收益性有着直接的影响。如果公司持有资金过多，意味着公司没有进行合理投资，虽然较多的资金使公司有能力支付到期债务和购买生产用料，资金流动性增强，从而有效地保障公司的运营，风险减小，但是过多闲置的资金又会导致公司资金使用效率下降，影响公司的盈利水平。反过来，持有资金越少，公司的盈利性越高，但可能导致流动不足，财务风险越大。因此，公司必须全面权衡短期投资与融资的盈利性和流动性风险，制定符合公司进口业务发展要求的短期投融资策略。

(一) 风险收益平衡

短期资金的运作，需要对风险和收益做出权衡与判断。公司流动性管理实质上是公司流动性的风险与收益的管理。公司运营资金需求往往通过融资来增加资金的流入，资金成本就会相应增加，危机成本则相应减少。所谓危机成本，是在财务管理出现技术上或者公司破产的情况下所形成的成本。使资金成本与危机成本之和达到最小的点，需要通过合理的短期投融资策略实现。流动性的成本示意如图5-1所示。

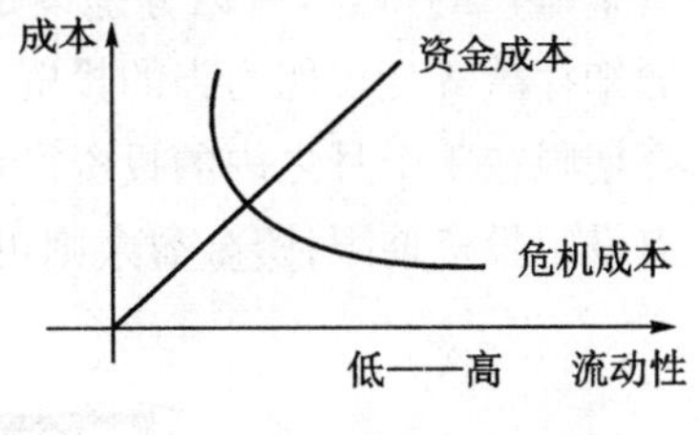

图5-1　流动性成本示意图

公司应根据管理层偏好、公司性质和影响公司流动性的其他宏观微观因素，合理设定公司流动性管理的目标和要求。

(二) 资金存量管理

在公司资金管理中,要研究企业集团整体保持合理的存量资金额度,以保证日常经营业务正常运行,并尽量降低资金的机会成本。首先,资金存量需要根据不同币种与不同地域的资金需求来设定目标范围,并根据内外部环境变化进行调整。其次,资金管理者需要决定将资金存放在哪些银行,以及什么时候以什么币种存放,才能最大化保证资金的良好流动性。在决定存量水平时,还应考虑流动性的度的问题。过大的流动性会造成资金机会成本的增加。

根据使用目的的不同,可以将资金划分为日常储备资金、风险储备资金、专项储备资金和资金盈余 4 类。

日常储备资金是各运营主体日常经营性资金需求的总和,企业集团应为公司设定短期流动性目标,比如在没有收入的情况下,公司应至少存有可以满足 1 个月持续经营的日常资金。

风险储备资金用于防范某一主体临时的短期资金需求,在集团中留存。

专项储备资金用于满足集团公司资本运作、分红奖金、还贷等大额专项需求。

资金盈余指的是由于公司盈利能力强或战略投资的需要,公司超出短期资金流动性需求以外的长期资金储备。

(三) 短期投融资期限

对公司进口业务来说,其贸易性质决定了融资期限多数为短期融资,融资方式通常采用信用证、保理等贸易融资,或发行短期债券、向银行借贷等方式。为了增加资金收益,公司通常不会全部将资金以活期存款的方式持有,可能会选择定期存款、理财产品等短期投资方式。由于很多短期投资无法提前变现,或变现会出现损失,所以需要结合融资期限来合理设定短期投资期限。

在管理上,根据日常储备资金、风险储备资金、专项储备资金和资金盈余等资金账户的特点,可以分别设定短期投资期限。一般可以选择活期存款或 7 天通知存款等变现能力强的投资方式;风险储备资金可以将期限稍微延长,比如选择期限在 1 个月之内的投资产品;专项储备资金可以根据具体专项资金需求时点设定投资期限;资金盈余则可以考虑长期投资。

第二节 资 金 池

资金池是资金集中管理模式中的一种,公司资金集中管理模式还包括统收统支模式、拨付备用金模式、结算中心模式、内部银行模式和财务公司模式。

一、资金池的含义

资金池(Cash Pooling)也称现金总库。这个名称最早是由跨国公司的财务公司与国际银行联手开发的资金管理模式,以统一调拨集团内部资金,最大限度地降低集团持有的净头寸。资金池业务主要包括的事项有成员单位账户余额上划、成员公司日间透支、主动拨付与收款、成员公司之间委托借贷及成员公司向集团总部的上存、下借分别计息等。

我国一些大型企业集团的资金集中管理模式有内部银行、资金结算中心、财务公司等,随着大型企业集团进口业务的发展,不少公司,设立了境内人民币双向资金池。

在资金池框架内,企业集团和其子公司是委托借款人和借款人。子公司在池里透支是贷款,要付息;相反,在池里存款是放款要收取利息,利息收入按税收法规纳税。所以,资金池使集团与商业银行形成了紧密的战略联盟关系,具有独特的管理功效。即使通过结算中心或财务公司来进行资金管理的集团,也应该再导入资金池模式,使集团资金管理制度和流程更具效率。

资金池模式要求集团总部要着力提升资金筹划、调度配置、投资决策能力。推行资金业务,考验着集团下属公司能否服从大局并把集团整体效益最大化放在首位,同时也考验着银行的服务水平与质量。但是相对而言,最大的被考验者是集团总部。因为资金池业务把集团总部推到整个集团资金配置的最前沿,成为集团资金管理的“桥头堡”。集团总部必须具备很强的资金筹划、适时配置和投资决策能力。

对集团公司来说,资金池模式有下述优点:

第一,降低利息成本。自动化资金集中结构降低了企业集团对人民币贷款的需求。公司内部的融资成本可以设置成低于中国人民银行贷款利率。这样一来,既简化了融资手续,又降低了整个企业集团对于贷款的需求,这样也大大降低了融资成本和财务费用。但是为了避嫌涉及转移定价,内部融资的利率也应当遵守公平交易原则,采用的利率不宜过高也不宜过低,应参照同期第三方融资的市场利率。

第二,获取最大的资金回报。资金池将公司闲散的资金进行回笼,充分提高了资金的使用效率。公司可以将集中后的资金进行更有效的投资活动,如投资于定期存款、通知存款、协议存款,或投资于国债市场、货币市场、基金市场,或向其他公司发放委托贷款等,从而为公司增加额外的投资收益。即使公司不进行投资活动,大额的存款也可以使公司从银行这里获得较高的协定存款利率。

第三,改善整个集团的资金管理水平。在每日日终,各子账户将余额上存母账户，提高了整个集团资金的透明度。通过资金池，集团总部能够及时了解各子账户的资金流量情况，便于公司资金管理部门从整个集团层面管理和控制好流动性资金的需求，加强了内部控制的效力。

二、资金池运作模式

在国内外大型企业集团资金集中管理实践的经验下，对于设立财务公司的企业集团来说，集团资金集中管理运作包括两种典型模式，即"收支一体化"模式和"收支两条线"模式。

(一)"收支一体化"运作模式

"收支一体化"模式实质上是集团公司对资金的统收统支管理。其运用原理是：资金收入统一集中，成员单位银行账户纳入集团集中范畴，其银行账户资金经授权统一存入财务公司开立的账户中，形成集团"资金池"。资金统一支付，财务公司经授权，按照成员单位的支付指令完成代理支付、内部转账等结算业务。

具体来说，集团成员单位在外部商业银行和财务公司分别开立账户，外部商业银行由集团总部统一核准，成员单位资金结算统一通过成员单位在财务公司的内部账户进行。

在"收支一体化"模式下，集团总部可以通过财务公司对成员单位实现资金统一管理，提高成员单位资金归集比例和效率，财务公司保持对成员单位收、支的严密监控，有利于实现集团整体利益最大化。

"收支一体化"运作过程如图5-2所示。

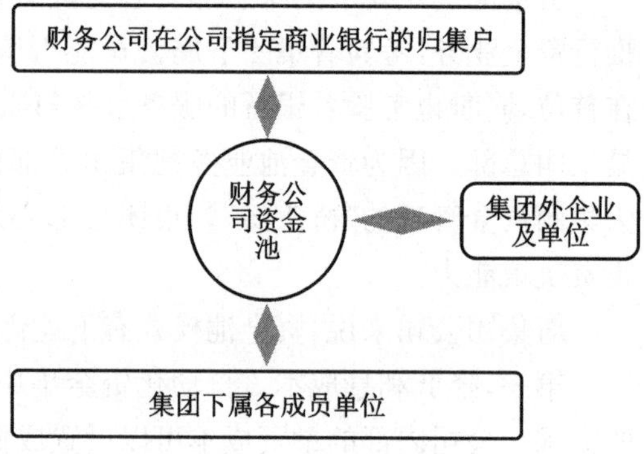

图 5-2 收支一体化运作过程图

(二)"收支两条线"运作模式

对于具有大量分公司、子公司的企业集团来说，收支一体化模式灵活性较低，还可以借助于财务公司进行"收支两条线"来运作资金池。"收支两条线"模式的运作机理为集团总部对成员单位的资金收入和资金支出分别采用互不影响的单独处理流程，具体流程包括：成员单位在集团指定商业银行分别开立"收入"账户和"支出"账户；成员单位同时在财务公司开立内部账户，并授权财务公司对其资金进行查询和结转；商业银行每日将收入账户余额全部归集到财务公司内部账户；集团内外结算活动全部通过财务公司结算业务系统进行；每日末，成员单位以其在财务公司账户存款为限，以日间透支形式办理对外"支付"业务。具体运作流程如图 5-3 所示。

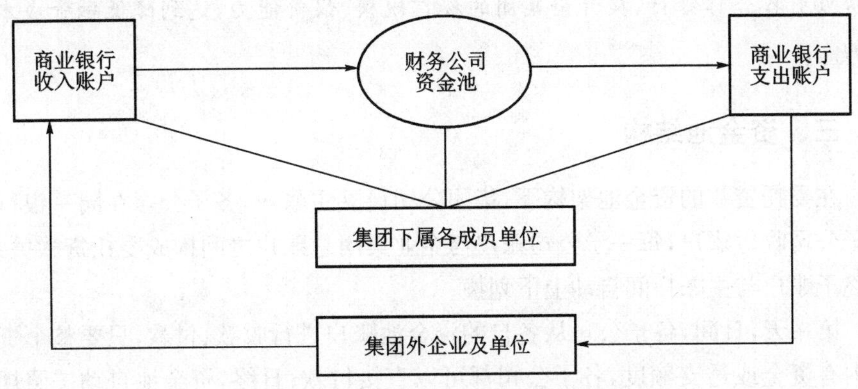

图 5-3 收支两条线运作过程图

“收支两条线”模式下，成员单位在商业银行的账户、财务公司在商业银行的账户是各自独立的，只需通过三方协议将成员单位的银行账户纳入财务公司的账户中，从而不受账户类型及账户余额限制，从而实现集团资金的全封闭结算，并可以实时到账，减少资金在途，提升资金周转效率。

[案例分析]

A 集团是某省国资委所属大型集团公司，200 多家分公司、子公司遍布全国，2015 年集团公司营业收入达 2 600 亿元。公司于 2013 年年初开始运行公司资金集团化管理的“资金池”方式，采用“收支两条线”的资金管理模式，既提高了集团资金使用效率，又降低了融资成本。

A 集团“收支两条线”模式下资金池的基本做法为：在财务公司成立后，A 集团总部要求所有分公司、子公司的账户和财务公司的账户挂接，并设立“收入账户”和“支出账户”。各成员单位“收入账户”资金于每天下午 4:30 归集到财务公司的主账户之中；同时，各成员单位的支出通过“支出账户”进行，且需要履行审批程序。对于资金支出的审批流程，要求三级公司支出编制资金预算，提交二级公司审核并由二级公司的资金管理部门提交至集团总部。集团总部每个月召开资金平衡会议，确定预算是否合理，再确定是否下拨资金及下拨的额度。预算内资金通过系统提交财务公司，如付款单位“账户有余额，预算有安排”，即可通过财务公司直接支付。

针对以前各成员单位对外贷款时的“各自为战”，A 集团成立了由主要领导任主任的集团集中融资委员会，借助财务公司平台，企业集团成员单位的贷款由财务公司提供。在贷款总额不足时,由财务公司统一对外申请贷款。利用规模优势吸引各合作银行,提升全集团的授信规模、议价能力,达到降低融资成本的目的。

三、资金池结构

在委托贷款的资金池架构下,集团公司设立主账户,各子公司在同一银行设立子公司收付账户,每一子公司账户与企业集团总账户之间构成委托贷款关系,日终子账户与主账户间自动上下划拨。

第一天,日间,各子公司从各自的资金池账户进行收款、付款,只要整个资金池内有资金或透支额度,各子公司都可以直接付款;日终,资金池自动按照规则进行资金划转。比如,如果子账户余额为负,则主账户划转资金直到该子公司账户余额为零或规定的余额为止。最终,所有子公司账户余额为零或规定的余额。第二天,各公司从各自的资金池账户中进行收付款,日终资金池自动进行资金划转。如此往复进行。

月末,按照客户事先设定好的资金池内部利率在主账户与子公司账户之间进行利息分配,收取相应的管理费。资金池报告一般每天更新,也可以从网银下载。同时,银行也会将书面报告每月寄给客户。根据资金归集规则不同,可以将纵向资金池结构分为零余额、按需划转两种结构。

(一) 零余额结构

零余额结构下,子账户余额设定为零,所有子公司账户的资金自动归集到主账户,自动划拨资金直到所有子账户余额为零。零余额结构示意图如图 5-4 所示。

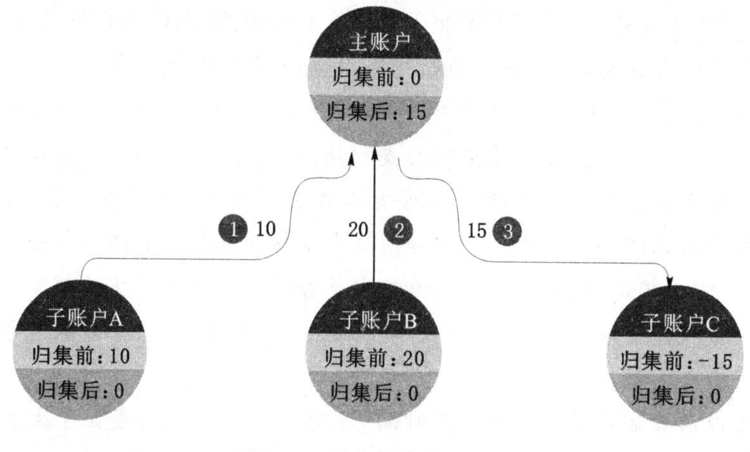

图 5-4 零余额结构示意图

归集前，子账户 A 余额 10，B 账户余额 20，C 账户余额－15；通过资金池归集，A、B 两个子账户将余额归集到主账户，主账户再划拨 15 到 C 账户。这样，3 个子账户的余额均调整为零。总的委托贷款量为 10＋20＋15＝45。

通过设立银行账户作为资金池的中介账户，子公司账户之间通过银行账户划拨调整。调整后的余额再向主账户归集。这样，节省了委托贷款量，从而减少纳税金额。此时委托贷款量为 10＋20－15＝15。如图 5-5 所示。

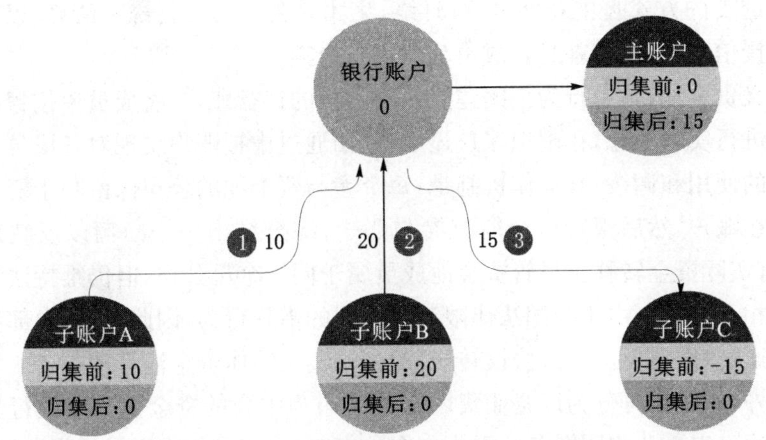

图 5-5　省税模式的零余额归集结构示意图

（二）按需划转结构

按需划转结构与零余额结构类似。只是在每日资金归集时，并不将每个子公司账户的余额设定为零，而是按每个子公司的需求来确定余额。当集团账户总余额为负数时，资金集中于主账户，由主账户进行透支；当总余额为正时，子公司账户划转委托贷款金额至子账户。填补账户透支缺口，多余的资金可以留置子账户内。

同样地，对于按需划转结构也有省税模式，可以设立专门的银行账户进行资金归集，从而节省委托贷款。

四、资金池管理

（一）选择资金池运作方式

为了达到资金池运作的预期效果，集团公司的资金管理人员需要对集团、各下属单位及银行之间错综复杂的管控体制和资金配置进行精心组织，以及通盘设计。企业集团资金管理应选择适宜的资金池运作方式。

集团资金池通常需要借助外部银行系统的支持来完成，分为实体资金池和名义资金池。

实体资金池即账户目标余额集合。它是指将若干分(子)公司的现金以现金集中或现金清零或按照目标余额的形式管理,分(子)公司通过目标余额子账户来完成业务分离。比如某银行推出的资金池管理的基本操作是集团总公司每日终统一上收各成员公司账户资金头寸,并集中到集团总公司“资金池”账户;集团总公司以资金池中资金及其统一向银行申请获得的授信额度为保证,约定各成员公司的日间透支额度;在约定的透支额度内,若日间成员公司账户余额不足,以账户透支的方式自主对外付款;日终,集团总公司与银行统一清算,以资金池资金或授信项下融资,补足各成员公司透支金额。

名义资金池,是银行为集团建立一个虚拟的银行账户,将成员单位银行账户的余额进行实时汇总,在虚拟账户显示,集团通过虚拟账户实现对各成员单位账户资金的使用和调拨,其运作机制是:每个参与资金池的公司保留归于资金池的货币所在账户,然后银行综合所有参与账户,综合结出一个净额以反映现金头寸,没有实际资金转移。尽管资金池成员属于同一个母公司,但仍维持法律和税务上的相互分离。由于我国法律限制公司间的借贷行为,因此,集团内部各子公司主要通过“委托贷款”(或协议转账)的方式实现实体资金池管理。

另外,资金池可分为以企业集团财务公司为中介的资金池和以银行为中介的资金池。以企业集团财务公司为中介的资金池,服务仍由银行提供,不同的是银行并不是以委托贷款中介出现,而是以资金池软件和支付中介的身份出现,其原理比以银行为中介的资金池要简单得多。集团内的法人公司富余资金统一上存财务公司的委托存款账户。需要资金的公司在委托存款大于委托贷款的金额内借入委托贷款,借入的委托贷款不足支付请求的部分,可通过银行或财务公司提供流动资金贷款解决。

以银行为中介的资金池,是采用多对多的委托贷款方式,即每个法人公司都可能是委托存款的提供者和委托贷款的需求者,资金池中的委托存款余额不小于委托贷款。集团公司和法人关联公司的账户超过目标余额的部分,上存至委托存款账户或归还时间最早的那笔借入委托贷款。如果出现导致资金池中的委托存款余额小于委托贷款余额的借入委托贷款请求,由委托存款余额小于委托贷款余额的部分形成资金需求公司的账户透支。

(二)内部制度体系

资金池实质上是一种集团集权、资金集中管控的制度,以集团整体效益、竞争能力最大化为目标,而不是以子公司个体或单笔资金业务成本高低为导向,子公司管理层对资金池的认同、支持和配合是最为关键的基本前提。在现有制度下,集团将上市的子公司纳入集团资金池管理范围必须特别慎重。并且,由于子公司是独立法人,母公司对子公司的控股比例有全资、绝对控制、相对控股等大小差异,所以推进资金池,不仅要与子公司“少数股东”进行必要协商,而且要根据现金集中的“深度”和“广度”设计不同的集中管理体制。

资金池模式下的资金集团化管理,迫切需要建立和完善集团内部操作流程、内部岗位职责、资金授权划分、资金分类预算、内部委托贷款规则、内部审计和业绩评价等一系列制度。以资金预算为例,应该围绕“资金预算——资金审批——资金营运——业务控制——风险防范——决策支持”等流程,做到年预算、月平衡、日调度。在集团资金管理中必须坚持无计划的事不办、无预算的钱不花等资金管理原则,强化全面资金预算管理,严格按照预算控制资金流动。

五、跨境双向人民币资金池

(一) 跨境双向人民币资金池的含义

随着改革开放和全球经济一体化的发展,中国经济快速增长,巨大的贸易规模为人民币作为国际计价和结算货币提供了内部基础条件;国家金融市场发展带来的国际货币体系多元化需求,为人民币的跨境使用提供了现实的外部条件。同时,开展外贸业务的公司对建立跨境双向人民币资金池需求也非常强烈。

跨境双向人民币资金池属于企业集团内部的经营性融资活动,指的是跨国企业集团根据自身经营和管理需要,在境内外非金融成员公司之间开展的跨境人民币资金余缺调剂和归集业务。跨国企业集团总部可以指定在中华人民共和国境内依法注册成立并实际经营或投资、具有独立法人资格的成员公司(包括财务公司),作为开展跨境双向人民币资金池的主办公司。

跨境双向人民币资金池业务实行上限管理。跨境人民币资金净流入额上限=资金池应计所有者权益×宏观审慎政策系数。资金池应计所有者权益=∑(境内成员公司的所有者权益×跨国企业集团的持股比例)。

跨境资金池可以按是否在境外设置资金归集账户分为两种模式。第一种是不开设境外资金池的总归集账户,境外成员公司的资金直接归集到境内资金池总归集账户中(见图5-6)。第二种是境内有一个资金池总归集账户,境外也有一个资金池总归集账户,两个账户之间进行跨境的资金划拨(见图5-7)。境内成员公司可以开立人民币一般结算账户,境外成员公司可以选择在境内银行开立非居民账户(NRA)或者在境外银行开立人民币结算账户。根据境外公司账户的不同,银行或境外成员公司可以选择使用自有公司网银、银行的现金管理类系统,或者手工处理,将境外人民币资金归集至境内的总归集账户中。

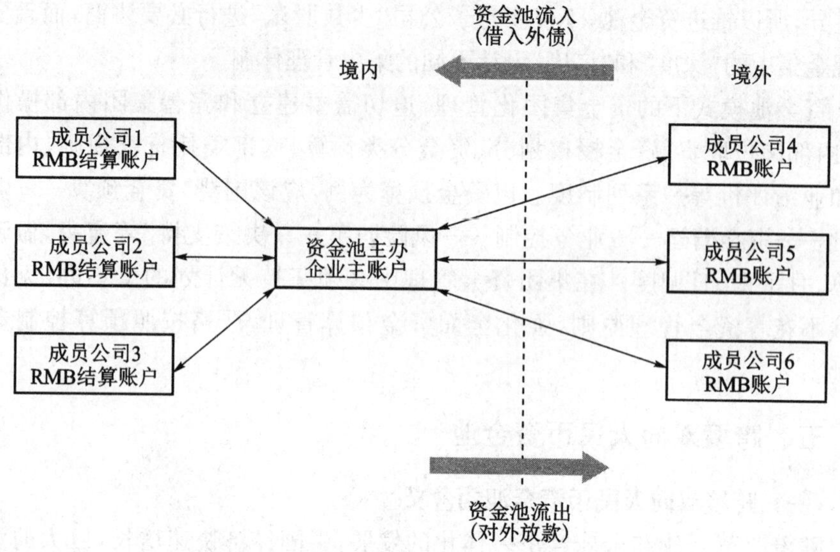

图 5-6 一个归集账户的资金池结构示意图

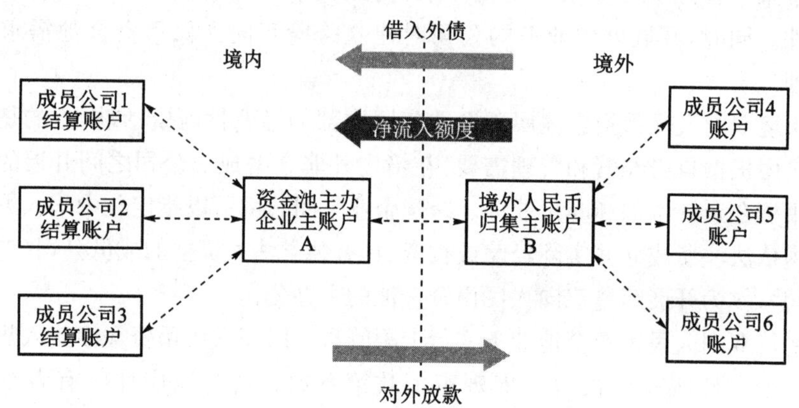

图 5-7 境内外各有一个归集账户的资金池结构示意图

(二) 跨境资金池政策解读

2013 年 12 月 2 日,中国人民银行出台了《关于金融支持中国(上海)自由贸易区试验区建设的意见》并提出,中国(上海)自贸区内试点跨境人民币双向现金池业务,在原有跨境人民币单向境外放款的基础上,进一步开放境外人民币资金回流通道,实现境内人民币资金池与境外人民币资金池内资金的双向流通。2014 年 2 月 20 日,中国人民银行上海总部再次发出《关于支持中国(上海)自由贸易试验区扩大人民币跨境使用的通知》,进一步明确了跨境双向人民币资金池的具体要求。自此,此项业务得以全面展开。随后,中国人民银行下发关于贯彻落实《国务院办公厅关于支持外贸稳定增长的若干意见》的指导意见，提出将在全国范围内开展跨境人民币资金集中运营业务，但尚待具体管理细则发布后才能开展业务。酝酿了近半年，2014 年 11 月 4 日，中国人民银行发布《关于跨国企业集团开展跨境人民币资金集中运营业务有关事宜的通知》(下称《通知》)，这意味着先前在江苏昆山、上海自贸区试点的跨境双向人民币资金池业务正式拓展至全国。2015 年 9 月，中国人民银行发布了《关于进一步便利跨国企业集团开展跨境双向人民币资金池业务的通知》(银发〔2015〕279 号)，跨境双向资金池的申请条件放宽，但对公司贸易背景的真实性审查更加严格。办理跨境双向资金池业务，必须在真实的贸易背景下展开，以满足合规要求。2018 年以来，资金池净流出额上限、调出资金期限等政策发生了新的变化。

1. 资金池设立的个数限制

原则上，跨国企业集团在境内只可设立一个跨境双向人民币资金池。如果因业务发展需要，确需设立多个资金池，应向中国人民银行总行备案。通过公众渠道了解到，可以申请多个资金池的政策处理，主要是针对有些跨国企业集团在国内分区域设立总部，分别对应境外的母公司；还有一些是按照业务种类分成若干事业部，每个事业部之间的业务及财务管理都相对独立，如果强制捏合在一起设立资金池，操作上确实有一定难度。但每个区域总部或事业部也都只能设立一个跨境双向人民币资金池。这个政策规定启示我们，跨境双向人民币资金池业务对于银企合作来说是具有排他性的，就如跑马圈地，哪个银行最快圈住公司绑定资金池合作，那么其他银行就很难进入了。

2. 公司准入门槛

全国版双向人民币资金池对于境内外成员公司都设立了较高的准入门槛。

首先，跨国企业集团必须是以资本为联结纽带，由境内外母公司、子公司、参股公司及其他成员公司共同组成的公司联合体。包括母公司及其控股 51%以上的子公司，母公司、控股子公司单独或者共同持股 20%以上的公司，或者持股不足 20%但处于最大股东地位的公司。

其次，对于境内成员公司，要求上年度营业收入合计金额不低于 10 亿元人民币。地方政府融资平台、房地产行业公司，以及被列入出口货物贸易人民币结算公司重点监管名单的跨国企业集团成员公司，均不得参与。在近两年开展跨境人民币业务过程中无重大违法违规行为，未被列入出口货物贸易人民币结算企业重点监管名单。

最后，对于境外成员公司，要求上年度营业收入合计金额不低于 2 亿元人民币。境外成员公司不属于《关于进一步引导和规范境外投资方向的指导意见》(国办发〔2017〕74 号)中限制类、禁止类境外投资企业；境内外成员企业不存在违反联合国安理会制裁决议的情况。

在自贸区中，准入门槛则有所降低。以上海自贸区为例。在上海自贸区的政策中，任何区内注册并实际经营或投资的公司，均可作为双向资金池业务的主体，没有注册年限及经营规模的要求。但需要由集团总部任命一家区内公司，在上海地区的一家银行开立人民币专用存款账户，专门办理集团内跨境双向人民币资金池业务。从市场上了解到，目前上海自贸区政策下的跨境双向人民币资金池，无需中国人民银行上海总部的审批或备案，经办银行即可直接受理公司的业务申请。

3. 调出资金期限

主办企业通过跨境双向人民币资金池人民币专用存款账户向境内外成员企业调出资金的期限不得超过1年。

4. 额度管理

开办跨境双向人民币资金池业务，打通了跨境人民币回流的一个重要渠道，与股东外债政策不同，资金池能从境外归集多少资金不是通过外债额度控制，而是通过净流入额上限来控制。

跨境人民币资金净流入（净流出）额上限＝资金池应计所有者权益×宏观审慎政策系数。宏观审慎政策系数值为0.5，中国人民银行将根据宏观经济形势和信贷调控等需要动态调整宏观审慎政策系数。资金池应计所有者权益＝∑（境内成员公司的所有者权益×跨国公司集团的持股比例）。

资金池任一时点净流入额都不能超过上限。对于境内成员公司在前海、昆山、苏州工业园区和天津生态城等试点区域内，且从境外已借入人民币资金的，根据其借款额对净流入额上限作相应扣减。

资金池应计所有者权益增加超过20%的，经主办企业申请，结算银行可以为其调增跨境人民币资金净流入额上限。资金池应计所有者权益减少超过20%的，结算银行应及时为主办企业调减跨境人民币资金净流入额上限。对于此前净流入发生额超过调减后上限的部分，应在1个月内调出资金以满足新上限要求。

对自贸区的规定相较于全国版本有所优惠，以上海自贸区为例。上海自贸区的跨境双向人民币资金池业务，没有跨境划归额度限制，只需要资金来源符合监管要求。参与跨境划归的人民币资金应为公司生产经营活动和实业投资活动的现金流，融资活动产生的现金流暂不得参与归集。

（三）业务流程

1. 业务申请

公司将表5-3所列申请资料提交给委托办理跨境资金池业务的银行。该银行审核资料合规性、完整性后向中国人民银行营业管理部备案。待中国人民银行营业管理部出具备案通知书后方可办理后续业务。

表 5-3　　公司申请跨境资金池备案资料表

序号	公司备案资料名称
1	公司与银行签署“银行跨境现金管理服务协议”
2	境内外成员公司名单（含名称、注册地、股权结构、营业收入、所有者权益、营业时间）
3	境内成员公司反映上年度所有者权益和营业收入的报表
4	境外成员公司反映上年度营业收入的报表
5	公司出具的明确各方权利义务且各方均同意的证明材料。证明材料须保证归集的现金流来自生产经营活动和实业投资活动
6	公司指定主办公司的授权书
7	成员公司工商登记证明文件或境外注册登记证明文件
8	集团、主办公司、成员公司概况及股权结构图

2. 账户开立

委托办理跨境资金池业务的银行凭备案通知书、营业执照、法定代表人有效身份证件、授权书等材料为提交申请的企业集团开立双向资金池专用存款账户。

3. 操作模式

双向资金池专用存款账户与境外成员在银行人民币 NRA 账户间的资金划转，与境内成员在银行账户之间的资金划转可通过银行现金管理系统进行，具体如下：

（1）自动归集。自动归集包括实时归集与定时归集。实时归集指成员单位账户日间收到的资金，银行系统自动划转到指定的上级账户；定时归集包括留存余额、定额和余额比例等多种归集模式，可在包括日间时间点或日终等指定归集时间将成员单位账户内的资金归集到指定账户。

（2）主动归集。主动归集是指公司通过银行公司现金管理系统向银行提交资金主动上划指令。系统根据公司的主动上划指令，将相应成员单位的人民币资金及时、准确、安全地上划至指定账户。

（3）自动下拨。自动下拨包括实时下拨与定时下拨。实时下拨是指成员单位账户对外付汇余额不足，银行系统从指定的上级账户实时下拨差额资金以实现对外支付；定时下拨包括定额、差额等，可在包括日间时间点或日始等指定下拨时间点将上级账户资金根据规则自动下拨至成员单位账户。

(4) 主动下拨。主动下拨是指公司可通过银行公司现金管理系统向银行提交人民币资金主动下拨指令,银行系统根据公司的主动下拨指令,将相应财务公司人民币资金及时、准确、安全地下拨至指定的成员单位人民币账户。

双向资金池专用存款账户与境外成员在他行账户间的资金划转,与境内成员在他行账户之间的资金划转可手工通过中国人民银行大额支付系统进行操作。

4. 信息报送

所谓信息报送,是指银行按规定,及时、准确、完整地进行中国人民银行RCPMIS系统及国际收支申报。

(四) 跨境双向人民币资金池优势

1. 降低公司融资成本

开办跨境双向人民币资金池业务可以帮助集团客户打通境外资金合规入境渠道,让境外的资金可以合规、便捷地进入境内。同时降低集团综合融资成本。资金池内成员公司盈余资金的归集与共享,可以降低公司对外融资成本,减少利息支出,实现收益最大化。

2. 提高资金使用效率

集中核算境内外成员公司经常项下跨境人民币应收应付资金,将集团境内外盈余资金归集,合并处理应收应付人民币业务,实时调度。这提高了集团内部资金集约利用程度、管理效率和结算效率。

3. 提高资金使用透明度

跨境资金池账户体系清晰,可以实时查询境内外账户余额和交易信息,对跨境人民币资金进行集中运营管理,有效管理、监控成员公司人民币资金流向,有利于增强对境外机构的资金管控,防范操作风险。

(五) 设立跨境双向人民币资金池的要求

1. 做好公司资金预算

为使集团能够顺利地推行资金池管理,公司必须要做好资金的预算工作。预算准确,则资金池运作顺畅,运作效率得以提高,并减少了运作成本;资金预算出现偏差时则难以发挥资金池的效用。各成员公司应该按照资金预算—资金审批—资金营运—业务控制—风险防范—决策支持的流程,每月编制资金收支预算表并向集团财务部上报下月的资金收支预算,然后由总部进行资金预算的审核,具体要求如下:

资金收支预算:各子公司每月要根据业务情况编制月度资金收支预算表,包括经营活动、投资活动和筹资活动的资金流入及流出。

资金预算的审核:资金预算的事前审核着重要求对大额收支进行审核,即对于在公司归集资金范围内的资金支出预算，由集团财务部门对各子公司上报的资金需求进行审核和办理；对于超出公司归集资金范围的支出，则要按集团内部借款规定办理借款手续。资金预算的事后审核则强调对预算准确性的审核。集团财务统计部每月将实际收到的各子公司的资金与其资金收支预算表进行核对，定期将其实际的资金使用状况与资金支出预算进行核对，如偏差超过 20%，要求对应的子公司说明原因。

2. 集团及成员公司银行账户实行集中化管理

推行集团资金池管理模式，首先要对集团内所有银行账户实行集中管理，缩减公司银行账户的数量，加强银行账户的集约，以提高资金池的资金容量和资金的使用效率、降低资金的使用成本。若集团和成员公司不能实现账户集约，则分散的资金就不能发挥规模效应，也会导致银行的转账成本增加、效率降低。集团在选择合作银行时要关注银行的服务质量和收费标准，权衡后选择最合适的银行进行合作。

从集团的角度来看，将开户银行个数限制在一个合理的范围内，或将资金统一在总部进行管理是发挥集团集中化资金管理优势的必要条件。此外，为更好地管理和控制整个集团的流动性资金需要、降低资金成本、在保证流动性的前提下获取最高的资金回报率，总部可以通过短期投资来积极管理闲置资金。

进行账户集中化的操作要求有：

(1) 纳入资金集约范围内的所有独立核算公司在指定的银行中选择 1～2 家开立结算账户，各子公司的主要收支业务应集中在集约账户办理。

(2) 对于各子公司已经开设的基本存款账户、公司的纳税户及社保户等专用账户，各子公司可不予注销，并保留合理的余额。

(3) 银行账户的开户和销户。在实施资金集约管理后，各直属公司一般不得再另外开设银行账户。若各直属公司有需要开设和注销银行账户的，须报集团审批。

(4) 授权。各直属公司通过集约银行向集团进行授权，使集团可以对集约银行账户进行查询，随时掌握各公司资金收支的动态。

(5) 网上银行业务。各直属公司应申请开通集约银行的网上银行业务，以随时操作和查看收款、付款业务，掌握资金收、支、存的动态，且要对网上银行付款业务建立良好的内部控制，以加强对业务的审核。

[案例分析]

A 集团是在沪大型跨境集团公司，在上海自贸试验区跨境人民币金融创新政策出台之前，因为境内企业无法方便地通过境外借款，A集团一直面临境内外多家企业之间流动资金分散、不均衡、无法实现共享的问题。与此同时，A集团内各子公司的运营资金状况存在差异，虽然部分子公司有资金闲置，但却无法直接划给资金短缺的子公司，只能寻求银行贷款支持，或利用有限的外债额度借外债等，造成集团整体对外融资成本过高。这也是在中国的跨国企业所面临的普遍问题。

2014年2月，央行上海总部出台扩大人民币跨境使用的相关通知之后，A集团即与甲银行合作开了集团内跨境双向人民币资金池业务，主要用于支持其境内外的流动资金需求、跨境人民币贸易结算等。A集团在中国境内建立了自动扫款模式人民币资金池，通过甲银行业务系统自动运行，并实现对境内企业的余额共享；同时与位于香港的子公司B公司建立了跨境双向人民币资金池，在境内外资金池之间实行手动扫款，且无额度限制，实现当天提出需要当天完成扫款，以满足灵活的资金调度需求。

通过这种跨境双向人民币资金池业务，A集团实现了境内外流动资金的统一管理和控制，将境内外各子公司多余的资金集中、调配运用，无需再借助利率较高的境内银行借款等方式，实现集团层面的资金集约化管理和整体对外融资成本的降低。

第三节 银企直联

集团公司推行资金集中管理的前提是集团内部的金融管理机构(财务公司或结算中心)可以为每家下属成员单位提供资金结算服务。但将集团财务公司或结算中心的分支机构或营业网点遍布全国，在其政策和财力上显然又是不现实的。所以，企业集团必须依托多家商业银行，利用多家商业银行的网点和网上银行服务来为其实现资金的集中和对外收付。在此基础上，集团公司同时在内部建立一套高度自动化的集团资金结算管理系统，自动处理由于实现资金集中、预算监控等职能而引发的巨大的工作量，完成全部的内部结算业务处理和财务核算等工作。集团下属成员单位对集中后的资金使用及对历史账目的查询等工作也可以完全通过集团的资金结算管理系统得以实现。

一、银企直联的含义

银企直联，是一种新的网上银行系统与公司的财务软件系统在线直接链接的接入方式。它是一种新的网上银行系统与公司的财务软件系统在线直接连接的接入方式。银企直联通过因特网或专线连接方式，实现了银行和公司计算机系统的有机融合和平滑对接。公司通过财务系统的界面就可直接完成对银行账户及资金的管理和调度，进行信息查询、转账支付等各项业务操作。同时，银企直联可以为公司在财务系统中开发和定制个性化功能提供支持，具有信息同步、高效简便、个性服务和安全可靠的鲜明特色。银企直联能够做到与公司计算机系统的对接，方便高效完成公司系统与银行的相关交易。

二、银企直联运作模式

实行资金集中管理的集团公司以在集团财务公司或结算中心建立的资金结算系统为枢纽，以多家商业银行网银系统作为资金集中管理的最终执行者，将多家商业银行、集团下属成员单位、集团和集团财务公司或结算中心连接为一个资金管理的有机整体。银企直联模式如图 5-8 所示。

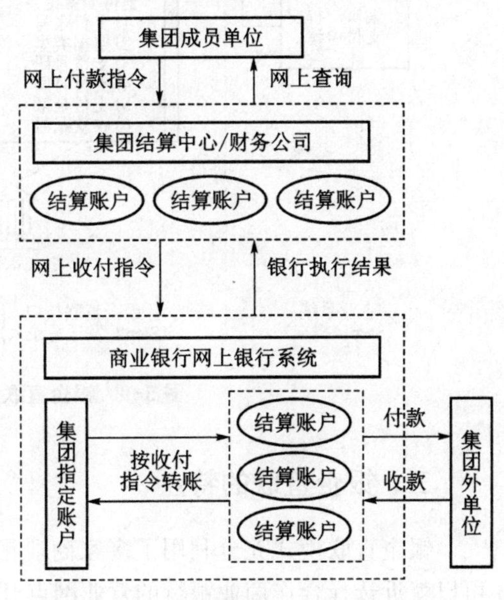

图 5-8　银企直联模式工作示意图

集团的资金结算系统通过因特网与集团公司依托的多家商业银行的网上银行系统直接连接，实现自动化的数据交换；集团公司中参与资金集中管理的下属成员单位通过因特网访问集团财务公司或结算中心的资金结算管理系统，完成支付、查询等需求；集团财务公司或结算中心通过多家商业银行网银系统完成集团资金的收支与集中；多家商业银行网银系统承担着集团财务公司或结算中心、集团下属成员单位和集团外单位的连接者的作用。

交易流程为：

• 公司系统客户向公司服务器发送交易指令；

• 公司系统向银企直联客户端发送请求交易指令；

• 银企直联客户端对交易指令进行加密和数字签名后发送至网上银行银企直联系统；

• 网银银企直联系统对交易指令进行解密和验证签名后，将交易指令发送至后端银行业务系统进行处理；

• 银行业务系统处理完成客户交易指令后将处理结果按原路径返回给公司系统。

举例来说,如果公司用银企直联进行一笔支付业务,公司系统、银企直联客户端和网上银行系统中的运行模式如图 5-9 所示。

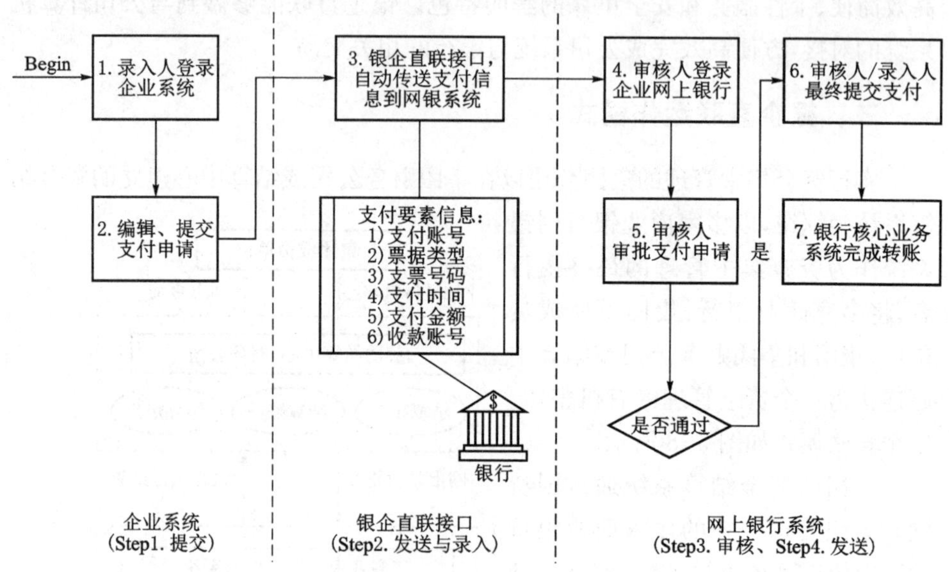

图 5-9 银企直联系统运行模式

三、银企直联的特点

银企直联模式充分利用了多家商业银行的网银系统,使集团下属成员单位可以就近选择合作商业银行的营业网点开设结算账户,并在该营业网点领取收、付款等结算业务的单据。企业集团将银企直联与 ERP 系统对接后,避免了集团资金"无纸化"管理与审计业务要求的矛盾。

(一) 银企直联与网上银行的区别

通常所说的公司网上银行,是指客户通过通用浏览器方式获得银行服务。尽管各家商业银行都在不断努力完善、扩充其网银系统的功能,但还是无法满足集团客户的要求。因为大型集团公司个性化需求与银行标准化服务之间存在几乎无法调和的矛盾,集团公司的管理模式、管理特点,都是由于其历史沿革、管理现状、行业特点等原因决定的,不可能因为银行提供的现金管理服务模式的制约,就可以改变,反而是必须要求银行适应公司要求,修改银行服务系统功能。但银行系统非常庞大,牵一发而动全身,每一个细小的功能修改,都会涉及银行全行网点的系统测试、系统升级、人员培训,对系统的运行稳定构成威胁。正是由于客户个性化要求与银行系统稳定运行的保障要求之间的矛盾越来越严重，商业银行才开始推出“银企直联”的新服务。

（二）银企直联的优势

采用“银企直联”后，公司在自己内部的资金管理系统内进行结算、投资、融资、预算、审批、核算等各种业务管理，所有个性化管理不再涉及商业银行。之后公司内部资金管理系统自动将需要商业银行服务的业务，通过数据接口发送给商业银行，借助商业银行网银系统的各种产品功能得以实现。该项服务有以下优势：

第一，集团下属成员单位内部结算账户之间，集团下属成员单位与集团财务公司/结算中心集中账户之间资金划转，即使是异地也不会增加结算费用。因此，方案的实施不但没有给集团公司及集团下属成员单位增加额外的财务费用，由于资金集中使用还减少了集团整体利息支出。

第二，包括人民币、内部信贷、外部信贷、银行存款、承兑汇票、结算服务、预算控制等，全部资金管理业务都可以纳入资金管理系统内，实现信息化管理。资金归集过程由集团的资金结算管理系统自动处理，能有效地解决在集团公司资金集中管理过程中出现的异地开户、资金在途、业务流程繁琐、账号户名不符、预算资金控制、设立集团财务公司/结算中心分支机构等问题，进一步满足了集团公司资金收支两条线的集中管理要求。

第三，集团公司下属成员单位在多家商业银行开设的结算账户实质上是其与集团外部单位进行资金结算的门户，其当日资金余额可全部实时或定时按一定的比率归集到集团公司在多家商业银行指定的资金集中账户上，并在集团下属成员单位在集团财务公司或结算中心内部所开设的结算账户中得到反映，在不改变集团下属成员单位对集中资金所有权的基础上满足了集团资金集中管理的要求。

第四，可充分利用商业银行的网上银行系统服务和商业银行遍布全国的营业网点，公司的资金管理范围可以完全不受地域限制，全国各地的成员单位都可以纳入到集团的资金管理范围之内，并且可以同时选择若干家商业银行的银企直联服务，内资银行、外资银行都可以，没有合作银行数量的限制。

第五，通过资金结算管理系统建设，集团可以在不改变下属成员单位在多家商业银行开立多个结算账户、集中后的集团资金仍然存放在多家商业银行集团指定账户上和不设立集团资金异地管理分支机构的现状环境下，使集团公司内部互供产品、劳务、存贷款本息等业务均在集团财务公司/结算中心内进行结算，使集团内部结算业务不影响集团的整体资金头寸，减少集团整体资金短缺量，杜绝集团内部上下游公司之间“三角债”的产生。

第六，标准化接口，同时提供个性化量身定做功能。

第四节 银行关系管理

一、公司与银行的关系

银行是现代金融的核心，在经济的发展方面发挥着十分重要的作用。改革开放以来，我国商业银行在推动实体经济稳定增长、对冲周期性经济波动，以及引导资源优化配置、支持经济结构转型等方面发挥了重要作用。

银企关系一直是产业跟金融关系的核心。银企关系背后实质是金融部门与实体公司。处理好银企关系，实现二者有效共赢，保证共同增长，打造有效的服务平台来引导市场的力量进行银企资源整合正成为业内主流观点。

第一，当前最重要的是应建立"有效的银企关系"。所谓"有效的银企关系"，是从公司角度，银行能够为其提供发展过程中必要的支持；从银行角度，风险又能得到很好的控制。

第二，公司与银行是互利共生、兴衰与共的关系。银行想获得存款和贷款，离不开公司；公司想取得发展也要得到银行的支持。健康的合作关系使二者获得共赢。

第三，银行关系是公司财务管理的难点，容易滋生腐败。公司应该建立公开透明的管理机制，把银企合作流程和规则公开化，接受监督。管理的组织应是公司财务负责人指定专门的人员或独立的组织。中小型公司可确定为资金总监或财务总监负责协调、指导结算、存款、借款等各个职能部门与银行之间的合作。

最后，公司需要采取合理的博弈策略。要深刻理解银行的利益需求，了解银行的绩效考核体系。想清楚银行想得到什么，哪些业务是银行想做的，哪些业务是银行不想做但确实公司需要的，通过对双方需求的深刻认知、合理博弈，争取公司利益最大化。例如，存款负债业务与结算类中间业务是银行的利润来源，而贷款类业务占用银行资金和信贷额度，公司就应该以前者作为资源，吸引银行为公司提供更多贷款或透支额度，与银行之间形成有付出有回报的平衡关系。

二、合作银行定位

对集团型公司来说，有大量的资金流动，面对众多商业银行，可以像对待客户与供应商一样，根据银行的业务实力、服务质量等因素对银行实施分类管理。一般可以设为战略性合作银行、一般性合作银行和特殊性合作银行。

对战略性银行，公司与银行进行存款、贷款、结算、衍生品交易等全方位的合作，建立良好的合作伙伴关系。当公司遇到资金困难时，银行能够给予全力支持。对一般性合作银行，根据银行的业务特点，公司与之进行部分优势业务的合作。对于特殊性合作银行，公司在某些特定业务上进行单笔业务、一次性的合作。

三、银行授信

商业银行的授信是维系银企关系的重要纽带。从银行的角度来说，为资质良好、业务发展前途广阔的优质公司提供授信资源，并通过各种授信业务产品赚取利息费用、中间业务费用，是银行获取盈利的重要途径。对于公司来说，通过银行授信支持的各种融资产品，是公司日常生产经营、资金周转的必然支持。同时通过合理选择和搭配银行融资产品，还可以实现降低融资成本、实现公司收益最大化的目的。

（一）含义

授信是指商业银行向非金融机构客户直接提供的资金，或者对客户在有关经济活动中可能产生的赔偿、支付责任做出的保证，包括贷款、贸易融资、票据融资、融资租赁、透支、各项垫款等表内业务，以及票据承兑、开出信用证、保函、备用信用证、信用证保兑、债券发行担保、借款担保、有追索权的资产销售、未使用的不可撤销的贷款承诺等表外业务。

按照授信期限划分，银行授信分为短期授信额度和中长期授信额度。按照信用增进方式划分，公司为了获得银行授信，可以采用抵押、质押、保证的担保方式或者只凭借信用免担保的方式。

（二）流程

在公司与银行授信业务合作中，不同银行授信管理要求各有区别，大体上可以划分为四个阶段，即银行授信准入、签订授信协议启用授信额度、在授信期限内使用授信、使用授信后的管理和评价。

1. 银行准入阶段

银行准入阶段就是银行根据自身风险管理要求和风险偏好、结合公司提供的材料，分析公司生产经常情况、财务状况、未来违约风险和还款能力等要素，最终做出贷与不贷、贷多少、贷多久、贷什么产品等决定。在银行准入阶段，公司除了要配合银行提供审计报告和财务报表，还应根据银行的管理要求提供生产经营相关材料和数据，目的是向银行充分证明自身实力，获得银行最大限度的认可与支持。另外，在授信准入阶段，公司还应当与银行充分沟通自身的需求，保证从银行获得的授信品种能够满足自身生产经营需要。

2. 授信额度启用阶段

通常情况下，银行对一家公司做出准入的决定后，就要与公司签订授信额度协议，完成额度的启用工作。通常情况下，公司与银行签订的授信额度协议由银行提供，多为银行标准格式版本。公司在正式签订授信额度协议前，务必仔细审核协议内容，重点关注授信额度品种、期限、授信使用条件是否与授信准入时公司提出的诉求一致，授信使用条件是否符合公司实际情况等。另外，银行通常会在授信额度协议内加入公司违约事件和处理方式的条款。公司应当特别关注该部分条款的表述，必要时与银行做好沟通，尽量避免突发情况下被银行认定违约，中止或终止与公司的合作，从而给公司带来更严重的生产经营压力。

3. 额度使用阶段

授信额度协议签订后，公司即可在额度期限内使用授信额度办理各种银行业务。该阶段公司主要应当做好额度使用安排，选择合理的银行授信产品，匹配恰当的授信期限，满足公司生产经营的需要。同时公司也应当做好授信使用台账的登记，关注剩余额度情况。

4. 用信后管理和评价

贷后管理是银行风险管理的重要环节，对于银行来说有降低公司违约风险“三分靠准入、七分靠管理”的说法。对于公司来说，授信管理一方面要配合银行进行定期贷后管理；另一方面也使公司积累了和银行的合作经验，梳理不同银行间风险偏好及产品特色；通过积累正面的信用评价和良好的征信记录，有助于公司扩大和银行的合作规模及合作范围。

（三）公司获得银行授信应关注的内容

不同银行由于其内部风险控制体系和风险偏好的差异，对待同一家公司的授信需求可能会给出截然不同的反馈。根据实践，有 8 个方面共性需关注，公司应结合自身特点，发掘与银行开展授信合作的切入点。

1. 行业特点

银行对于一家公司的分析，通常是从公司所处的行业入手的。银行会关注公司所处行业的特点，包括行业所处阶段、行业与经济周期的关系、国家法律法规政策对该行业的指引、行业整体盈利情况等。进而通过比较公司在行业内的地位（龙头公司、地区排名前列的公司、行业内一般水平公司、行业内处于较落后地位的公司），给公司做出初步的定位和判断。

通常来说，银行大力支持成熟的、盈利能力有保障的行业，适当支持新兴的、有发展潜力的行业；对于已处于衰退期或产能过剩的行业，银行会慎重考虑其授信需求，必要时甚至可能采取压降授信规模或清退的手段。

2. 股东和经营者

公司的股东背景,也会影响银行对于公司的整体判断。银行通常会认为股权结构清晰、控股权明确、股东背景雄厚的公司,出现违约的可能性相对较低。与之相反,一家股权结构复杂、股东背景和控股权不明确的公司,银行可能由于难以判断其“来路”而选择更为谨慎的授信策略。

银行同样会关注一家公司经营者的能力和公司的组织架构。对于管理者和管理层的历史沿革、业界经验、用人激励机制和公司文化建设,都能从一定程度上反映一家公司的发展前景是否明朗。银行愿意与有发展潜力的公司相互帮助共同成长。

3. 生产经营情况

公司生产经营情况是银行授信准入审核的关注重点。由于在分析公司所处行业时,银行已经基本明确了公司生产产品或提供服务的种类。因此,在分析公司生产经营情况时银行通常主要关注公司产品或服务的特点和具备的核心竞争力、公司生产的产品是否面临替代品的竞争压力、产品面临的市场供求情况、公司上下游情况和在生产经营链条中的地位如何。

除了生产情况,银行通常还会关注公司的销售情况。公司是否建立了完整的销售渠道网络、是否设立了专门的销售团队、是否制定了清晰的销售计划,大量赊销是否导致存在应收账款的不确定性等。

4. 财务数据分析

财务数据分析是银行给予公司授信支持的最重要依据。银行需要公司提供近 3 年经审计的财务报表作为财务分析的依据。不同银行对于公司财务数据和财务指标的侧重点各有区别。大体上可以分为三方面。

(1) 偿债能力。资产负债率是表现公司偿债能力的重要指标,银行通常会把公司的资产负债率与行业平均水平进行比对,以此确认公司的负债结构是否健康。偿债能力还关注公司未来偿还银行债务的能力和潜在的风险。公司应具备可预见的第一还款来源及可实现的第二还款来源,作为公司偿债能力的保障。

(2) 盈利能力。公司是否盈利、利润水平在行业中的地位是银行考量公司经营能力和财务管理能力的重要指标。在盈利能力分析中,银行通常关注公司的营业收入、利润总额、主营业务利润率、期间费用占比等指标。

(3) 营运能力。营运能力主要参考公司的现金流量表情况。经营性活动产生的净现金流可以作为偿还债务的第一来源,因此经营性活动净现金流是否健康是银行关注的重点。另外,银行也会参考公司筹资活动和投资活动产生的净现金流,综合考量公司现金及现金等价物净额变化,整体评价公司的获现能力。

5. 授信用途

银行向公司提供授信,需要明确公司的授信用途是否符合相关法律法规要求和银行管理要求。通常来说,银行提供的贷款主要用于支持公司生产经营中的资金需求。因此,需要公司提供贷款用途证明材料;对于贸易融资,还需要公司提供商业单据,包括贸易合同、发票、提单等;对于项目贷款,还需要公司提供项目相关的立项报告、可行性研究报告、环评等材料。

6. 风险控制手段

银行向公司提供贷款后,会在贷款存续期内持续进行贷后管理。银行会在贷款审核阶段评估贷后管理手段和措施的可行性和有效性。银行关注的重点包括:对公司贷款资金和销售回笼资金的封闭式监控、对公司生产和项目建设的进度监控、抵押物的估值水平是否偏离或发生重大变化、保证人还款能力是否发生改变等。

7. 收益测算

银行向公司提供授信的最终目的是实现收益,因此银行会通过设计授信产品、匹配与授信相关产品、延伸供应链上下游公司产品业务机会等方式,尽可能地实现银行收益最大化。对于公司来说,同样应当考虑银行的利益与公司利益之间的冲突和调和,最终目的是为了实现银企共赢的局面。

8. 公司的社会信誉和法律要件

银行在进行授信准入的时候会通过与公司沟通及财务外部渠道手段查询公司在工商机关的年检信息、公司章程和股东的变更情况、公司征信情况、在其他银行同业的授信使用情况等证明公司社会信誉的信息。另外,公司有关同意从银行取得授信的董事会决议,也是银行批准和启用公司授信的重要文件。

[案例分析]

A公司是中国境内的一家进口大宗商品的公司,其在香港地区有一家全资的子公司 B, B 主要是代理 A 在境外的进口以及作为 A 在境外的融资平台。2012 年之前,境内外融资成本差距较大,境外融资成本低,许多公司利用其在境外的子公司进行贸易项下的美元融资,融资到期后再将境内变现的人民币购汇还至境外。A 公司看到这个先机后,也决定采取此方式。可是 B 仅仅是香港当地以 50 万美元刚注册的一家贸易公司,既没有境外资产也没有利润盈余,想要在境外获得大量的银行授信难度非常大。

但是 A 公司是一家资产有 700 亿元人民币的公司,盈利能力良好,整个行业排名前五的地位,其在境内的商业银行申请了银行授信额度,各家银行通过了解A公司的行业特点、股东和经营者的背景、生产经营状况，以及对其偿债能力、盈利能力、营运能力进行综合分析后，给了A公司包括法人透支额度、流动贷款额度、贸易融资额度、外汇额度共计300万美元的综合授信额度。A公司利用这些授信额度，在从B公司进口产品时，利用其在银行的授信额度开立信用证给B公司，由B公司在境外进行信用证贴现，由于境外的融资成本大大低于境内，B的贴现成本也低于境内，A公司进口到境内，2～3个月产品卖出后，在信用证到期时将款项还给开证银行。这样，利用银行授信额度，A、B公司实现了以下利益：第一，没有动用公司一分钱，将产品从境外进口到了国内；第二，利用A公司的授信额度由其子公司在境外进行信用证融资，实现了境外低成本的融资模式；第三，信用证未到还款期时，A公司可以自由支配已变现资金，进行短期理财可实现公司资金收益。

第六章　公司进口业务资金风险控制

第一节　进口业务资金风险控制的原则和要求

一、资金风险控制的必要性

公司进口业务资金管理的风险表现在融资活动和外汇业务带来的资金流动性风险，以及资金短期运用过程中收益的不确定性。这要求公司通过制定和完善资金管理规则，严密把控资金流转过程来降低进口业务资金风险。

二、资金风险控制的原则和要求

第一，识别风险，增强风险意识，这是资金风险控制的基本原则。

第二，制定规范化制度体系，明确各环节职责，这是资金风险控制的基本前提。

第三，培养专业人才队伍，提高控制风险的能力，这是资金风险控制的根本保障。

第四，加强内部监督和审计工作，这是资金风险控制的重要手段。

第二节　公司进口业务融资风险管理

一、融资风险概述

（一）融资风险的含义

企业面临的风险，是在生产经营过程中，面对各种不确定性事件，做出不同的反应，并由此对企业生产经营产生影响，从而影响企业目标实现的程度。

企业的融资风险，是指企业的筹融资决策、规划和执行过程引起的收益和生产经营的变动，可能对企业偿债及日常运营带来不确定性。由于广义的风险表现为收益或损失的波动，说明融资风险产生的结果可能带来获利、损失或无损失也无获利。

对公司进口业务来说，融资风险与企业的风险偏好相关，通常情况下，实行激进型策略的公司偏向于高风险，是为了获得更高的收益；实行稳健型策略的公司着重于低风险融资产品，是因为更加看重融资的相对安全性并对收益产生一定的保障。

（二）融资风险的来源

在贸易融资活动中，一个贸易周期的完成，通常是以买方按质按量收到货物，卖方按时收到货款，融资银行按时足额收回融资本息为标志的。一个贸易周期的顺利完成，受到多方面风险因素的影响，我们可以将产生风险的来源归为三个方面：一是支付方按约定付款；二是基础交易；三是其他可能导致交易失败的风险因素和不确定性。

1. 支付方付款风险

付款方的付款能力和信用是直接影响贸易合同履约的一个重要风险因素。在贸易活动中，卖方提供商品或服务的最终目的是获得买方的支付。但是，即使在卖方完好履约的前提下，买方或买方的融资机构没有支付能力或缺乏信用，卖方也将面临货款不能按期收回的风险。

在国际贸易中，除了由于买方自身原因导致的付款风险外，买方所在国家或地区的政治因素、贸易和外汇政策也可能直接或间接地影响买方付款。

2. 基础交易风险

公司进出口业务贸易融资的资金需求是以基础交易顺利完成为前提的，如果在贸易合同签订过程中，交易双方都致力于实现自身利益的最大化而忽略了交易对手的利益，可能导致合同签订后交易对手面临更高的履约风险。例如，在货物贸易中买方对商品的质量、交货时间和价格等提出较高要求，可能导致卖方无法按时按质地提供货物；或者在一些大型对外承包工程、大宗商品贸易中，卖方是否具备相应的施工、生产建造和货源组织能力，业主或者买方是否具备相应的项目运营实力，都会对基础交易的完成产生重大影响。在国际贸易中，关税壁垒、进出口政策、政治动荡或者自然灾害等不可抗拒因素都会对基础交易产生影响。

3. 其他可能导致交易失败的风险因素

在公司外贸业务中，即使基础交易顺利完成，买方如约付款，也会存在一些可能导致自偿性不能顺利实现的风险因素。例如，在与一些被欧美国家列入黑名单的国家、金融机构或企业的贸易活动中，可能会因为付款路径选择问题导致款项被冻结。

（三）融资风险产生的原因

1. 内因

（1）公司负债规模。负债规模是指公司负债总额的大小或负债在资金总额中所占比重的高低。公司负债规模大，利息费用支出增加，由于收益降低而导致丧失偿付能力或破产的可能性也增大。同时，负债比重越高，公司的财务杠杆系数[税息前利润/(税息前利润－利息)]越大，股东收益变化的幅度也随之增加。所以，负债规模越大，财务风险也越大。

（2）负债的期限结构。负债的期限结构是指公司所使用的长短期借款的相对比重。如果负债的期限结构安排不合理，例如应筹集长期资金却采用了短期借款，或者相反，都会增加企业的筹资风险。原因在于：第一，如果公司使用长期借款来筹资，它的利息费用在相当长的时期内将固定不变；但如果公司用短期借款来筹资，则利息费用可能会有大幅度的波动。第二，如果公司大量举借短期借款，并将短期借款用于长期资产，则当短期借款到期时，可能会出现难以筹措到足够的现金来偿还短期借款的风险。此时，若债权人由于公司财务状况差而不愿意将短期借款展期，则公司有可能被迫宣告破产。第三，长期借款的融资速度慢，取得成本通常较高，而且还会有一些限制性条款。

（3）负债的利息率。在同样负债规模的条件下，负债的利息率越高，公司所负担的利息费用支出就越多，公司面临破产危险的可能性也随之增大。同时，利息率对股东收益的变动幅度也大有影响。因为在税息前利润一定的条件下，负债的利息率越高，财务杠杆系数越大，股东收益受影响的程度也越大。

2. 外因

（1）资金流动性风险。负债的本息一般要求以现金（货币资金）偿还。因此，即公司的赢利状况良好，但其能否按合同、契约的规定按期偿还本息，还要看公司预期的现金流入量是否足额及时和资产的整体流动性如何。现金流入量反映的是现实的偿债能力，资产的流动性反映的是潜在的偿债能力。如果公司投资决策失误，或信用政策过宽，不能足额或及时地实现预期的现金流入量，以支付到期的借款本息，就会面临财务危机。此时公司为了防止破产可以变现其资产，但各种资产的流动性（变动能力）是不一样的，其中库存现金的流动性最强，而固定资产的变现能力最弱。公司资产的整体流动性不同，即各类资产在资产总额中所占比重不同，对公司的财务风险关系甚大。当公司资产的总体流动性较强，变现能力强的资产较多时，其财务风险较小；反之，当公司资产的整体流动性较弱，变现能力弱的资产较多时，其财务风险较大。很多公司破产不是因为没有资产，而是因为其资产不能在较短时间内变现，结果不能按时偿还债务，只能宣告破产。

(2) 经营风险。经营风险是公司生产经营活动本身所固有的风险，其直接表现为公司税息前利润的不确定性。经营风险不同于筹资风险，但又影响筹资风险。当公司完全用股本融资时，经营风险即为公司的总风险，完全由股东均摊。当公司采用股本与负债融资时，由于财务杠杆对股东收益的扩张性作用，股东收益的波动性会更大，所承担的风险将大于经营风险，其差额即为筹资风险。如果公司经营不善，营业利润不足以支付利息费用，则不仅股东收益化为泡影，而且要用股本支付利息，严重时公司将丧失偿债能力，被迫宣告破产。

(3) 金融市场的不确定性。金融市场是资金融通的场所。公司负债经营要受金融市场的影响，如负债利息率的高低就取决于取得借款时金融市场的资金供求情况，而且金融市场的波动，如利率、汇率的变动，都会导致企业的筹资风险。当公司主要采取短期贷款方式融资时，如遇到金融紧缩，银根抽紧，短期借款利率大幅度上升，就会引起利息费用剧增，利润下降。更有甚者，一些公司由于无法支付高涨的利息费用而破产清算。

融资风险的内因和外因相互联系、相互作用，共同诱发筹资风险。一方面，经营风险、预期现金流入量和资产的流动性及金融市场等因素的影响，只有在公司负债经营的条件下，才有可能导致企业的筹资风险，而且负债比率越大，负债利息越高，负债的期限结构越不合理，公司的筹资风险越大；另一方面，虽然公司的负债比率较高，但公司已进入平稳发展阶段，经营风险较低，且金融市场的波动不大，那么公司的筹资风险相对就较小。

二、融资风险管理对策

公司面对融资过程中可能产生的各种风险，需要从树立意识、明确职责、制度规范和培养专业素质员工四个方面着手，提高企业的融资风险管理水平。

(一) 提高融资风险管理意识

有些公司认为，从银行取得了融资，实际上是把公司面临的各种潜在风险转嫁给了银行，公司不需要再承担任何风险。这种想法是错误的。首先，公司从银行取得融资，公司可能面临的风险和银行的风险是不同的，二者是站在不同的角度审视风险，因此公司的风险不等于银行的风险。其次，通常在与公司签订融资协议时，会加入银行风险规避的法律条款，公司通常情况下需要固定接受这类条款。因此，公司要对融资风险高度重视。根据融资产品的特点，结合自身情况和贸易背景，严格审慎地评估可能产生的风险，树立牢固的风险意识。

(二) 明确融资风险管理职责

明确融资风险管理职责，需要首先明确以下几个原则：一是要建立事前、事中和事后的全流程风险管理体系，做到事前预警、事中监控和事后评价，三者要相互穿插、相互配合，形成完整的风险管理流程；二是要做到不相容岗位相互分离且有效制衡的原则，避免出现业务部门“一手清”或者业务部门和风险管理部门相互推诿扯皮的情况发生。

（三）完善融资管理流程制度

建立健全一整套全面、系统、规范的融资风险管理流程制度，是公司精细化管理的需要，也是公司赖以防范和应对风险的指引和规范。

1. 事前预警

风险的防范需要从源头抓起。公司在贸易合同签订前，就应当做好项目调研、交易对手资信调查、市场环境分析和财务分析。在贸易合同签订时要着重关注合同的法律合规性，特别是国际贸易中涉及的合同和协议，要审核其是否符合交易对手所在国家地区的法律法规规定，避免出现贸易纠纷时因适用法律差异导致的合同文本无效等问题。公司在需要进行融资时，应慎重选择融资方式和融资机构。需要进行银行融资时，应优先选择业内资信良好、业务水平较高且与公司历史合作中无不良记录的银行。必要时也可以请银行协助审核交易对手的信用风险。

2. 事中监控

公司在贸易过程中应当加强对涉及贸易的各个环节可能产生的风险进行监控，并建立业务登记系统，便于日常跟踪、检查和后评价。有条件的公司可以结合科技手段建立风险预警和信息系统，便于公司内部共享风险信息，提高风险管理水平和效率。另外，公司还应当在贸易过程中及时了解外部环境的变化，包括国家颁布的法律法规、外汇和进出口政策、银行政策的变化、市场波动情况等。发现外部环境出现不利于公司的变化时，通过及时调整公司融资计划的方式，有效地规避和降低风险发生的概率和对公司的不利影响。

3. 事后评价

相较于事前预警和事中监控，事后评价往往是被企业忽视的环节。在实际业务中，建立起行之有效的事后评价体系和事后评价记录，对于公司总结风险管理经验、提高风险管理水平和管理效率均是行之有效的。

（四）培养融资风险专业人才

有些公司把融资的风险管理交给银行人员来完成，认为银行从事的就是风险经营，对于风险管理更专业，还能节省公司的人力成本。事实上这种观点是错误的。对于银行来说，进行风险管理的对象是银行提供授信或者融资的企业，作为融资的主体，公司主要的风险管理对象除了自身以外，更主要的是交易对手、外部环境，而融资公司的风险管理目标是尽量规避自身的风险或者发生风险事件后尽量将不利影响降至最低。因此,公司必须培养专业知识全面、业务经验丰富的风险管理人才,防范融资风险发生,切实推动公司融资风险的防控。

第三节 外汇风险管理

一、外汇风险概述

(一) 外汇风险的含义及分类

外汇风险又称汇率风险,指在不同货币的相互兑换或折算中,因汇率在一定时间内意外变动,致使相关主体的实际收益低于预期,或是实际成本高于预期,从而蒙受经济损失的可能性。从国际外汇市场外汇买卖的角度看,买卖盈亏未能抵消的那部分,就面临着汇率波动的风险。人们通常把这部分承受外汇风险的外币金额称为“受险部分”或“外汇敞口”。

外汇风险可以分为折算风险、交易风险和经济风险 3 类。

1. 折算风险

折算风险是指涉外企业合并财务报表时因货币折算处理而承担的汇率变动风险。由于汇率波动,选择不同时点的汇率评价外币债权债务,可能造成较大的会计账面损益。虽然折算风险只涉及账面损失,但仍然可能不利于对涉外企业的业绩评价。

折算风险与以外币计价的财务报表转换成以本币计价的财务报表相关。当国内的母公司在合并财务报表时,需要把以外币计价的国外子公司的报表折算成本币单位,这时便涉及汇率的问题。假设当英镑兑美金的汇率为 1∶1.90 时。某电脑公司在英国收购了一家价值为 1 亿英镑的公司,并将其设为该电脑公司的全资子公司。此时,该子公司的美元账面价值为 1.9 亿美元。之后美元升值,汇率变为 1∶1.60。那么,该电脑公司必须依据相关法规对英国子公司的账面价值按新的汇率进行调整为 1.6 亿美元。由此可见,汇率的变动使该电脑公司英国子公司的账面值缩水 0.3 亿美元。

2. 交易风险

交易风险是指企业在交割、清算对外债权债务时因汇率变动导致经济损失的可能性。以货币兑换为特征,涉及一切以外币为媒介或载体的经济交易,包括进出口贸易、涉外货币借贷、对外直接投资、外汇买卖。

当一个企业在进行非即期的外币结算时,这种外汇交易风险就有可能出现。举例来说,公司在美元人民币汇率为 6.40 的时候借入美元负债,之后人民币发生了贬值，到期时公司按照 6.90 的价格买入美元归还该美元负债。那么 6.90 和 6.40 之间的部分就是交易性的外汇损失。

交易风险主要表现在以下几个方面：

（1）在商品、劳务的进出口交易中，从合同的签订到货款结算的这一期间，外汇汇率变化所产生的风险。

（2）在以外币计价的国际信贷中，债权债务未清偿之前存在的风险。

（3）外汇银行在外汇买卖中持有外汇头寸的多头或空头，也会因汇率变动而遭受风险。

3. 经济风险

经济风险是指由于汇率变动使企业未来现金流量折现值发生损失的可能性。经济风险程度的高低，主要取决于企业销售额、产品价格等关键指标对汇率变动的敏感性。与交易风险、折算风险不同，经济风险从整体上预测未来一定时间内发生现金流量变化，对公司的影响是长期的。

比如，在英国有一家美国公司和一家日本公司互为竞争对手，假如此时日元兑英镑汇率下跌而美元兑英镑汇率保持不动，那么这家日本公司就可以降低其产品在英国市场的售价，因为这样它仍然可以维持同以往一样的以日元计价的收入水平。如此一来，美国公司便丧失了它在价格上的竞争优势。

评价特定企业的外汇风险，需要评估公司的成本收入结构、资产负债结构、主营业务情况和产品竞争力等因素。

（二）外汇风险的特征

1. 不确定性

外汇风险的不确定性指的是外汇风险给外汇持有者带来的可能是收益也可能是损失，这与经济主体持有的是外币负债还是外币资产有关。

2. 或然性

所谓或然性是指外汇风险的发生不是必然事件，有可能发生也有可能不发生。外汇风险的发生需要满足三个条件——风险敞口、汇率变动和时间。

3. 相对性

相对性是指对于国际贸易的双方来说，一方拥有的是外币资产，那么另一方拥有的就是外币负债。当汇率波动时，给一方带来收益，给另一方则带来损失。

4. 汇率双向波动

由于汇率机制改革的变化和基本面的改善，人民币呈现出双向波动态势。中国金融市场开放是基本方向，未来人民币汇率将会更富有弹性，完善以市场供求为基础的人民币汇率形成机制方向不会改变。这为进口企业的外汇业务带来不确定性，增加了风险。

(三) 外汇风险因素分析

1. 汇率制度的变化

随着布雷顿森林体系解体,固定汇率制度被废除,世界各主要经济大国都采用浮动汇率制度。由此引发汇率频繁波动。在国际贸易结算中,由于汇率波动出现了汇兑损益,对公司进出口贸易的收支状况产生了很大的影响,从而产生汇率波动风险。

2. 生产能力变化

工业生产能力急剧扩张,由此产生盲目接单倾向加大,可能存在全球生产能力过剩而打压出口价格的风险。

3. 经济与金融发展变化

未来世界经济运行变数加大,经济发展变化莫测,特别是金融创新的不断深化,金融衍生工具种类层出不穷。这些衍生工具大多都是高杠杆交易,在规避外汇风险的同时也将外汇风险进一步放大,一旦预测失误,所带来的损失往往是致命的。

4. 物价水平变化

一方面,美元汇率不断下行推动物价持续上升,全球货币通货膨胀问题变得极为严重;另一方面,原材料市场供需矛盾急剧加大,导致原材料价格大幅度上涨,从而使公司生产成本不断提高。

二、公司外汇风险管理概述

(一) 公司外汇风险管理的含义

公司外汇风险管理是指外汇资产持有者通过风险识别、风险衡量、风险控制等方法,预防、规避、转移或消除外汇业务经营中的风险,从而减少或避免可能的经济损失,实现在风险一定条件下的收益最大化或收益一定条件下的风险最小化。

(二) 公司外汇风险管理程序

1. 外汇风险识别

外汇风险识别是外汇风险管理的第一步,指的是在公司复杂的内外部环境中尽可能识别出会给公司带来收益或损失的因素,发现风险隐患以便对症下药。例如在经营中,公司通过计算公司跨境业务的净头寸来识别外汇风险。

2. 外汇风险评估

外汇风险评估就是要衡量外汇风险带来的潜在的损失概率和损失程度。识别出公司可能面临的各种外汇风险后,需要对涉及的不同外币的未来汇率波动进行预测。外汇风险对公司的影响是双向的,有利有弊,最重要的是要发现外汇风险造成企业损失的概率，以及将各类风险综合后公司价值可能损失的范围和程度。

3. 选择外汇风险管理方法

选择适当的风险管理方法，有效地实现公司预定的外汇风险管理目标。一系列的金融创新因此应运而生，出现了种类繁多的外汇风险管理方法。每一种方法都有自身的优势和劣势，企业需要根据风险管理的目标和战略慎重选择。

三、公司外汇风险管理方法

（一）公司外汇风险管理手段

1. 建立有效的外汇管理办法

开展进口业务的公司在进行外汇管理时，应首先建立有效的外汇管理方法，作为其外汇管理工作实施的依据。有效的外汇管理方法，包括外汇结算办理办法、外汇记账方法、外汇业务风险预警机制等，它将从制度和规定层面避免外汇风险。

2. 健全内部控制制度

公司进口业务须完善外汇管理内部控制制度，公司须以公文形式审批或上报外汇管理业务，严格按照规定的审批流程执行，外汇管理人员须严格把控外汇业务与贸易业务的匹配程度，实时对外汇资金使用情况进行审批和监管。

3. 加强对公司经济管理和市场环境变化的研究

加强对公司经济管理和市场环境的中长期变化的研究，待条件成熟后设立自己的经济研究部门，甚至成立经济研究所或培养经济专家。多参加行业协会组织的商务研讨会，及时交流对未来市场预期的研究意见，全面观察国内外多方位经济市场环境的急剧变化，为应对市场环境变化做出正确的判断和决策，提供有价值的参考。

4. 重视与外汇指定银行沟通，形成外汇管理策略

外汇指定银行是外汇业务管理的金融机构和前沿阵地。从事进口业务的公司需要经常与这些金融机构沟通交流，注意倾听内部人士的意见和建议，以便及时追踪、掌握汇率变动的相关信息和实时动态。通过定期与合作银行专家的学习、研讨，定期对银行外汇业务报告的阅读和研究，采取有针对性的措施，从而做出正确的判断和决策。

5. 聘请或培养外汇管理人才

防范汇率风险是一项技术性较强的业务。准确预测货币汇率变化趋势是避免外汇风险的前提条件。随着经济全球化、投资自由化的发展，汇率波动的复杂性增加，对公司外汇管理人员的素质提出了更高的要求。除了要求其精通会计、审计、财务管理理论与方法外，还要求他们通晓国际金融知识，具有敏锐的洞察力、开放性思维和创新意识。因此，要加强人才的储备和培养，不断充实外汇风险管理各方面人员，安排专职人员从事汇率的预测和防范汇率风险的研究，以适应公司各项业务发展的需要。此外，还应聘请专业的律师对供货合同和风险进行有效调控。由于出口业务涉及较多的专业法律知识，因而由专业律师提前介入，能够通过合同调控规避外汇风险，有效地防范不必要的法律风险，以保护公司的合法权益。

(二) 外汇风险管理策略

对于不同种类的外汇风险，公司需要采取不同的外汇风险管理策略。

1. 完全抵补策略

完全抵补策略，即采取各种措施消除外汇敞口额，固定预期收益或固定成本，以达到避险目的的策略。对银行或企业来说，就是对于持有的外汇头寸，进行全部抵补。一般情况下，采用这种策略比较稳妥，尤其是对于实力单薄、涉外经验不足、市场信息不灵敏、汇率波动幅度大等情况的公司。

2. 部分抵补策略

部分抵补策略，即采取措施清除部分敞口金额，保留部分受险金额，试图留下部分赚钱的机会。当然，留下部分赚钱的可能，也留下了部分赔钱的可能。

3. 完全不抵补策略

完全不抵补策略，即任由外汇敞口金额暴露在外汇风险之中。这种情况适合于汇率波幅不大、外汇业务量小的情况。在面对低风险、高收益、外汇汇率看涨时，企业也容易选择这种策略。

(三) 外汇风险管理的一般方法

1. 选好或搭配好计价货币

(1) 选择本币计价。选择本币作为计价货币，不涉及货币的兑换，进出口商则没有外汇风险。

(2) 选择自由兑换货币计价。选择自由兑换货币作为计价结算货币，便于外汇资金的调拨和运用。一旦出现外汇风险，可以立即兑换成另一种有利的货币。

(3) 选择有利的外币计价。注意货币汇率变化趋势，选择有利的货币作为计价结算货币。这是一种根本性的防范措施。一般的基本原则是“收硬付软”。由于一种结算货币的选择，与货币汇率走势，与他国的协商程度及贸易条件等有关，因此在实际操作当中，必须全面考虑，灵活掌握，真正选好有利币种。

(4) 选用“一篮子”货币。通过使用两种以上的货币计价来消除外汇汇率变动带来的风险。比较典型的“一篮子”货币有 SDRs 和 ECU。

(5) 软硬货币搭配。软硬货币此降彼升,具有负相关性质。进行合理搭配,能够减少汇率风险。当交易双方在选择计价货币难以达成共识时,可采用这种折中的方法。对于机械设备的进出口贸易,由于时间长、金额大,也可以采用这种方法。

2. 平衡抵消法避险

(1) 平衡法/配对法。平衡法/配对法是指交易主体在一笔交易发生时,再进行一笔与该笔交易在货币、金额、收付日期上完全一致,但资金流向相反的交易,使两笔交易面临的汇率变化抵消。

平衡法/配对法具体包括两种。一是单项平衡法。这种方法又可包括两方面:第一是严格意义上的单项平衡;第二是一般意义上的单项平衡。两种都是指在外汇交易中要做到收付币种一致,借、用、收、还币种一致,借以避免或减少风险。二是综合平衡法。它是指在交易中使用多种货币,软硬货币结合,多种货币表示头寸并存,将所在单项多头与空头合并,由此使多空两相抵消,或在一个时期内各种收付货币基本平衡。综合平衡法比单项平衡法更具灵活性,效果也比较显著。

(2) 组对法。组对法是指交易主体通过利用两种资金的流动对冲来抵消或减少风险的方法。

组对法与平衡法相比,其特殊点在于:平衡法是基于同一种货币的对冲,而组对法则基于两种货币的对冲。组对法比较灵活,也易于运用,但若组对不当反而会产生新的风险。因此,必须注意组对货币的选择。

(3) 借款法。借款法是指有远期外汇收入的企业通过向银行借入一笔与远期收入相同币种、相同金额和相同期限的贷款,以防范外汇风险的方法。

借款法的特点在于能够改变外汇风险的时间结构,把未来的外币收入现在就从银行借出来,以供支配,这就消除了时间风险。届时外汇收入进账,正好用于归还银行贷款。不过该法只消除了时间风险,尚存在着外币对本币价值变化的风险。

(4) 投资法。投资法是指当企业面对未来的一笔外汇支出时,将闲置的资金换成外汇进行投资,待支付外汇的日期来临时,用投资的本息(或利润)付汇。

一般投资的市场是短期货币市场,投资的对象为规定到期日的银行定期存款、存单、银行承兑汇票、国库券、商业票据等。这里要注意,投资者如果用本币投资,则仅能消除时间风险;只有把本币换成外币再投资,才能同时消除货币兑换的价值风险。

① BSI 法。BSI 法就是借款-现汇交易-投资法(Borrow-Spot-Invest),指有关经济主体通过借款、即期外汇交易和投资的程序,争取消除外汇风险的风险管

理办法。

在签订贸易合同后，进口商借入相应数量的本币，同时以此购买结算时的货币，然后以这笔外币在国际金融市场上做相应期限的短期投资。付款期限到期时，进口商收回外币投资并向出口商支付货款。当然，若进口商进行外币投资的收益低于本币借款利息成本，进口商则付出了防范风险的代价，但这种代价的数额是极其有限的。在这种方法中，企业把借来的本币兑换成外币，消除了价值风险；而把未来的外币应付账款用于投资，又改变了外汇风险的时间结构。

② LSI法。LSI法就是提早收付-即期合同-投资法(Lead-Spot-Invest)。具有应收外汇账款的公司，在征得债务方同意后，以一定折扣为条件提前收回货款(以此消除时间风险)；并通过在即期外汇市场上将外汇兑换成本币(以此消除价值风险)；然后，将换回的本币进行投资，所获的收益用以抵补因提前收汇的折扣损失。

[案例分析]

德国的D公司90天后有一笔US＄100 000的应收账款。为防止届时美元贬值给公司带来损失，D公司征得美国进口商的同意，在给其一定付现折扣的情况下，要求其在2天内付清款项(暂不考虑折扣数额)。D公司提前取得美元货款后，立即进行即期外汇交易。外汇市场的即期汇率为US＄1＝DM1.667 0÷1.668 0。随即，D公司用兑换回的本币DM166 700进行90天的投资(暂不考虑利息因素)。

即期外币市场汇率为：

$$US\$1=\frac{DM1.631\,0}{1.634\,0}$$

用LSI法分析：

先从银行借款，即借入相应的本币81 700马克，再与银行签订即期合同，即用81 700马克购买50 000美元；最后再提早支付，即从债权人处获得一定折扣的前提下提前付款。

LSI法避险是通过提前收付，消除了时间风险。通过即期外汇交易，把美元变成等价值本币，又消除了价值风险。以本币进行投资，将来不再有真正的外汇流动，仅有一笔本币的回收。

用BSI法分析：

同上例。若德国D公司改用BSI法避险，则可从银行借入相应的本币。若即期外币市场汇率为US＄1＝DM1.631 0÷1.634 0，则可借入DM81 700

(DM1.634 0÷US$1×US$50 000)，用于购买US$50 000并进行为期90天的投资。投资期满，收回投资(暂不考虑投资收益)，支付美元借款。

用BSI法消除外汇应付款和应收款的原理一样，但币种的操作顺序有别。前者借款是借本币，而后者借款是借外币；前者投资用外币，后者投资用本币。BSI法使流入和流出的外币完全抵消，消除了外汇风险。

投资法和借款法都是通过改变外汇风险的时间结构来避险，两者各具特点。前者是将未来的支付移到现在；后者则是将未来的收入移到现在。这是主要的区别。

3. 利用国际信贷

(1) 外币出口信贷。外币出口信贷是指在延期付款的大型设备贸易中，出口商把经进口商承兑的、5年以内的远期汇票无追索权地卖断给出口商所在地的金融机构，以提前取得现款的资金融通方式。该法有4个特点：

① 贷款限定用途，只能用于购买出口国的出口商品；

② 利率较市场利率为低，利差由政府补贴；

③ 属于中长期贷款；

④ 出口信贷的发放与信贷保险相结合。它包括两种形式：一是卖方信贷(Supplier's Credit)，即由出口商所在地银行对出口商提供的贷款；二是买方信贷(Buyer's Credit)，即由出口商所在地银行对外国进口商或进口方的银行提供的融资便利。出口商可以利用卖方信贷避免外汇风险。出口商以商业信用方式出卖商品时，在货物装船后立即将发票、汇票、提单等有关单据卖断给承购应收账款的财务公司或专业机构，收进全部或大部分货款，从而取得资金融通的业务。

(2) 福费廷。福费廷交易中，出口商及时得到货款，并及时地将这笔外汇换成本币。它实际上转嫁了两笔风险：一是把远期汇票卖给金融机构，立即得到现汇，消除了时间风险，且以现汇兑换本币，也消除了价值风险，从而，出口商把外汇风险转嫁给了金融机构；二是福费廷是一种卖断行为，把到期进口商不付款的信用风险也转嫁给了金融机构，这也是福费廷交易与一般贴现的最大区别。

(3) 保付代理。保付代理是指出口商在对收汇无把握的情况下，往往要求保理商做保付代理业务。该种业务结算方式很多，最常见的是贴现方式。由于出口商能够及时收到大部分货款，与托收结算方式相比，不仅避免了信用风险，还减少了汇率风险。

在以上3种国际信贷中，出口信贷与福费廷属中长期融资，而保付代理业务则是短期贸易信贷的一种，其特点是：

① 不能向出口商行使追索权；

② 保理商提供广泛、综合的服务；

③ 保理商预支货款。

进出口商和保理商在该业务中起了重要的作用。

4. 运用系列保值法

(1) 合同中加列保值条款。保值条款是经贸易双方协商，同意在贸易合同中，加列分摊未来汇率风险的货币收付条件。在保值条款中，交易金额以某种比较稳定的货币或综合货币单位保值，清算时按支付货币对保值货币的当时汇率加以调整。在长期合同中，往往采用这类做法。这种方法主要有黄金保值条款、硬币保值、“一篮子”货币保值 3 种。要在合同中规定采用多种货币来保值，其做法与原理和硬币保值相同。

(2) 调价保值。调价保值包括加价保值和压价保值等。在国际贸易中出口收硬币，进口付软币是一种理想的选择。但在实际当中有时只能是“一厢情愿”。在某些场合出口不得不收取软币，而进口被迫用硬币。此时就要考虑实行调价避险法，即出口加价和进口压价，借以尽可能减少风险。具体有两种方法：①加价保值；②压价保值。

5. 开展外汇业务

(1) 即期合同法。即期合同法是指具有近期外汇债权或债务的公司与外汇银行签订出卖或购买外汇的即期合同，以消除外汇风险的方法。即期交易防范外汇风险需要实现资金的反向流动。企业若在近期预定时间有出口收汇，就应卖出手中相应的外汇头寸；企业若在近期预定的时间有进口付汇，则应买入相应的即期外汇。

(2) 远期合同法。远期合同法是指具有外汇债权或债务的公司与银行签订卖出或买进远期外汇的合同，以消除外汇风险的方法。

远期合同法具体做法是：出口商在签订贸易合同后，按当时的远期汇率预先卖出合同金额和币种的远期，在收到货款时再按原定汇率进行交割。进口商则预先买进所需外汇的远期，到支付货款时按原定汇率进行交割。这种方法优点在于：一方面，将防范外汇风险的成本固定在一定的范围内；另一方面，将不确定的汇率变动因素转化为可计算的因素，有利于成本核算。该方法能在规定的时间内实现两种货币的风险冲销，能同时消除时间风险和价值风险。

(3) 期货交易合同法。期货交易合同法指具有远期外汇债务或债权的公司，委托银行或经纪人购买或出售相应的外汇期货，借以消除外汇风险的方法。这种方法主要有多头套期保值和空头套期保值两种。

(4) 期权合同法。期权合同法与远期外汇合同法相比，更具有保值作用。因为远期法届时必须按约定的汇率履约，保现在值不保将来值。但期权合同法可以根据市场汇率变动作任何选择，既可履约，也可不履约，最多损失期权费。进出口商利用期权合同法的具体做法是：进口商应买进看涨期权；出口商应买进看跌期权。

(5) 掉期合同法。掉期合同法是指具有远期的外汇债务或外汇债权的公司，在与银行签订卖出或买进即期外汇的同时，再买进或卖出相应的远期外汇，以防范风险的一种方法。它与套期保值的区别在于：套期保值是在已有的一笔交易基础上所做的反方向交易，而掉期则是两笔反方向的交易同时进行。掉期交易中两笔外汇买卖币种、金额相同，买卖方向相反，交割日不同。这种交易常见于短期投资或短期借贷业务外汇风险的防范上。

(6) 利率互换。利率互换亦称利率掉期，是一种互换合同。合同双方同意在未来的某一特定日期以未偿还贷款本金为基础，相互交换利息支付。利率互换的目的是减少融资成本。如一方可以得到优惠的固定利率贷款，但希望以浮动利率筹集资金，而另一方可以得到浮动利率贷款，却希望以固定利率筹集资金，通过互换交易，双方均可获得希望的融资形式。

(7) 其他规避风险措施。其他规避风险措施主要包括：易货贸易；提前或延期结汇。

[案例分析]

案例一：

根据A地产公司2014年的年报，公司于2014年当年，通过货币利率掉期CCS锁定共计6亿美元债券和14亿元港币的债券。

A地产公司是地产行业最早开始做外币债对冲的。A地产公司的功能性货币为人民币，所以有31%的债是外币负债。公司对其操作的货币掉期、利率掉期等金融衍生品使用了对冲会计（现金流量对冲）。

上市公司在年报中明确披露，公司在对冲关系开始的时候，就按照IFRS9的要求，制定了对冲工具和被套期项目，并且按照要求做了有效性测试，记录了用于对冲关系的对冲工具能否高度有效地抵消被对冲项目的公允市价或现金流量变动。

当货币掉期符合条件作为现金流量对冲时，有效部分的市值进入其他全面收益内确认并于对冲储备项目下累计。非有效部分的收益或亏损进入损益表体现，并列入其他收益及亏损。

案例二：

为较好地锁定原材料成本和防范经营风险，2017年，B电工类公司根据生产经营所需开展原材料铜、铝、铅、PVC料、钢材的套期保值业务。利用期货的套期保值功能进行风险控制。公司预计铜、铝、铅、PVC料、钢材需求分别为10万～12万吨、12万～15万吨、0.5万吨、2万吨、6万吨。原则上套期保值期货持仓量不超过实际订单生产所需的现货量。

为降低汇率变动对公司生产经营的影响，2017年公司根据外汇收支情况开展美元或其他币种的外汇远期结售汇业务、外汇买卖业务、外汇掉期业务、期权业务、利率互换业务等远期外汇交易业务。公司严格以实际业务需要为目标，开展远期外汇交易业务的交易金额不超过公司已签订的进出口合同未来收付外币金额，交易余额不超过公司上一年度经审计的境外营业收入的40%。

第四节 短期资金运用风险管理

一、短期资金运用风险来源

资金运用贯穿于公司生产经营活动的全过程，并存在各种风险。正确识别和分析资金来源风险，直接影响资金管理的效果和公司持续经营的水平。对于进口业务特殊性，短期资金运用的风险管理，更要重视的是企业闲置资金进行短期的管理。

在市场经济体制下，任何投资活动都有其特定的投资风险。“金融大鳄”索罗斯有句名言：“没有风险就不能称之为事业，但重要的是要知道什么地方有风险，给自己留有出路和活路。”因此，企业经营者需做好投资风险的成因分析，制定出能够防范、控制、管理投资风险的具体措施，以达到降低风险、改善经营管理和提高公司效益的目的。

短期资金运用风险指的是公司在对资金进行短期投资的过程中，由于内部或外部风险造成损失或者说不能获得预期投资收益的可能性。公司短期资金运作风险的来源多样，简要归纳如下所述。

（一）公司资金管理环境的复杂性

公司的资金管理环境又称理财环境，是指对公司资金活动产生影响作用的公司外部条件。资金管理环境是公司资金决策难以改变的外部约束条件，公司资金决策更多的是适应它们的要求和变化。资金管理环境涉及范围很广，包括经济环境、法律环境、市场环境、社会文化环境、资源环境等因素。这些因素存在于公司之外，但对公司资金管理有重大的影响。宏观环境的不断变化必然会给公司带来资金风险。

（二）资金管理可控范围的局限性

资金管理过程中存在大量的主观判断，资金管理依据的信息也是不完全的。公司进行资金预测、计划、决策和控制所依据的会计报表、资金分析、经营分析、市场分析等信息都只可能尽量接近真实情况而不可能完全反映事实，管理依据的不可靠决定了资金风险的存在。公司在资金管理中常常会遇到采用不同资金分析方法得出的结论大相径庭的情况，这时决策人员就要判断哪个方法更科学，哪个方案更可行，大量的判断也决定了资金风险的存在。

（三）管理层风险意识的局限性

公司管理层风险意识的强弱直接影响公司资金风险管控能力。管理层风险意识弱的公司，在资金管理系统、资金管理机构设置和规章制度建设方面往往重视不够，企业在资金管理的体制机制上缺乏有效管控；管理层的偏好一定程度上决定资金投资方向和投资产品的选择，激进偏好的管理层，一般会选择投资高收益、高风险产品。如此，企业在增加预期高收入的同时，风险概率必然会加大；市场经济下的企业面临十分复杂的经营环境，特别是面向经济全球化的金融领域变化更大，企业的资金运营管理策略已经与瞬间变化的金融形势紧密相关。由于公司管理层的专业素质不高，对经济形势的变化了解不多，掌握不透，在选择资金投资的产品决策上比较盲目，将造成公司的风险和损失。

二、短期资金运用风险的控制

防范并控制公司资金运用风险，以实现资金管理目标，是公司资金管理的工作重点。具体对策如下所述。

（一）完善资金管理体系

公司应对不断变化的资金管理宏观环境虽然存在于企业以外，企业无法对其施加影响，但并不是说企业面对环境的变化只能无所作为。

公司应对不断变化的资金管理宏观环境进行认真的分析、研究，把握其变化趋势及规律，并制定多种应变措施，适时调整资金管理政策、改变管理方法，从而提高公司对资金管理环境变化的适应能力和应变能力，降低环境变化给公司带来的资金风险。

面对不断变化的资金管理环境，公司应设置高效的资金管理机构，配备高素质的资金管理人员，健全资金管理规章制度，强化资金管理的各项基础工作，使公司资金管理系统有效运行，以防范因资金管理系统不适应环境变化而产生的资金风险。

（二）提高资金运用风险管理意识

要增加资金风险的防范意识，使公司的经营者和管理者充分认识资金风险存在于公司资金管理的各个环节，增强公司管理者的风险意识，避免公司因管理不善而造成的资金风险。

（三）建立资金风险预警机制

公司应建立实时、全面、动态的资金预警系统。资金预警系统是以企业信息化为基础，以企业的资金报表、经营计划及其他相关的资金资料为依据，对企业在经营管理活动中的潜在风险进行实时监控的系统。它贯穿于企业经营活动的全过程，对资金管理实施全过程监控，一旦发现某种异常征兆就着手应变，以避免和减少风险损失。

（四）合理配置闲散资金投资

投资学中，资产组合中产品的相关性越低，风险也就越低，也就是人们常说的“不要把鸡蛋放在一个篮子里”。在满足业务需求的同时，根据公司的流动性和资金需求，制定合理的资金投资计划，坚持资金投资产品的多样化，以降低投资风险。

（五）控制资金运用期限与品种

一般来说，投资期越长，风险就越大，因此，开展进口业务的公司应该尽量选择短期资金运用产品，一方面，满足公司进口业务对资金流动性的高要求；另一方面，将资金运用期限与融资期限进行匹配，可以提高资金使用效率，为公司增加收益。降低公司资金风险。

附录　相关法规制度(节选)

1. 中华人民共和国外汇管理条例

第一章　总　　则

第一条　为了加强外汇管理，促进国际收支平衡，促进国民经济健康发展，制定本条例。

第二条　国务院外汇管理部门及其分支机构（以下统称外汇管理机关）依法履行外汇管理职责，负责本条例的实施。

第三条　本条例所称外汇，是指下列以外币表示的可以用作国际清偿的支付手段和资产：

（一）外币现钞，包括纸币、铸币；

（二）外币支付凭证或者支付工具，包括票据、银行存款凭证、银行卡等；

（三）外币有价证券，包括债券、股票等；

（四）特别提款权；

（五）其他外汇资产。

第四条　境内机构、境内个人的外汇收支或者外汇经营活动，以及境外机构、境外个人在境内的外汇收支或者外汇经营活动，适用本条例。

第五条　国家对经常性国际支付和转移不予限制。

第六条　国家实行国际收支统计申报制度。

国务院外汇管理部门应当对国际收支进行统计、监测，定期公布国际收支状况。

第七条　经营外汇业务的金融机构应当按照国务院外汇管理部门的规定为客户开立外汇账户，并通过外汇账户办理外汇业务。

经营外汇业务的金融机构应当依法向外汇管理机关报送客户的外汇收支及账户变动情况。

第八条　中华人民共和国境内禁止外币流通，并不得以外币计价结算，但国家另有规定的除外。

第九条　境内机构、境内个人的外汇收入可以调回境内或者存放境外;调回境内或者存放境外的条件、期限等,由国务院外汇管理部门根据国际收支状况和外汇管理的需要作出规定。

第十条　国务院外汇管理部门依法持有、管理、经营国家外汇储备,遵循安全、流动、增值的原则。

第十一条　国际收支出现或者可能出现严重失衡,以及国民经济出现或者可能出现严重危机时,国家可以对国际收支采取必要的保障、控制等措施。

第二章　经常项目外汇管理

第十二条　经常项目外汇收支应当具有真实、合法的交易基础。经营结汇、售汇业务的金融机构应当按照国务院外汇管理部门的规定,对交易单证的真实性及其与外汇收支的一致性进行合理审查。

外汇管理机关有权对前款规定事项进行监督检查。

第十三条　经常项目外汇收入,可以按照国家有关规定保留或者卖给经营结汇、售汇业务的金融机构。

第十四条　经常项目外汇支出,应当按照国务院外汇管理部门关于付汇与购汇的管理规定,凭有效单证以自有外汇支付或者向经营结汇、售汇业务的金融机构购汇支付。

第十五条　携带、申报外币现钞出入境的限额,由国务院外汇管理部门规定。

第三章　资本项目外汇管理

第十六条　境外机构、境外个人在境内直接投资,经有关主管部门批准后,应当到外汇管理机关办理登记。

境外机构、境外个人在境内从事有价证券或者衍生产品发行、交易,应当遵守国家关于市场准入的规定,并按照国务院外汇管理部门的规定办理登记。

第十七条　境内机构、境内个人向境外直接投资或者从事境外有价证券、衍生产品发行、交易,应当按照国务院外汇管理部门的规定办理登记。国家规定需要事先经有关主管部门批准或者备案的,应当在外汇登记前办理批准或者备案手续。

第十八条　国家对外债实行规模管理。借用外债应当按照国家有关规定办理,并到外汇管理机关办理外债登记。

国务院外汇管理部门负责全国的外债统计与监测,并定期公布外债情况。

第十九条　提供对外担保,应当向外汇管理机关提出申请,由外汇管理机关根据申请人的资产负债等情况作出批准或者不批准的决定；国家规定其经营范围需经有关主管部门批准的，应当在向外汇管理机关提出申请前办理批准手续。申请人签订对外担保合同后，应当到外汇管理机关办理对外担保登记。

经国务院批准为使用外国政府或者国际金融组织贷款进行转贷提供对外担保的，不适用前款规定。

第二十条 银行业金融机构在经批准的经营范围内可以直接向境外提供商业贷款。其他境内机构向境外提供商业贷款，应当向外汇管理机关提出申请，外汇管理机关根据申请人的资产负债等情况作出批准或者不批准的决定；国家规定其经营范围需经有关主管部门批准的，应当在向外汇管理机关提出申请前办理批准手续。

向境外提供商业贷款，应当按照国务院外汇管理部门的规定办理登记。

第二十一条 资本项目外汇收入保留或者卖给经营结汇、售汇业务的金融机构，应当经外汇管理机关批准，但国家规定无需批准的除外。

第二十二条 资本项目外汇支出，应当按照国务院外汇管理部门关于付汇与购汇的管理规定，凭有效单证以自有外汇支付或者向经营结汇、售汇业务的金融机构购汇支付。国家规定应当经外汇管理机关批准的，应当在外汇支付前办理批准手续。

依法终止的外商投资企业，按照国家有关规定进行清算、纳税后，属于外方投资者所有的人民币，可以向经营结汇、售汇业务的金融机构购汇汇出。

第二十三条 资本项目外汇及结汇资金，应当按照有关主管部门及外汇管理机关批准的用途使用。外汇管理机关有权对资本项目外汇及结汇资金使用和账户变动情况进行监督检查。

第四章　金融机构外汇业务管理

第二十四条 金融机构经营或者终止经营结汇、售汇业务，应当经外汇管理机关批准；经营或者终止经营其他外汇业务，应当按照职责分工经外汇管理机关或者金融业监督管理机构批准。

第二十五条 外汇管理机关对金融机构外汇业务实行综合头寸管理，具体办法由国务院外汇管理部门制定。

第二十六条 金融机构的资本金、利润以及因本外币资产不匹配需要进行人民币与外币间转换的，应当经外汇管理机关批准。

第五章　人民币汇率和外汇市场管理

第二十七条 人民币汇率实行以市场供求为基础的、有管理的浮动汇率制度。

第二十八条　经营结汇、售汇业务的金融机构和符合国务院外汇管理部门规定条件的其他机构,可以按照国务院外汇管理部门的规定在银行间外汇市场进行外汇交易。

第二十九条　外汇市场交易应当遵循公开、公平、公正和诚实信用的原则。

第三十条　外汇市场交易的币种和形式由国务院外汇管理部门规定。

第三十一条　国务院外汇管理部门依法监督管理全国的外汇市场。

第三十二条　国务院外汇管理部门可以根据外汇市场的变化和货币政策的要求,依法对外汇市场进行调节。

第六章　监督管理

第三十三条　外汇管理机关依法履行职责,有权采取下列措施:

(一) 对经营外汇业务的金融机构进行现场检查;

(二) 进入涉嫌外汇违法行为发生场所调查取证;

(三) 询问有外汇收支或者外汇经营活动的机构和个人,要求其对与被调查外汇违法事件直接有关的事项作出说明;

(四) 查阅、复制与被调查外汇违法事件直接有关的交易单证等资料;

(五) 查阅、复制被调查外汇违法事件的当事人和直接有关的单位、个人的财务会计资料及相关文件,对可能被转移、隐匿或者毁损的文件和资料,可以予以封存;

(六) 经国务院外汇管理部门或者省级外汇管理机关负责人批准,查询被调查外汇违法事件的当事人和直接有关的单位、个人的账户,但个人储蓄存款账户除外;

(七) 对有证据证明已经或者可能转移、隐匿违法资金等涉案财产或者隐匿、伪造、毁损重要证据的,可以申请人民法院冻结或者查封。

有关单位和个人应当配合外汇管理机关的监督检查,如实说明有关情况并提供有关文件、资料,不得拒绝、阻碍和隐瞒。

第三十四条　外汇管理机关依法进行监督检查或者调查,监督检查或者调查的人员不得少于2人,并应当出示证件。监督检查、调查的人员少于2人或者未出示证件的,被监督检查、调查的单位和个人有权拒绝。

第三十五条　有外汇经营活动的境内机构,应当按照国务院外汇管理部门的规定报送财务会计报告、统计报表等资料。

第三十六条　经营外汇业务的金融机构发现客户有外汇违法行为的,应当及时向外汇管理机关报告。

第三十七条 国务院外汇管理部门为履行外汇管理职责,可以从国务院有关部门、机构获取所必需的信息,国务院有关部门、机构应当提供。

国务院外汇管理部门应当向国务院有关部门、机构通报外汇管理工作情况。

第三十八条 任何单位和个人都有权举报外汇违法行为。

外汇管理机关应当为举报人保密,并按照规定对举报人或者协助查处外汇违法行为有功的单位和个人给予奖励。

第七章 法律责任

第三十九条 有违反规定将境内外汇转移境外,或者以欺骗手段将境内资本转移境外等逃汇行为的,由外汇管理机关责令限期调回外汇,处逃汇金额30%以下的罚款;情节严重的,处逃汇金额30%以上等值以下的罚款;构成犯罪的,依法追究刑事责任。

第四十条 有违反规定以外汇收付应当以人民币收付的款项,或者以虚假、无效的交易单证等向经营结汇、售汇业务的金融机构骗购外汇等非法套汇行为的,由外汇管理机关责令对非法套汇资金予以回兑,处非法套汇金额30%以下的罚款;情节严重的,处非法套汇金额30%以上等值以下的罚款;构成犯罪的,依法追究刑事责任。

第四十一条 违反规定将外汇汇入境内的,由外汇管理机关责令改正,处违法金额30%以下的罚款;情节严重的,处违法金额30%以上等值以下的罚款。

非法结汇的,由外汇管理机关责令对非法结汇资金予以回兑,处违法金额30%以下的罚款。

第四十二条 违反规定携带外汇出入境的,由外汇管理机关给予警告,可以处违法金额20%以下的罚款。法律、行政法规规定由海关予以处罚的,从其规定。

第四十三条 有擅自对外借款、在境外发行债券或者提供对外担保等违反外债管理行为的,由外汇管理机关给予警告,处违法金额30%以下的罚款。

第四十四条 违反规定,擅自改变外汇或者结汇资金用途的,由外汇管理机关责令改正,没收违法所得,处违法金额30%以下的罚款;情节严重的,处违法金额30%以上等值以下的罚款。

有违反规定以外币在境内计价结算或者划转外汇等非法使用外汇行为的,由外汇管理机关责令改正,给予警告,可以处违法金额30%以下的罚款。

第四十五条 私自买卖外汇、变相买卖外汇、倒买倒卖外汇或者非法介绍买卖外汇数额较大的,由外汇管理机关给予警告,没收违法所得,处违法金额30%以下的罚款;情节严重的,处违法金额30%以上等值以下的罚款;构成犯罪的,依法追究刑事责任。

第四十六条 未经批准擅自经营结汇、售汇业务的,由外汇管理机关责令改正,有违法所得的,没收违法所得,违法所得 50 万元以上的,并处违法所得 1 倍以上 5 倍以下的罚款;没有违法所得或者违法所得不足 50 万元的,处 50 万元以上 200 万元以下的罚款;情节严重的,由有关主管部门责令停业整顿或者吊销业务许可证;构成犯罪的,依法追究刑事责任。

未经批准经营结汇、售汇业务以外的其他外汇业务的,由外汇管理机关或者金融业监督管理机构依照前款规定予以处罚。

第四十七条 金融机构有下列情形之一的,由外汇管理机关责令限期改正,没收违法所得,并处 20 万元以上 100 万元以下的罚款;情节严重或者逾期不改正的,由外汇管理机关责令停止经营相关业务:

(一) 办理经常项目资金收付,未对交易单证的真实性及其与外汇收支的一致性进行合理审查的;

(二) 违反规定办理资本项目资金收付的;

(三) 违反规定办理结汇、售汇业务的;

(四) 违反外汇业务综合头寸管理的;

(五) 违反外汇市场交易管理的。

第四十八条 有下列情形之一的,由外汇管理机关责令改正,给予警告,对机构可以处 30 万元以下的罚款,对个人可以处 5 万元以下的罚款:

(一) 未按照规定进行国际收支统计申报的;

(二) 未按照规定报送财务会计报告、统计报表等资料的;

(三) 未按照规定提交有效单证或者提交的单证不真实的;

(四) 违反外汇账户管理规定的;

(五) 违反外汇登记管理规定的;

(六) 拒绝、阻碍外汇管理机关依法进行监督检查或者调查的。

第四十九条 境内机构违反外汇管理规定的,除依照本条例给予处罚外,对直接负责的主管人员和其他直接责任人员,应当给予处分;对金融机构负有直接责任的董事、监事、高级管理人员和其他直接责任人员给予警告,处 5 万元以上 50 万元以下的罚款;构成犯罪的,依法追究刑事责任。

第五十条 外汇管理机关工作人员徇私舞弊、滥用职权、玩忽职守,构成犯罪的,依法追究刑事责任;尚不构成犯罪的,依法给予处分。

第五十一条 当事人对外汇管理机关作出的具体行政行为不服的,可以依法申请行政复议;对行政复议决定仍不服的,可以依法向人民法院提起行政诉讼。

第八章　附　　则

第五十二条　本条例下列用语的含义：

（一）境内机构，是指中华人民共和国境内的国家机关、企业、事业单位、社会团体、部队等，外国驻华外交领事机构和国际组织驻华代表机构除外。

（二）境内个人，是指中国公民和在中华人民共和国境内连续居住满1年的外国人，外国驻华外交人员和国际组织驻华代表除外。

（三）经常项目，是指国际收支中涉及货物、服务、收益及经常转移的交易项目等。

（四）资本项目，是指国际收支中引起对外资产和负债水平发生变化的交易项目，包括资本转移、直接投资、证券投资、衍生产品及贷款等。

第五十三条　非金融机构经营结汇、售汇业务，应当由国务院外汇管理部门批准，具体管理办法由国务院外汇管理部门另行制定。

第五十四条　本条例自公布之日起施行。

2. 境内企业内部成员外汇资金集中运营管理规定

（汇发〔2009〕49号）

第一章　总　　则

第一条　为便利和支持境内企业经营和外汇资金运用行为，完善境内企业外汇资金内部运营管理，提高外汇资金使用效率，根据《中华人民共和国外汇管理条例》等相关法规，制定本规定。

第二条　本规定所称的境内企业，是指在中华人民共和国境内依法登记，以资本为联结纽带，由母公司、子公司及其他成员企业或机构共同组成的企业法人联合体（不含金融机构）。

本规定所称内部成员，是指母公司及其控股51%以上的子公司；母公司、子公司单独或者共同持股20%以上的公司，或者持股不足20%但处于最大股东地位的公司；母公司、子公司下属的事业单位法人或者社会团体法人。

第三条　外汇资金集中运营管理，是指境内企业内部成员（以下简称境内企业）依照本规定及其他外汇管理有关规定，使用境内自有外汇资金的行为，包括相互拆放外汇资金、实施外币资金池管理、通过内部财务公司开展即期结售汇业务。

第四条　境内企业相互拆放外汇资金，可通过外汇指定银行或经核准设立并具有外汇业务资格的内部财务公司（以下简称财务公司）以委托贷款的方式进行。

境内企业开展外币资金池业务，可在委托贷款的法律框架下通过外汇指定银行或财务公司进行。

第五条　境内企业相互拆放外汇资金、开展外币资金池业务，应当以其资本金外汇账户、经常项目外汇账户内可自由支配的外汇资金进行。

境内企业相互拆放外汇资金、开展外币资金池业务，应坚持全收全支原则，不得自行轧差结算，并应参照国际金融市场同期商业贷款利率水平约定拆放利率，不得畸高或畸低。

第六条　境内企业委托贷款资金不得结汇使用，不得用于质押人民币贷款。若需结汇使用，境内企业应将来源于其资本金外汇账户或经常项目外汇账户的委托贷款资金原路返回至其原划出资金的资本金外汇账户、经常项目外汇账户后，再按相关规定办理结汇。

委托贷款资金汇入境内企业原划出资金的资本金外汇账户时，不占用该资本金外汇账户最高限额；汇入银行在答复针对该笔资金的银行询证函时，应在备注栏注明“委贷资金”，会计师事务所不得凭此类银行询证函回函为外商投资企业办理验资业务。

第七条　境内企业应按照有关外汇管理规定履行国际收支申报等各项统计报告义务及外汇资金的收付手续。

第二章　境内企业相互拆放外汇资金业务管理

第八条　境内企业相互拆放外汇资金，可选择放款人或借款人所在地的一家外汇指定银行（或财务公司）作为受托人（以下简称受托银行），受托银行应按照本规定要求审核境内企业资格条件无误后，与放款人、借款人签订外汇委托贷款合同。

第九条　境内企业相互拆放外汇资金，借款人应在受托银行开立外汇委托贷款专用账户。

第十条　外汇委托贷款专用账户的收入范围为借款人委托贷款收入及划入的还款资金本息；支出范围为借款人偿还委托贷款本息、经常项目外汇支出及经核准的资本项目外汇支出。

第十一条　受托银行在办理放款或还款资金在放款人资本金外汇账户或经常项目外汇账户与借款人外汇委托贷款专用账户之间的划转手续时，无须经国家外汇管理局及其分支局（外汇管理部，以下简称外汇局）核准。

借款人办理还本付息手续可按照国内外汇贷款相关规定进行。

受托银行应于每月初5个工作日内向所在地外汇局报备外汇委托贷款的相关情况(参考格式见附1)。

第十二条 境内企业相互拆放外汇资金，如放款期满或借款人要求分期还款、提前还款的，受托银行应监督并协助放款人和借款人遵守以下路径还款：首先按放款人资本金外汇账户原划出的金额将还款资金划回该资本金外汇账户，直至补足从该资本金外汇账户划出的金额，剩余本息可划入经常项目外汇账户。

第十三条 非本规定第二条所指的企业以委托贷款方式相互拆放外汇资金参照上述相关条款执行。

第三章 境内企业外币资金池业务管理

第十四条 开展外币资金池业务的境内企业应依法注册成立，注册资本均已按期足额到位，且最近两年内未存在违反外汇管理法规行为。

第十五条 在委托贷款框架下开展外币资金池业务，应由其中一家参与的内部成员作为主办企业(以下简称主办企业)，由其牵头对所有参与的内部成员(以下简称参与成员)的外汇资金进行集中运营。

主办企业原则上应选择一家受托银行，向受托银行出具相应的授权委托书后，由受托银行向所在地国家外汇管理分局(外汇管理部，以下简称所在地外汇分局)提交以下材料：

(一) 书面申请，包括但不限于：境内企业基本情况、参加外币资金池的主办企业和参与成员的名单、股权结构及其实际控制人等；

(二) 主办企业出具的授权受托银行办理外币资金池业务的书面文件；参与成员的参与确认文件；主办企业、参与成员以及受托银行等就境内外币资金池而拟订的委托贷款协议文本；

(三) 外币资金池运作方案，包括但不限于：主办企业拟开立的作为外币资金池外汇委托贷款主账户及参与成员拟开立的作为外币资金池外汇委托贷款子账户的收支范围；上述账户透支业务的处理原则；委托贷款及还款资金的区分方法及其资金来源；资金划转条件及划转路径；

(四) 受托银行为实施外币资金池运作方案而制定的内控制度和相关内部操作规程，以及实施外币资金池运作方案的技术条件和技术保障措施的说明；

(五) 外汇局要求的其他相关材料。

所在地外汇分局收到上述完整材料审核无误后，应在20个工作日内，作出核准或不予核准的决定。对于核准的，出具批复文件；不予核准的，做出不予核准的书面决定并说明理由。

受托银行取得所在地外汇分局核准后，应将正式签署的协议、外币资金池运作方案等材料报所在地外汇分局备案后，方可正式实施外币资金池业务。

第十六条　在委托贷款框架下开展外币资金池业务，应严格依据所在地外汇分局核准的内容及经所在地外汇分局确认的外币资金池运作方案办理业务。经确认的外币资金池运作方案所涉账户开立、境内外汇划转等事项，受托银行可凭所在地外汇分局核准文件为主办企业和参与成员办理。

受托银行应将本行办理的外币资金池运作情况，于每月初10个工作日内向所在地外汇分局报送外币资金池业务月报表(参考样式见附2)。

如参与成员发生变化的，受托银行应及时与境内企业重新签订或修改相关协议，报经所在地外汇分局备案通过后，方可按照增加或减少后的参与成员范围继续实施外币资金池方案。

第十七条　在委托贷款框架下开展外币资金池业务，受托银行与参与成员可协商约定日间透支额度，允许参与成员从其外汇委托贷款子账户进行透支支付，该透支金额必须在当日由其资本金外汇账户和经常项目外汇账户内资金，或从主办企业收回(或拆入、划入)的委托贷款资金及时进行弥补，不得隔日。

受托银行可与主办企业约定委托贷款主账户的隔日透支额度，主办企业应从参与成员收回(或拆入、划入)的委托贷款资金，或以其资本金外汇账户和经常项目外汇账户内资金及时对透支金额予以弥补。

第十八条　在委托贷款框架下开展外币资金池业务，主办企业外汇委托贷款主账户的收入范围是:拆入的委托贷款、收回的委托贷款本金和利息或从其资本金外汇账户和经常项目外汇账户划入的资金;支出范围是:拆出的委托贷款、归还的委托贷款本金和利息、原路划回其资本金外汇账户和经常项目外汇账户的资金、划入其经常项目外汇账户的委托贷款利息，或用于其经常项目对外支付。

参与成员外汇委托贷款子账户的收入范围是:拆入的委托贷款、收回的委托贷款本金和利息以及其资本金外汇账户和经常项目外汇账户划入的资金;支出范围是:拆出的委托贷款、归还的委托贷款本金和利息、原路划回其资本金外汇账户和经常项目外汇账户的资金、划入其经常项目外汇账户的委托贷款利息，或用于其经常项目对外支付。

第十九条　境内企业通过财务公司以吸收参与成员外汇存款、对参与成员发放外汇贷款的方式开展外汇资金运营业务，或财务公司在主管部门核准的经营范围内，吸收参与成员外汇存款，向参与成员发放外汇贷款，所涉及的外汇账户开立、境内外汇划转等事项无须经外汇局核准。

财务公司应按照有关规定通过外汇账户管理信息系统报送相关数据。

第四章　境内企业通过财务公司开展即期结售汇业务管理

第二十条　境内企业通过财务公司开展即期结售汇业务,包括财务公司对参与成员的人民币与外汇之间兑换的业务以及财务公司因自身经营活动需求产生的人民币与外汇之间兑换的业务。

第二十一条　财务公司开展即期结售汇业务,应符合以下条件:

(一) 经核准具有相关金融业务及外汇业务经营资格;

(二) 具有完备的结售汇业务内部管理制度,包括但不限于:结售汇业务内控制度、操作规程、统计报告制度、单证管理制度;独立的结售汇业务会计科目及核算办法;完善的国际收支申报业务内部管理规章制度;

(三) 具有完备的结售汇业务技术条件和基础设施,包括结售汇汇价接收、发送管理系统;报送国际收支统计申报数据和结售汇统计数据所必备的技术条件;两名以上相关专业人员;适合开展结售汇业务的场所;

(四) 最近两年内未存在违反外汇管理法规行为;

(五) 外汇局规定的其他条件。

第二十二条　境内企业通过财务公司开展即期结售汇业务,应由财务公司向所在地外汇分局提交以下材料:

(一) 书面申请,包括但不限于:境内企业基本情况、所有参与成员的名单、股权结构及其实际控制人等;所有参与成员的外汇收支和结售汇情况;开展即期结售汇业务的可行性分析报告;

(二) 财务公司《金融许可证》及其业务范围的批复文件;财务公司资本金或营运资金的验资报告;所有参与成员的参与确认文件;

(三) 结售汇业务内部管理规章制度;国际收支申报业务内部管理规章制度;结售汇汇价接收、发送管理系统及查询报送相关数据的设备等情况;从事结售汇业务的高管人员的名单履历;财务公司和所有参与成员最近两年经审计的财务报表;

(四) 外汇局要求的其他相关材料。

所在地外汇分局在收到完整申请材料后应实地核查相关硬件设施,并在核查相关硬件设施符合标准后 20 个工作日内做出核准或不予核准的决定。对于核准的,出具批复文件,并抄报国家外汇管理局;不予核准的,做出不予核准的书面决定并说明理由。

第二十三条　财务公司应在取得即期结售汇业务经营资格后的 30 个工作日内,向所在地外汇分局申请核定结售汇综合头寸。

财务公司应在获得银行间即期外汇市场会员资格后按照结售汇管理的相关

规定开展即期结售汇业务。

财务公司的分支机构不得经营即期结售汇业务。

第二十四条　财务公司开展即期结售汇业务应执行国家外汇管理局关于外汇指定银行办理外汇业务的有关管理要求,包括会计处理凭证审核及保管、自身结售汇、结售汇综合头寸、大额结售汇备案、挂牌汇价以及结售汇统计等各项规定。

参与成员从财务公司购汇后应在5个工作日内以自身名义对外支付除货物贸易外的其他经常项目支出。

第二十五条　若境内企业申请停办即期结售汇业务,应由财务公司向所在地外汇分局提交以下材料:

(一)书面申请(其中应说明停办原因和后续处理措施);

(二)企业决定停办结售汇业务的文件;

(三)申请停办之前结售汇业务开展的情况;

(四)外汇局要求提供的其他材料。

所在地外汇分局在收到完整申请材料无误后20个工作日内,作出批复并抄报国家外汇管理局。

第五章　附　　则

第二十六条　境内企业从事外汇资金集中运营,应遵守本规定及其他外汇管理有关规定,接受外汇局的监督、管理和检查。

第二十七条　国家外汇管理局可以根据我国国际收支形势及境内企业外汇资金集中运营情况,对外汇资金集中运营管理相关规定进行适时调整。

第二十八条　由同一境外母公司控股的境内企业内部成员适用此规定。

第二十九条　境内企业、外汇指定银行、财务公司违反本规定办理外汇业务的,由外汇局按照《中华人民共和国外汇管理条例》及相关外汇管理规定进行处罚。

境内企业、外汇指定银行、财务公司有违反本规定以及相关外汇管理规定的行为,情节严重的,所在地外汇分局可停止其外币资金池业务或结售汇业务。

第三十条　本规定由国家外汇管理局负责解释。

第三十一条　本规定自二〇〇九年十一月一日起实施。《国家外汇管理局关于跨国公司外汇资金内部运营管理有关问题的通知》(汇发〔2004〕104号)、《国家外汇管理局关于企业集团财务公司开展即期结售汇业务有关问题的通知》(汇发〔2008〕68号)同时废止。以前规定与本规定不一致的,按本规定执行。

3. 银行业金融机构衍生产品交易业务管理暂行办法

（中国银行业监督管理委员会令 2011 年第 1 号）

中国银行业监督管理委员会决定对《金融机构衍生产品交易业务管理暂行办法》作如下修改：

一、第二条修改为："本办法所称银行业金融机构是指依法设立的商业银行、城市信用合作社、农村信用合作社等吸收公众存款的金融机构以及政策性银行。依法设立的金融资产管理公司、信托公司、企业集团财务公司、金融租赁公司，以及经中国银行业监督管理委员会（以下简称中国银监会）批准设立的其他银行业金融机构从事衍生产品业务，适用本办法。"

二、第四条修改为："本办法所称银行业金融机构衍生产品交易业务按照交易目的分为两类：

（一）套期保值类衍生产品交易。即银行业金融机构主动发起，为规避自有资产、负债的信用风险、市场风险或流动性风险而进行的衍生产品交易。此类交易需符合套期会计规定，并划入银行账户管理。

（二）非套期保值类衍生产品交易。即除套期保值类以外的衍生产品交易。包括由客户发起，银行业金融机构为满足客户需求提供的代客交易和银行业金融机构为对冲前述交易相关风险而进行的交易；银行业金融机构为承担做市义务持续提供市场买、卖双边价格，并按其报价与其他市场参与者进行的做市交易；以及银行业金融机构主动发起，运用自有资金，根据对市场走势的判断，以获利为目的进行的自营交易。此类交易划入交易账户管理。"

三、第四条与第五条之间增加一条："本办法所称客户是指除金融机构以外的个人客户和机构客户。银行业金融机构向客户销售的理财产品若具有衍生产品性质，其产品设计、交易、管理适用本办法，客户准入以及销售环节适用中国银监会关于理财业务的相关规定。对个人衍生产品交易的风险评估和销售环节适用个人理财业务的相关规定。"

四、第五条修改为："银行业金融机构开办衍生产品交易业务，应当经中国银监会批准，接受中国银监会的监督与检查。

获得衍生产品交易业务资格的银行业金融机构，应当从事与其自身风险管理能力相适应的业务活动。"

五、第六条修改为："银行业金融机构从事与外汇、商品、能源和股权有关的衍生产品交易以及场内衍生产品交易，应当具有中国银监会批准的衍生产品交易业务资格，并遵守国家外汇管理及其他相关规定。"

六、第六条与第七条之间增加一条:“银行业金融机构开办衍生产品交易业务的资格分为以下两类:

(一)基础类资格:只能从事套期保值类衍生产品交易;

(二)普通类资格:除基础类资格可以从事的衍生产品交易之外,还可以从事非套期保值类衍生产品交易。

根据银行业金融机构的风险管理能力,监管部门可以对其具体的业务模式、产品种类等实施差别化资格管理。”

七、第七条修改为:“银行业金融机构申请基础类资格,应当具备以下条件:

(一)有健全的衍生产品交易风险管理制度和内部控制制度;

(二)具有接受相关衍生产品交易技能专门培训半年以上、从事衍生产品或相关交易2年以上的交易人员至少2名,相关风险管理人员至少1名,风险模型研究人员或风险分析人员至少1名,熟悉套期会计操作程序和制度规范的人员至少1名,以上人员均需专岗专人,相互不得兼任,且无不良记录;

(三)有适当的交易场所和设备;

(四)具有处理法律事务和负责内控合规检查的专业部门及相关专业人员;

(五)满足中国银监会审慎监管指标要求;

(六)中国银监会规定的其他条件。”

八、第七条与第八条之间增加一条:“银行业金融机构申请普通类资格,除具备上述基础类资格条件以外还需具备以下条件:

(一)完善的衍生产品交易前、中、后台自动连接的业务处理系统和实时的风险管理系统;

(二)衍生产品交易业务主管人员应当具备5年以上直接参与衍生产品交易活动或风险管理的资历,且无不良记录;

(三)严格的业务分离制度,确保套期保值类业务与非套期保值类业务的市场信息、风险管理、损益核算有效隔离;

(四)完善的市场风险、操作风险、信用风险等风险管理框架;

(五)中国银监会规定的其他条件。”

九、第八条修改为:“外资银行开办衍生产品交易业务,应当向当地银监局提交由授权签字人签署的申请材料,经审查同意后,报中国银监会审批。外商独资银行、中外合资银行应当由总行统一向当地银监局提交申请材料;外国银行拟在中国境内两家以上分行开办衍生产品交易业务的,应当由其在华管理行统一向当地监管机构提交申请材料,经审查同意后,报中国银监会审批。

外国银行分行申请开办衍生产品交易业务,应当获得其总行(地区总部)的正式授权,且其母国应当具备对衍生产品交易业务进行监管的法律框架,其母国监管当局应当具备相应的监管能力。

申请开办衍生产品交易业务的外国银行分行，如果不具备第九条或第十条所列条件，其总行（地区总部）应当具备上述条件。同时该分行还应当具备以下条件：

（一）其总行（地区总部）对该分行从事衍生产品交易等方面的正式授权对交易品种和限额作出明确规定；

（二）除总行另有明确规定外，该分行的全部衍生产品交易通过对其授权的总行（地区总部）系统进行实时平盘，并由其总行（地区总部）统一进行平盘、敞口管理和风险控制。

其他由属地监管的银行业金融机构应当先向当地监管机构提交申请材料，经审查同意后，报中国银监会审批；其他由中国银监会直接监管的银行业金融机构直接向中国银监会提交申请材料，报中国银监会审批。”

十、第九条修改为：“银行业金融机构申请开办衍生产品交易业务，应当向中国银监会或其派出机构报送以下文件和资料（一式三份）：

（一）开办衍生产品交易业务的申请报告、可行性报告及业务计划书或展业计划；

（二）衍生产品交易业务内部管理规章制度；

（三）衍生产品交易会计制度；

（四）主管人员和主要交易人员名单、履历；

（五）衍生产品交易风险管理制度，包括但不限于：风险敞口量化规则或风险限额授权管理制度；

（六）交易场所、设备和系统的安全性和稳定性测试报告；

（七）中国银监会要求的其他文件和资料。

外国银行分行申请开办衍生产品交易业务，若不具备第九条或第十条所列条件，除报送其总行（地区总部）的上述文件和资料外，还应当向所在地银监局报送以下文件：

（一）其总行（地区总部）对该分行从事衍生产品交易品种和限额等方面的正式书面授权文件；

（二）除其总行另有明确规定外，其总行（地区总部）出具的确保该分行全部衍生产品交易通过总行（地区总部）交易系统进行实时平盘，并由其总行（地区总部）负责平盘、敞口管理和风险控制的承诺函。”

十一、第十一条修改为：“银行业金融机构按本办法规定提交的交易场所、设备和系统的安全性测试报告，原则上应当由第三方独立做出。”

十二、第十二条增加一项作为第二项：“新业务、产品审批制度及流程。”

十三、第十三条修改为:“中国银监会自收到银行业金融机构按照本办法提交的完整申请资料之日起三个月内予以批复。”

十四、第十五条修改为:“银行业金融机构应当根据本机构的经营目标、资本实力、管理能力和衍生产品的风险特征,确定是否适合从事衍生产品交易及适合从事的衍生产品交易品种和规模。

银行业金融机构从事衍生产品交易业务,在开展新的业务品种、开拓新市场等创新前,应当书面咨询监管部门意见。

银行业金融机构应当逐步提高自主创新能力、交易管理能力和风险管理水平,谨慎涉足自身不具备定价能力的衍生产品交易。银行业金融机构不得自主持有或向客户销售可能出现无限损失的裸卖空衍生产品,以及以衍生产品为基础资产或挂钩指标的再衍生产品。”

十五、第十六条修改为:“银行业金融机构应当按照第四条所列衍生产品交易业务的分类,建立与所从事的衍生产品交易业务性质、规模和复杂程度相适应的、完善的、可靠的市场风险、信用风险、操作风险以及法律合规风险管理体系、内部控制制度和业务处理系统,并配备履行上述风险管理、内部控制和业务处理职责所需要的具备相关业务知识和技能的工作人员。”

十六、第十七条修改为:“银行业金融机构董事会或其授权专业委员会应当定期对现行的衍生产品业务情况、风险管理政策和程序进行评价,确保其与机构的资本实力、管理水平相一致。新产品推出频繁或系统发生重大变化时,应当相应增加评估频度。”

十七、第十八条与第十九条之间增加一条:“银行业金融机构高级管理人员应当了解所从事的衍生产品交易风险;审核评估和批准衍生产品交易业务经营及其风险管理的原则、程序、组织、权限的综合管理框架;并能通过独立的风险管理部门和完善的检查报告系统,随时获取有关衍生产品交易风险状况的信息,进行相应的监督与指导。在此基础上,银行业金融机构应当每年对其自身衍生产品业务情况进行评估,并将上一年度评估报告一式两份于每年一月底之前报送监管机构。”

十八、第十九条、第二十一条与第二十九条合并修改为:“银行业金融机构要根据本机构的整体实力、自有资本、盈利能力、业务经营方针、衍生产品交易目的及对市场走向的预测选择与本机构业务相适应的测算衍生产品交易风险敞口的指标和方法。

银行业金融机构应当建立并严格执行授权和止损制度,制定并定期审查和更新各类衍生产品交易的风险敞口限额、止损限额、应急计划和压力测试的制度和指标,制定限额监控和超限额处理程序。

在进行衍生产品交易时，必须严格执行分级授权和敞口风险管理制度，任何重大交易或新的衍生产品业务都应当经董事会或其授权的专业委员会或高级管理层审批。在因市场变化或决策失误出现账面浮亏时，应当严格执行止损制度。

对在交易活动中有越权或违规行为的交易员及其主管，要实行严格问责和惩处。”

十九、第十九条与第二十条之间增加一条：“银行业金融机构应当加强对分支机构衍生产品交易业务的授权管理。对于衍生产品经营能力较弱、风险防范及管理水平较低的分支机构，应当适当上收其衍生产品的交易权限。银行业金融机构应当在相应的风险管理制度中明确重大交易风险的类别特征，并规定取消交易权限的程序。对于发生重大衍生产品交易风险的分支机构，应当及时取消其衍生产品交易权限。”

二十、第二十条修改为：“银行业金融机构从事风险计量、监测和控制的工作人员必须与从事衍生产品交易或营销的人员分开，不得相互兼任；风险计量、监测或控制人员可以直接向高级管理层报告风险状况。根据本办法第四条所列的分类标准，银行业金融机构负责从事套期保值类与非套期保值类衍生产品交易的交易人员不得相互兼任。银行业金融机构应当确保其所从事的上述不同类别衍生产品交易的相关信息相互隔离。”

二十一、第二十三条修改为：“银行业金融机构应当制定评估交易对手适当性的相关政策：包括评估交易对手是否充分了解合约的条款以及履行合约的责任，识别拟进行的衍生交易是否符合交易对手本身从事衍生交易的目的。在履行本条要求时，银行业金融机构可以根据诚实信用原则合理地依赖交易对手提供的正式书面文件。”

二十二、第二十四条修改为：“银行业金融机构应当以清晰易懂、简明扼要的文字表述向客户提供衍生产品介绍和风险揭示的书面资料，相关披露以单独章节、明白清晰的方式呈现，不得以页边、页底、脚注或小字体等方式说明，内容包括但不限于：

（一）产品结构及基本交易条款的完整介绍和该产品的完整法律文本；

（二）与产品挂钩的指数、收益率或其他参数的说明；

（三）与交易相关的主要风险披露；

（四）产品现金流分析、压力测试、在一定假设和置信度之下最差可能情况的模拟情景分析与最大现金流亏损以及该假设和置信度的合理性分析；

（五）应当向客户充分揭示的其他信息。”

二十三、第二十五条修改为：“银行业金融机构应当制定完善的交易对手信用风险管理制度，选择适当的方法和模型对交易对手信用风险进行评估，并采取适当的风险缓释措施。

银行业金融机构应当以适当的方式向交易对手明示相关的信用风险缓释措施可能对其产生的影响。”

二十四、第二十六条与第二十七条之间增加三条:“银行业金融机构从事套期保值类衍生产品交易,应当由资产负债管理部门根据本机构的真实需求背景决定发起交易和进行交易决策。”

“银行业金融机构从事非套期保值类衍生产品交易,应当计提交易敞口的市场风险资本,市场风险资本计算方法按照《商业银行资本充足率管理办法》和《商业银行市场风险资本计量内部模型法监管指引》的相关规定执行。”

“银行业金融机构从事非套期保值类衍生产品交易,其标准法下市场风险资本不得超过银行业金融机构核心资本的3%。监管部门可以根据银行业金融机构的经营情况在该资本比例上限要求内实施动态差异化管理。标准法下市场风险资本的计算方法按照《商业银行资本充足率管理办法》的相关规定执行。”

二十五、第二十七条修改为:“银行业金融机构应当根据衍生产品交易的规模与类别,建立完善的流动性风险监控与预警系统,做好充分的流动性安排,确保在市场交易异常情况下,具备足够的履约能力。”

二十六、第二十八条与第三十七条合并修改为“银行业金融机构应当建立健全控制操作风险的机制和制度,明确衍生产品交易操作和监控中的各项责任,包括但不限于:交易文件的生成和录入、交易确认、轧差交割、交易复核、市值重估、异常报告、会计处理等。衍生产品交易过程中的文件和录音记录应当统一纳入档案系统管理,由职能部门定期检查。”

二十七、第二十八条与第二十九条之间增加两条:“银行业金融机构应当按照中国银监会的规定对衍生产品交易进行清算,确保履行交割责任,规范处理违约及终止事件,及时识别并控制操作风险。”

“银行业金融机构应当建立完善衍生产品交易管理信息系统,确保按产品、交易对手等进行分类的管理信息完整、有效。”

二十八、第三十二条与第三十三条之间增加一条:“银行业金融机构应当制定完善针对衍生产品交易合同等相关法律文本的评估及管理制度,至少每年根据交易对手的情况,对涉及的衍生产品交易合同文本的效力、效果进行评估,加深理解和掌握,有效防范法律风险。”

二十九、第三十四条修改为:“银行业金融机构内审部门要定期对衍生产品交易业务风险管理制度的执行情况进行检查。对于衍生产品交易制度和业务的内审应当具有以下要素:

(一)确保配备数量充足且具备相关经验和技能的内审人员;

（二）建立内审部门向董事会的独立报告路线。”

三十、第三十五条修改为：“中国银监会可以检查银行业金融机构有关衍生产品交易业务的资料和报表、风险管理制度、内部控制制度和业务处理系统是否与其从事的衍生产品交易业务种类相适应。”

三十一、第三十八条修改为：“银行业金融机构的衍生产品交易人员（包括主管、风险管理人员、分析师、交易人员等）、机构违反本办法的有关规定违规操作，造成本机构或者客户重大损失的，该银行业金融机构应当对直接负责的高级管理人员、主管人员和直接责任人给予记过直至开除的纪律处分；构成犯罪的，移交司法机关依法追究刑事责任。”

三十二、第三十九条修改为：“银行业金融机构未经批准擅自开办衍生产品交易业务的，依据《中华人民共和国银行业监督管理法》的规定进行处罚。”

三十三、第四十条修改为：“银行业金融机构未按照本办法或者中国银监会的要求报送有关报表、资料以及披露衍生产品交易情况的，根据其性质分别按照《中华人民共和国银行业监督管理法》《中华人民共和国商业银行法》《中华人民共和国外资银行管理条例》等法律法规及相关规定，予以处罚。”

三十四、第四十一条修改为：“对未能有效执行衍生产品交易风险管理和内部控制制度的银行业金融机构，可以暂停或终止其衍生产品交易资格，并进行经济处罚。”

三十五、第三章《风险管理》与第四章《罚则》之间增加一章《产品营销与后续服务》共十三条：

“第四十四条　银行业金融机构应当高度重视衍生产品交易的风险管理工作，制定完善客户适合度评估制度，在综合考虑衍生产品分类和客户分类的基础上，对衍生产品交易进行充分的适合度评估：

（一）评估衍生产品的风险及复杂程度，对衍生产品进行相应分类，并至少每年复核一次其合理性，进行动态管理；

（二）根据客户的业务性质、衍生产品交易经验等评估其成熟度，对客户进行相应分类，并至少每年复核一次其合理性，进行动态管理。

第四十五条　银行业金融机构应当根据客户适合度评估结果，与有真实需求背景的客户进行与其风险承受能力相适应的衍生产品交易，并获取由客户提供的声明、确认函等能够证明其真实需求背景的书面材料，内容包括但不限于：

（一）与衍生产品交易直接相关的基础资产或基础负债的真实性；

（二）客户进行衍生产品交易的目的或目标；

（三）是否存在与本条第一项确认的基础资产或基础负债相关的尚未结清的衍生产品交易敞口。

第四十六条　银行业金融机构与客户交易的衍生产品的主要风险特征应当与作为真实需求背景的基础资产或基础负债的主要风险特征具有合理的相关度,在营销与交易时应当首先选择基础的、简单的、自身具备定价估值能力的衍生产品。

第四十七条　银行业金融机构应当制定完善衍生产品销售人员的内部培训、资格认定及授权管理制度,加强对销售人员的持续专业培训和职业操守教育,及时跟进针对新产品新业务的培训和资格认定,并建立严格的管理制度。通过资格认定并获得有效授权的销售人员方可向客户介绍、营销衍生产品。在向客户介绍衍生产品时,销售人员应当以适当的方式向客户明示其已通过内部资格认定并获得有效授权。

第四十八条　银行业金融机构应当以清晰易懂、简明扼要的文字表述向客户提供衍生产品介绍和风险揭示的书面资料,相关披露以单独章节、明白清晰的方式呈现,不得以页边、页底或脚注以及小字体等方式说明,内容包括但不限于:

(一) 产品结构及基本交易条款的完整介绍和该产品的完整法律文本;

(二) 与产品挂钩的指数、收益率或其他参数的说明;

(三) 与交易相关的主要风险披露;

(四) 产品现金流分析、压力测试、在一定假设和置信度之下最差可能情况的模拟情景分析与最大现金流亏损以及该假设和置信度的合理性分析;

(五) 应当向客户充分揭示的其他信息。

第四十九条　在衍生产品销售过程中,银行业金融机构应当客观公允地陈述所售衍生产品的收益与风险,不得误导客户对市场的看法,不得夸大产品的优点或缩小产品的风险,不得以任何方式向客户承诺收益。

第五十条　银行业金融机构应当充分尊重客户的独立自主决策,不得将交易衍生产品作为与客开展其他业务的附加条件。

第五十一条　银行业金融机构应当建立客户的信用评级制度,并结合客户的信用评级、财务状况、盈利能力、净资产水平、现金流量等因素,确定相关的信用风险缓释措施,限制与一定信用评级以下客户的衍生产品交易。

第五十二条　与客户达成衍生产品交易之前,银行业金融机构应当获取由客户提供的声明、确认函等形式的书面材料,内容包括但不限于:

(一) 客户进行该笔衍生产品交易的合规性;

(二) 衍生产品交易合同、交易指令等协议文本的签署人员是否具备有效的授权;

(三) 客户是否已经完全理解该笔衍生产品交易的条款、相关风险,以及该笔交易是否符合第四十五条第二项确认的交易目的或目标;

(四) 客户对该笔衍生产品交易在第四十八条第四项所述的最差可能情况

是否具备足够的承受能力；

（五）需要由客户声明或确认的其他事项。

第五十三条　银行业金融机构应当及时向客户提供已交易的衍生产品的市场信息，定期将与客户交易的衍生产品的市值重估结果以评估报告、风险提示函等形式，通过信件、电子邮件、传真等可记录的方式向客户书面提供，并确保相关材料及时送达客户。当市场出现较大波动时，应当适当提高市值重估的频率，并及时向客户书面提供市值重估的结果。银行业金融机构应当至少每年对上述市值重估的频率和质量进行评估。

第五十四条　银行业金融机构对于自身不具备定价估值能力的衍生产品交易，应当向报价方获取关键的估值参数及相关信息，并通过信件、电子邮件、传真等可记录的方式向客户书面提供此类信息，以提高衍生产品市值重估的透明度。

第五十五条　银行业金融机构应当针对与客户交易的衍生产品业务种类确定科学合理的利润目标，制定科学合理的考核评价与长效激励约束机制，引导相关部门和人员诚实守信、合规操作，不得过度追求盈利，不得将与客户交易衍生产品的相关收益与员工薪酬及其所在部门的利润目标及考核激励机制简单挂钩。

第五十六条　银行业金融机构应当制定完善衍生产品交易业务的定期后评价制度，包括对合规销售、风险控制、考核激励机制等内部管理制度的定期后评价。

银行业金融机构应当通过实地访问、电子邮件、传真、电话录音等可记录的方式建立或完善对客户的定期回访制度，针对合规销售与风险揭示等内容认真听取客户的意见，并及时反馈。”

三十六、原《金融机构衍生产品交易业务管理暂行办法》中的“金融机构”全部修改为“银行业金融机构”。

本决定自公布之日起实施。

《银行业金融机构衍生产品交易业务管理暂行办法》根据本决定作相应修改并对条款顺序作相应调整后，重新公布。

4. 银行间债券市场非金融企业债务融资工具管理办法

（中国人民银行令〔2008〕第1号）

第一条　为进一步完善银行间债券市场管理，促进非金融企业直接债务融资发展，根据《中华人民共和国中国人民银行法》及相关法律、行政法规，制定本办法。

第二条 本办法所称非金融企业债务融资工具(以下简称债务融资工具),是指具有法人资格的非金融企业(以下简称企业)在银行间债券市场发行的,约定在一定期限内还本付息的有价证券。

第三条 债务融资工具发行与交易应遵循诚信、自律原则。

第四条 企业发行债务融资工具应在中国银行间市场交易商协会(以下简称交易商协会)注册。

第五条 债务融资工具在中央国债登记结算有限责任公司(以下简称中央结算公司)登记、托管、结算。

第六条 全国银行间同业拆借中心(以下简称同业拆借中心)为债务融资工具在银行间债券市场的交易提供服务。

第七条 企业发行债务融资工具应在银行间债券市场披露信息。信息披露应遵循诚实信用原则,不得有虚假记载、误导性陈述或重大遗漏。

第八条 企业发行债务融资工具应由金融机构承销。企业可自主选择主承销商。需要组织承销团的,由主承销商组织承销团。

第九条 企业发行债务融资工具应由在中国境内注册且具备债券评级资质的评级机构进行信用评级。

第十条 为债务融资工具提供服务的承销机构、信用评级机构、注册会计师、律师等专业机构和人员应勤勉尽责,严格遵守执业规范和职业道德,按规定和约定履行义务。

上述专业机构和人员所出具的文件含有虚假记载、误导性陈述和重大遗漏的,应当就其负有责任的部分承担相应的法律责任。

第十一条 债务融资工具发行利率、发行价格和所涉费率以市场化方式确定,任何商业机构不得以欺诈、操纵市场等行为获取不正当利益。

第十二条 债务融资工具投资者应自行判断和承担投资风险。

第十三条 交易商协会依据本办法及中国人民银行相关规定对债务融资工具的发行与交易实施自律管理。交易商协会应根据本办法制定相关自律管理规则,并报中国人民银行备案。

第十四条 同业拆借中心负责债务融资工具交易的日常监测,每月汇总债务融资工具交易情况向交易商协会报送。

第十五条 中央结算公司负责债务融资工具登记、托管、结算的日常监测,每月汇总债务融资工具发行、登记、托管、结算、兑付等情况向交易商协会报送。

第十六条 交易商协会应每月向中国人民银行报告债务融资工具注册汇总情况、自律管理工作情况、市场运行情况及自律管理规则执行情况。

第十七条 交易商协会对违反自律管理规则的机构和人员，可采取警告、诫勉谈话、公开谴责等措施进行处理。

第十八条 中国人民银行依法对交易商协会、同业拆借中心和中央结算公司进行监督管理。

交易商协会、同业拆借中心和中央结算公司应按照中国人民银行的要求，及时向中国人民银行报送与债务融资工具发行和交易等有关的信息。

第十九条 对违反本办法规定的机构和人员，中国人民银行可依照《中华人民共和国中国人民银行法》第四十六条规定进行处罚，构成犯罪的，依法追究刑事责任。

第二十条 短期融资券适用本办法。

第二十一条 本办法自 2008 年 4 月 15 日起施行。《短期融资券管理办法》(中国人民银行令〔2005〕第 2 号)、《短期融资券承销规程》和《短期融资券信息披露规程》(中国人民银行公告〔2005〕第 10 号)同时终止执行。

5. 银行间债券市场非金融企业超短期融资券业务规程(试行)

第一条 为规范非金融企业在银行间债券市场发行超短期融资券的行为，根据中国人民银行《银行间债券市场非金融企业债务融资工具管理办法》(中国人民银行令〔2008〕第 1 号)、《银行间债券市场非金融企业短期融资券业务指引》及中国银行间市场交易商协会(以下简称交易商协会)相关自律规则，制定本规程。

第二条 交易商协会依据非金融企业债务融资工具相关自律规则及本规程对企业发行超短期融资券实行自律管理。

第三条 本规程所称超短期融资券，是指具有法人资格、信用评级较高的非金融企业(以下简称企业)在银行间债券市场发行的，期限在 270 天以内的短期融资券。

第四条 企业发行超短期融资券所募集的资金应用于符合国家法律法规及政策要求的流动资金需要，不得用于长期投资。

第五条 企业注册超短期融资券，应提交以下注册文件：

(一) 债务融资工具注册报告(附企业《公司章程》及符合章程规定的有权机构决议)；

(二) 主承销商推荐函；

(三) 企业发行超短期融资券拟披露文件;

(四) 注册发行所需的其他文件。

第六条 企业应通过中国货币网和上海清算所网站披露当期超短期融资券发行文件,发行文件包括但不限于以下内容:

(一) 发行公告;

(二) 募集说明书(包括但不限于风险提示及说明、发行条款、募集资金运用、企业基本情况、税项、发行的有关机构、信息披露安排等章节);

(三) 法律意见书;

(四) 企业主体评级报告;

(五) 企业最近三年经审计的财务报告和最近一期会计报表。

企业如已在银行间债券市场披露上述(四)、(五)款要求的有效文件,则在当期发行时可不重复披露。

第七条 企业发行超短期融资券,应至少于发行日前1个工作日公布发行文件。

第八条 企业发行超短期融资券期限在1个月以内的可在公告发行文件的同时公布本息兑付事项。

第九条 企业超短期融资券发行文件及重大事项信息披露文件应以不可修改的电子版形式送达全国银行间同业拆借中心(以下简称同业拆借中心),同业拆借中心依据本规程及相关自律规则完成信息披露文件的格式审核后,对符合规定格式的信息披露文件予以公布,并及时发送上海清算所,由上海清算所在其网站公布。

第十条 企业发行超短期融资券应遵循市场化定价原则。

第十一条 企业应在发行超短期融资券后2个工作日内将发行情况向交易商协会备案。

第十二条 企业发行超短期融资券可设主承销团,每期发行可设一家联席主承销商或副主承销商。

第十三条 超短期融资券在上海清算所登记、托管、结算。

第十四条 同业拆借中心为超短期融资券在银行间债券市场的交易提供服务。

第十五条 本规程由交易商协会秘书处负责解释。

第十六条 本规程自公布之日起施行。

6. 国家发展改革委办公厅关于充分发挥企业债券融资功能支持重点项目建设促进经济平稳较快发展的通知

（发改办财金〔2015〕1327号）

各省、自治区、直辖市及计划单列市、新疆生产建设兵团发展改革委：

为进一步发挥企业债券在促投资、稳增长中的积极作用，支持重点领域和重点项目融资，促进经济平稳较快发展，按照《国务院关于加强地方政府性债务管理的意见》（国发〔2014〕43号）等文件精神，在加强市场监管、强化偿债保障、严格防范风险的基础上，更加有效地发挥企业债券的直接融资功能，科学设置发债条件，简化发债审核审批程序，扩大企业债券融资规模，大力支持市场化运营、资产真实有效的企业以自身信用为基础发行企业债券融资，支持企业加快结构调整和转型升级，支持企业以各种形式参与基础设施投资建设。现通知如下：

一、鼓励优质企业发债用于重点领域、重点项目融资

（一）对于债项信用等级为AAA级、或由资信状况良好的担保公司（主体评级在AA＋及以上）提供第三方担保，或使用有效资产进行抵质押担保使债项级别达到AA＋及以上的债券，募集资金用于七大类重大投资工程包、六大领域消费工程项目融资，不受发债企业数量指标的限制。

（二）发行战略性新兴产业、养老产业、城市地下综合管廊建设、城市停车场建设、创新创业示范基地建设、电网改造等重点领域专项债券，不受发债企业数量指标的限制。

二、支持县域企业发行企业债券融资

（三）县域企业发行用于重点领域、重点项目建设的优质企业债和专项债券［见（一）、（二）］，不受发债企业数量指标的限制。

三、科学设置企业债券发行条件

（四）将城投类企业和一般生产经营类企业需提供担保措施的资产负债率要求分别放宽至65％和75％；主体评级AA＋的，相应资产负债率要求放宽至70％和80％；主体评级AAA的，相应资产负债率要求进一步放宽至75％和85％。

（五）对符合条件的企业发行债券，可按照“净利润”和“归属于母公司股东净利润”孰高者测算净利润指标。

（六）将债券募集资金占项目总投资比例放宽至不超过70％。

四、合理确定和把握区域经济和债券风险迹象预警线

(七)符合国发〔2014〕43号文件精神,偿债保障措施完善的企业发行债券,不与地方政府债务率和地方财政公共预算收入挂钩。

(八)将本区域企业发行企业债券、中期票据等余额一般不超过上年度GDP8%的预警线提高到12%。

五、简化企业募集资金投向变更程序

(九)在偿债保障措施完善、不影响债券信用级别的情况下,发债企业如需变更募集资金投向,用于其他符合国家鼓励方向的项目建设,应发布公告说明相关情况。自发布变更公告之日起15个工作日内,如单独或合计持有未偿还债券本金总额10%及以上的债券持有人(以公告日为债权登记日)向债权代理人提出书面异议,则需召开债券持有人会议对变更事项进行表决,表决通过后中央企业报国家发展改革委、地方企业报省级(计划单列市)发展改革部门备案后实施变更。如没有符合上述条件的债券持有人提出书面异议,则发债企业直接向相应部门备案后实施变更。

六、鼓励企业发债用于特许经营等PPP项目建设

(十)鼓励一般生产经营类企业和实体化运营的城投企业通过发行一般企业债券、项目收益债券、可续期债券等,用于经有关部门批准的基础设施和公共设施特许经营等PPP项目建设。

7. 中国人民银行金融市场司关于商业银行理财产品进入银行间债券市场有关事项的通知

(银市场〔2014〕1号)

中国人民银行上海总部金融市场管理部,各分行、营业管理部,各梳首府城市中心支行、副省级城市中心支行货币信贷管理处;中国银行间市场交易商协会;全国银行间同业拆借中心,中央国债登记结算有限责任公司,银行间市场清算所股份有限公司;中国工商银行,中国农业银行,中国银行,中国建设银行,交通银行,中信银行,中国光大银行,华夏银行,平安银行,招商银行,上海浦东发展银行,兴业银行,中国民生银行,北京银行,南京银行,宁波银行:

为规范商业银行理财产品投资银行间债券市场的行为,保护相关各方的合法权益,根据《全国银行间债券市场债券交易管理办法》中国人民银行令〔2000〕第2号,《银行间债券市场债权登记托管结算管理办法》中国人民银行令〔2009〕第1号等规定,现就商业银行理财产品进入银行间债券市场有关事项通知如下:

一、本通知所称商业银行理财产品以下简称"理财产品",是指商业银行作

为资产管理人以下简称“管理人”，在依法合规的前提下，接受客户以下简称“委托人”的委托和授权，为按照与委托人约定的投资计划和方式开展资产管理和投资业务，并由托管人进行独立托管的理财产品。

二、申请在银行间债券市场开立理财产品债券账户的管理人，应符合以下条件：

（一）熟悉全国银行间债券市场有关法律制度和管理政策，具有银行间债券市场做市、结算代理等相关投资经验；

（二）具有专门的理财投资管理部门，且与自营投资管理业务在资产，人民，系统，制度等方面完全分离；

（三）与理财投资管理业务相对应的交易前台、风险控制、清算结算后台的岗位设置完全分离，每一岗位至少配备2名熟悉银行间债券市场的专职人员；

（四）按照成本可算，风险可控、信息充分披露的原则开展理财投资管理业务，实现每只理财产品与所投资资产标的物的对应，每只理财产品单独管理、建账和核算；

（五）负责理财投资管理的机构分管负责人、部分负责人、业务人员等相关人员已参加银行间债券市场自律组织或中介结构组织的相关培训并获得相应的资格证书；

（六）理财业务制度健全，具有完备的理财业务管理办法、业务操作规程、风险管理制度、员工行为规范、会计核算办法等；

（七）具备开展理财业务所需的信息技术设施、技术支持人员、信息系统管理制度等；

（八）最近三年无违法和重大违规行为，且相关人员包括离职人员在本机构工作期间不存在债券业务涉案情形；

（九）中国人民银行规定的其他条件。

8. 中国人民银行办公厅关于境外机构在境内发行人民币债务融资工具跨境人民币结算有关事宜的通知

（银办发〔2014〕221号）

中国人民银行上海总部，各分行、营业管理部，各省会（首府）城市中心支行、深圳市中心支行；国家开发银行，各政策性银行，各国有商业银行，各股份制商业银行，中国邮政储蓄银行：

现就境外机构在中国境内银行业金融机构开立的人民币银行结算账户存款利率有关事宜通知如下：

一、境外机构在中国境内银行业金融机构开立的人民币银行结算账户的存款利率，按中国人民银行公布的活期存款利率执行。

二、请中国人民银行上海总部，各分行、营业管理部，各省会(首府)城市中心支行、深圳市中心支行将本通知转发辖区内银行业金融机构，并督促执行。

9. 国家外汇管理局关于境外机构境内外汇账户管理有关问题的通知

(汇综发〔2009〕29号)

一、本通知所称境外机构是指在境外(含香港、澳门和台湾地区)合法注册成立的机构。所称境内银行是指依法具有吸收公众存款、办理国内外结算等业务经营资格的境内中资和外资银行。

本通知所称境外机构境内外汇账户，不包括境外机构境内离岸账户(境外机构按规定在依法取得离岸银行业务经营资格的境内银行离岸业务部开立的账户)。

二、境外机构和境内银行应当按照本通知规定，开立、使用外汇账户，办理外汇收支业务，并遵守国家有关法律、法规等规定。

三、境内银行为境外机构开立外汇账户，应当审核境外机构在境外合法注册成立的证明文件等开户资料。证明文件等开户资料为非中文的，还应同时提供对应的中文翻译。除国家外汇管理局另有规定外，不需经国家外汇管理局及其分支局(以下简称外汇局)批准。

境外机构境内外汇账户户名应与其在境外合法注册成立的证明文件(或对应的中文翻译)记载的名称一致。

四、境内银行为境外机构开立外汇账户时，应当在外汇账户前统一标注NRA(NON-RESIDENT ACCOUNT)，即NRA＋外汇账户号码，并自行对境外机构中银行和非银行机构进行区别，以使与该外汇账户发生资金往来的境内收付款方及其收付款银行，能够准确判断该外汇账户为境外机构境内外汇账户。

本通知实施之日起18个月内，境内银行应当完成前款境外机构境内外汇账户统一标注NRA内部系统调整以及本通知发布前已开立境外机构境内外汇账户统一标注NRA等工作。

境内银行应按照《国家外汇管理局、国家质量检验检疫总局关于下发国际收支统计申报中特殊机构赋码业务操作规程的通知》(汇发〔2003〕131号)等规定,为开立外汇账户的境外机构申领特殊机构代码,向外汇局办理境外机构基本信息登记,并通过外汇账户管理信息系统向外汇局报送境外机构境内外汇账户开户、余额和收支明细信息。境外银行在境内银行开立的同业存款等外汇账户,不适用本款规定。

五、境内机构和境内个人与境外机构境内外汇账户之间的外汇收支,按照跨境交易进行管理。境内银行应当按照跨境交易外汇管理规定,审核境内机构和境内个人有效商业单据和凭证后办理。

境内银行完成NRA标注前,境外机构境内外汇账户向境内机构和境内个人支付的,汇款银行应在汇款指令交易附言中注明NRA PAYMENT,以使收款银行判断该项资金来源于境外机构境内外汇账户。境内机构和境内个人向境外机构境内外汇账户支付的,除按规定提供有效商业单据和凭证外,还应向汇款银行提供收款外汇账户性质证明材料;汇款银行如因提供的收款外汇账户性质证明材料不明等原因而无法明确该外汇账户性质,应当向收款银行书面征询该外汇账户性质,收款银行应当书面回复确认。

六、境外机构境内外汇账户从境内外收汇、相互之间划转、与离岸账户之间划转或者向境外支付,境内银行可以根据客户指令等直接办理,但国家外汇管理局另有规定除外。

七、通过境外机构境内外汇账户与境外、境内之间发生的资金收支,以及由此产生的账户余额变动,均应当按照有关规定办理国际收支统计申报。

八、未经注册所在地国家外汇管理局分局、管理部批准,不得从境外机构境内外汇账户存取外币现钞,不得直接或者变相将该外汇账户内资金结汇。

九、境外机构境内外汇账户资金余额,除国家外汇管理局另有规定外,应当纳入境内银行短期外债指标管理,以其作为境内机构从境内银行获得贷款的质押物的,按照境内贷款项下境外担保外汇管理规定办理。

十、境内银行办理境外机构境内外汇账户有关业务,应当遵守有关大额和可疑交易报告等反洗钱法律、行政法规、部门规章等的规定。

十一、境外机构和境外个人在依法取得离岸银行业务经营资格的境内银行离岸业务部开立离岸账户、该离岸账户和境内之间的外汇收支,严格按照《离岸银行业务管理办法》(银发〔1997〕438号)及其实施细则等有关规定办理。

十二、合格境外机构投资者外汇账户、外国投资者专用外汇账户、境外机构B股外汇账户、具有外交豁免权的外国(地区)驻华使领馆或者国际组织驻华代表机构境内外汇账户等开立、使用和关闭,国家外汇管理局已有规定的,从其规定;没有规定的,按照本通知规定办理,包括标注NRA等。

十三、违反本通知规定的,由外汇局依照《中华人民共和国外汇管理条例》等外汇管理规定予以处罚。

十四、本通知自2009年8月1日起施行,但通过外汇账户管理信息系统向外汇局报送境外机构境内外汇账户开户、余额和收支明细信息的规定除外,其具体实施时间由国家外汇管理局另行通知。

本通知由国家外汇管理局解释。

10. 中国人民银行上海总部关于支持中国(上海)自由贸易试验区扩大人民币跨境使用的通知

(银发〔2014〕22号)

国家开发银行、各政策性银行、国有商业银行、股份制商业银行、中国邮政储蓄银行上海(市)分行;交通银行、上海浦东发展银行、上海银行、上海农村商业银行;其他城市商业银行上海分行;上海市各外资银行;上海市各非银行金融机构:

根据《中国人民银行关于金融支持中国(上海)自由贸易试验区建设的意见》(以下简称《意见》)及有关规定,经中国人民银行总行批复同意,现就支持中国上海自由贸易试验区(以下简称试验区)扩大人民币跨境使用通知如下:

一、国家出台的各项鼓励和支持扩大人民币跨境使用的政策措施均适用试验区。

二、试验区经常和直接投资项下跨境人民币结算

上海地区银行业金融机构可在"了解你的客户""了解你的业务"和"尽职审查"三原则基础上,凭区内机构(出口货物贸易人民币结算企业重点监管名单内的企业除外)和个人提交的收付款指令,直接办理经常项下和直接投资项下的跨境人民币结算业务。

(一) 银行在办理上述主体的直接投资项下结算业务时,应按照试验区投资准入的负面清单管理要求,对属于负面清单管理范围内的直接投资跨境人民币结算业务,要求其出具有权审批部门的核准文件。

(二) 人民银行上海总部与中国上海自由贸易试验区管理委员会通过试验区综合信息监管平台建立直接投资信息共享制度,并为商业银行提供相关信息服务。

三、试验区个人银行结算账户

为便利个人开展经常项下跨境人民币结算业务,在区内就业或执业的个人可依据《人民币银行结算账户管理办法》(中国人民银行令〔2003〕第5号发布)等

银行结算账户制度的规定开立个人银行结算账户或者个体工商户单位银行结算账户，办理人民币跨境收付。其中，境外个人开立人民币银行结算账户应当同时出具公安机关出入境管理机构签发的有效期1年(含)以上的居留证件。

四、试验区人民币境外借款

区内金融机构和企业从境外借用人民币资金(不包括贸易信贷和集团内部经营性融资)应用于国家宏观调控方向相符的领域，暂不得用于投资有价证券(包括理财等资产管理类产品)、衍生产品，不得用于委托贷款。

(一) 区内企业借用境外人民币资金规模(按余额计)的上限不得超过实缴资本*1倍*宏观审慎政策参数。其中:实缴资本以最近一期验资报告为准，借用期限1年(不含)以上。区内借款企业可以依据《人民币银行结算账户管理办法》的规定，在上海地区的银行开立专用存款账户，专门存放从境外借入的人民币资金，只能用于区内或境外，包括区内生产经营、区内项目建设、境外项目建设等。

在试验区启动前已经设立在区内的外商投资企业在借用境外人民币资金时，可自行决定是按“投注差”模式还是按本通知规则办理，并通过其账户银行向人民银行上海总部备案。一经决定，不再变更。

(二) 区内非银行金融机构借用境外人民币资金(按余额计)的上限不得超过实缴资本*1.5倍*宏观审慎政策参数。借用期限1年(不含)以上。借入资金可调回存入开立在上海地区银行的专用存款账户，只能用于区内或境外，包括区内经营、区内项目建设、境外项目建设等。

(三) 区内企业和非银行金融机构开立的存放境外人民币借款的专用存款账户活期计息。

(四) 区内银行从境外借入人民币资金须进入试验区分账核算单元，在区内使用，服务于实体经济建设。

(五) 上述公式中的宏观审慎政策参数由人民银行上海总部设定，可根据全国信贷调控的需要进行灵活调整。

五、试验区跨境双向人民币资金池

(一) 区内企业可根据自身经营和管理需要，开展集团内跨境双向人民币资金池业务。集团指包括区内企业(含财务公司)在内的，以资本关系为主要联结纽带，由母公司、子公司、参股公司等存在投资性关联关系成员共同组成的跨国集团公司。跨境双向人民币资金池业务指集团境内外成员企业之间的双向资金归集业务，属于企业集团内部的经营性融资活动。

(二) 开展集团内跨境双向人民币资金池业务，需由集团总部指定一家区内注册成立并实际经营或投资的成员企业(包括财务公司)，选择一家银行开立一个人民币专用存款账户,专门用于办理集团内跨境双向人民币资金池业务,该账户不得与其他资金混用。参与资金池业务的境内外各方应签订资金池业务协议,明确各自在反洗钱、反恐融资以及反逃税中的责任和义务。

(三) 资金由被归集方流向归集方为上存,由归集方流向被归集方为下划。参与上存与下划归集的人民币资金应为企业产生自生产经营活动和实业投资活动的现金流,融资活动产生的现金流暂不得参与归集。

六、试验区经常项下跨境人民币集中收付业务

(一) 区内企业可根据自身经营和管理需要,开展境内外关联企业间的经常项下跨境人民币集中收付业务。境内外关联企业包括集团内以资本关系为主要联结纽带、存在投资性关联关系的成员公司,以及与集团内企业存在供应链关系的、有密切贸易往来的集团外企业。

(二) 企业集团总部须指定一家在区内注册成立并实际经营或投资的成员企业(包括财务公司),并选择一家银行开立一个人民币专用存款账户,专门为其境内外关联企业办理经常项下集中收付业务。

(三) 区内企业应跟与之开展经常项下集中收付业务的各方签订集中收付协议,明确各自承担贸易真实性等的责任。

七、跨境电子商务人民币结算业务

(一) 鼓励上海地区的银行向注册在区内的跨境电子商务运营机构直接提供基于真实跨境电子商务的跨境人民币结算服务。

(二) 支持上海地区的银行与区内依法取得“互联网支付”业务许可的支付机构(含分支机构)合作,提供基于真实跨境电子商务(包括个人及跨境电子商务出口经营主体)的跨境人民币结算服务。

(三) 银行应与支付机构签订办理跨境电子商务人民币结算业务的协议并报人民银行上海总部备案。银行应按照人民银行有关规定负责对通过支付机构办理的跨境人民币结算业务的真实性及合规性进行审核。支付机构向银行提交的跨境人民币结算业务应具有真实跨境电子商务交易背景,符合国家有关法律法规,履行反洗钱、反恐融资审核职责,并保留相应交易记录,配合国家有关部门的检查。

(四) 支付机构应遵守《非金融机构支付服务管理办法》(中国人民银行令〔2010〕第 2 号发布)、《支付机构客户备付金存管办法》(中国人民银行公告〔2013〕第 6 号发布)以及其他相关规定。

八、关于跨境人民币交易服务

(一) 中国外汇交易中心暨全国银行间同业拆借中心在区内面向试验区和国际提供以人民币计价结算的金融资产交易服务,支持扩大人民币跨境使用。

（二）上海黄金交易所在区内面向试验区和国际提供以人民币计价结算的贵金属交易、交割和结算服务，提高人民币在国际贵金属市场上的使用。

九、关于信息报送

各项跨境人民币业务及收付信息应及时准确完整报入人民币跨境收付信息管理系统，并进行相应的国际收支统计申报。

十、关于反洗钱、反恐融资和反逃税

银行在向区内金融机构和企业提供相关跨境人民币服务时，应在服务协议中明确列示双方应按国家有关规定切实履行反洗钱、反恐融资和反逃税义务和职责，保留相关交易记录和凭证，并确保能还原交易原貌，配合相关部门的检查等条款。

11. 中国人民银行关于贯彻落实〈国务院办公厅关于支持外贸稳定增长的若干意见〉的指导意见

国家开发银行，各政策性银行、国有商业银行、股份制商业银行，中国邮政储蓄银行；中国人民银行上海总部，各分行、营业管理部，各省会（首府）城市中心支行、副省级城市中心支行，外汇交易中心（同业拆借中心），交易商协会：

为贯彻落实《国务院办公厅关于支持外贸稳定增长的若干意见》（国办发〔2014〕19号），支持外贸稳定增长，现提出以下指导意见：

一、进一步拓宽企业融资渠道。

鼓励银行业金融机构积极创新金融产品和服务，进一步扩大出口信用保险保单融资，灵活运用流动资金贷款、进出口信用贷款、保理贷款、票据贴现、押汇贷款、对外担保等方式，加强对有订单、有效益的进出口企业和外贸综合服务企业的信贷支持，促进小微企业出口。支持符合条件的企业发行非金融企业债务融资工具，推动中小企业集合票据、中小企业区域集优票据、信用增进等多种创新相互配合，拓宽包括中小企业在内的进出口企业融资渠道。

二、充分发挥政策性金融对外贸的支持作用。

鼓励中国进出口银行增加优惠出口买方信贷和优惠贷款投放，简化优买、优贷项目和资金审批程序，加大对企业“走出去”特别是中小企业进出口信贷的支持力度。鼓励政策性金融机构加大对服务贸易扶持力度，支持服务贸易重点项目建设。

三、积极发展融资租赁。

积极发展以有形动产为标的的融资租赁业务，支持大型设备进出口。积极支持符合条件的金融租赁公司等非银行业金融机构,通过发行金融债券、参与信贷资产证券化试点等方式,扩大融资渠道。

四、简化跨境贸易和投资人民币结算业务流程。

银行业金融机构可在"了解你的客户""了解你的业务"和"尽职审查"三原则基础上,凭境内企业提交的收付款指令,直接办理经常项下和直接投资项下人民币跨境结算业务。

五、开展跨境人民币资金集中运营业务。

跨国企业集团可以根据中国人民银行有关规定开展跨境人民币资金集中运营业务,包括跨境双向人民币资金池业务、经常项下跨境人民币集中收付业务等。跨国企业集团总部可以指定在中华人民共和国境内依法注册成立并实际经营或投资、具有独立法人资格的成员企业(包括财务公司),作为开展跨境人民币资金集中运营业务的全国性或区域性主办企业。主办企业在办理经常项下跨境人民币集中收付业务时,可采用轧差净额结算方式,按照经常项下企业集团收付总额轧差或成员企业收付额逐个轧差结算。跨境人民币资金集中运营业务应按照国际收支申报相关规定履行国际收支申报义务。

六、开展个人跨境贸易人民币结算业务。

银行业金融机构可为个人开展的货物贸易、服务贸易跨境人民币业务提供结算服务。银行业金融机构在"了解你的客户""了解你的业务""尽职审查"三原则的基础上,可凭个人有效身份证件或者工商营业执照直接为客户办理跨境贸易人民币结算业务,必要时可要求客户提交相关业务凭证。

七、支持银行业金融机构与支付机构合作开展跨境人民币结算业务。

银行业金融机构可与依法取得"互联网支付"业务许可的支付机构合作,为企业和个人跨境货物贸易、服务贸易提供人民币结算服务。银行业金融机构应与支付机构签订跨境电子商务人民币结算业务协议,并报当地中国人民银行分支机构备案。

八、推进外贸企业征信体系建设。

贯彻落实《社会信用体系建设规划纲要(2014—2020年)》,推动各部门、各行业建立健全本部门在行政、执法中所掌握的社会成员信用记录,切实加强政务信息的公开,推进部门间信用信息共享,并在行政执法中加大对信用服务产品的使用,大力推进包括外贸企业在内的社会信用体系建设。推进社会成员包括外贸企业信用信息的归集与应用,配合促进外贸企业信用记录数据库建设,为外贸企业提供金融服务基础支持。

九、进一步完善人民币汇率形成机制。

继续完善人民币汇率市场化形成机制,加大市场决定汇率的力度,促进国际收支平衡。根据外汇市场发育状况和经济金融形势，增强人民币汇率双向浮动弹性，保持人民币汇率在合理均衡水平上的基本稳定。进一步发挥市场决定汇率的作用，完善以市场供求为基础的、有管理的浮动汇率制度。继续推动人民币对其他货币直接交易市场发展。

十、丰富汇率避险工具。

加大外汇产品创新力度，增加外汇市场交易品种，研究外汇期权组合产品和期货业务创新，形成即期、远期、期货、期权等多种产品结合，汇率产品和利率产品结合的产品体系。丰富外汇市场参与主体，降低商业银行外汇衍生产品准入门槛，适当放宽中小银行开办远期结售汇业务资格条件。完善交易、清算、信息等基础设施建设，更好地满足企业和居民基于实需原则的汇率避险需求。

十一、为企业"走出去"提供全方位金融服务。

支持境内金融机构通过跨境并购、开展跨境人民币业务等方式，加快海外布局，发展以客户为中心的全球统一授信、营销、管理和服务体系，提供境内外并购贷款、银团贷款等间接融资和直接融资，支持有并购能力、具有行业龙头地位的大型企业通过战略性并购延伸产业链，稳步将供应链融资延伸到境外，带动中国装备、材料、产品、标准、技术和服务"走出去"，培育有核心竞争力的跨国企业集团。鼓励"走出去"企业到境外发行人民币债券，全额支持境外项目。鼓励发展多种形式的人民币海外投贷基金和并购基金，支持企业"走出去"促进产业升级换代，促进外贸持续发展。

请中国人民银行各分支机构将本指导意见转发至辖区内银行业金融机构和支付机构。

12. 中国人民银行关于金融支持中国(上海)自由贸易试验区建设的意见

（银发〔2013〕11 号）

国家开发银行、各政策性银行、国有商业银行、股份制商业银行、中国邮政储蓄银行上海(市)分行；交通银行、上海浦东发展银行、上海银行、上海农村商业银行；其他城市商业银行上海分行；上海市各外资银行；上海市各非银行金融机构：

根据《中国人民银行关于金融支持中国(上海)自由贸易试验区建设的意见》(以下简称《意见》)及有关规定，经中国人民银行总行批复同意，现就支持中国上海自由贸易试验区(以下简称试验区)扩大人民币跨境使用通知如下：

一、国家出台的各项鼓励和支持扩大人民币跨境使用的政策措施均适用试验区。

二、试验区经常和直接投资项下跨境人民币结算

上海地区银行业金融机构可在“了解你的客户”“了解你的业务”和“尽职审查”三原则基础上,凭区内机构(出口货物贸易人民币结算企业重点监管名单内的企业除外)和个人提交的收付款指令,直接办理经常项下和直接投资项下的跨境人民币结算业务。

(一) 银行在办理上述主体的直接投资项下结算业务时,应按照试验区投资准入的负面清单管理要求,对属于负面清单管理范围内的直接投资跨境人民币结算业务,要求其出具有权审批部门的核准文件。

(二) 人民银行上海总部与中国上海自由贸易试验区管理委员会通过试验区综合信息监管平台建立直接投资信息共享制度,并为商业银行提供相关信息服务。

三、试验区个人银行结算账户

为便利个人开展经常项下跨境人民币结算业务,在区内就业或执业的个人可依据《人民币银行结算账户管理办法》(中国人民银行令〔2003〕第5号发布)等银行结算账户制度的规定开立个人银行结算账户或者个体工商户单位银行结算账户,办理人民币跨境收付。其中,境外个人开立人民币银行结算账户应当同时出具公安机关出入境管理机构签发的有效期1年(含)以上的居留证件。

四、试验区人民币境外借款

区内金融机构和企业从境外借用人民币资金(不包括贸易信贷和集团内部经营性融资)应用于国家宏观调控方向相符的领域,暂不得用于投资有价证券(包括理财等资产管理类产品)、衍生产品,不得用于委托贷款。

(一) 区内企业借用境外人民币资金规模(按余额计)的上限不得超过实缴资本 * 1倍 * 宏观审慎政策参数。其中:实缴资本以最近一期验资报告为准,借用期限1年(不含)以上。区内借款企业可以依据《人民币银行结算账户管理办法》的规定,在上海地区的银行开立专用存款账户,专门存放从境外借入的人民币资金,只能用于区内或境外,包括区内生产经营、区内项目建设、境外项目建设等。

在试验区启动前已经设立在区内的外商投资企业在借用境外人民币资金时,可自行决定是按“投注差”模式还是按本通知规则办理,并通过其账户银行向人民银行上海总部备案。一经决定,不再变更。

(二) 区内非银行金融机构借用境外人民币资金(按余额计)的上限不得超过实缴资本 * 1.5倍 * 宏观审慎政策参数。借用期限1年(不含)以上。借入资金可调回存入开立在上海地区银行的专用存款账户,只能用于区内或境外,包括

区内经营、区内项目建设、境外项目建设等。

（三）区内企业和非银行金融机构开立的存放境外人民币借款的专用存款账户活期计息。

（四）区内银行从境外借入人民币资金须进入试验区分账核算单元，在区内使用，服务于实体经济建设。

（五）上述公式中的宏观审慎政策参数由人民银行上海总部设定，可根据全国信贷调控的需要进行灵活调整。

五、试验区跨境双向人民币资金池

（一）区内企业可根据自身经营和管理需要，开展集团内跨境双向人民币资金池业务。集团指包括区内企业（含财务公司）在内的，以资本关系为主要联结纽带，由母公司、子公司、参股公司等存在投资性关联关系成员共同组成的跨国集团公司。跨境双向人民币资金池业务指集团境内外成员企业之间的双向资金归集业务，属于企业集团内部的经营性融资活动。

（二）开展集团内跨境双向人民币资金池业务，需由集团总部指定一家区内注册成立并实际经营或投资的成员企业（包括财务公司），选择一家银行开立一个人民币专用存款账户，专门用于办理集团内跨境双向人民币资金池业务，该账户不得与其他资金混用。参与资金池业务的境内外各方应签订资金池业务协议，明确各自在反洗钱、反恐融资以及反逃税中的责任和义务。

（三）资金由被归集方流向归集方为上存，由归集方流向被归集方为下划。参与上存与下划归集的人民币资金应为企业产生自生产经营活动和实业投资活动的现金流，融资活动产生的现金流暂不得参与归集。

六、试验区经常项下跨境人民币集中收付业务

（一）区内企业可根据自身经营和管理需要，开展境内外关联企业间的经常项下跨境人民币集中收付业务。境内外关联企业包括集团内以资本关系为主要联结纽带、存在投资性关联关系的成员公司，以及与集团内企业存在供应链关系的、有密切贸易往来的集团外企业。

（二）企业集团总部须指定一家在区内注册成立并实际经营或投资的成员企业（包括财务公司），并选择一家银行开立一个人民币专用存款账户，专门为其境内外关联企业办理经常项下集中收付业务。

（三）区内企业应跟与之开展经常项下集中收付业务的各方签订集中收付协议，明确各自承担贸易真实性等的责任。

七、跨境电子商务人民币结算业务

（一）鼓励上海地区的银行向注册在区内的跨境电子商务运营机构直接提供基于真实跨境电子商务的跨境人民币结算服务。

(二) 支持上海地区的银行与区内依法取得"互联网支付"业务许可的支付机构(含分支机构)合作,提供基于真实跨境电子商务(包括个人及跨境电子商务出口经营主体)的跨境人民币结算服务。

(三) 银行应与支付机构签订办理跨境电子商务人民币结算业务的协议并报人民银行上海总部备案。银行应按照人民银行有关规定负责对通过支付机构办理的跨境人民币结算业务的真实性及合规性进行审核。支付机构向银行提交的跨境人民币结算业务应具有真实跨境电子商务交易背景,符合国家有关法律法规,履行反洗钱、反恐融资审核职责,并保留相应交易记录,配合国家有关部门的检查。

(四) 支付机构应遵守《非金融机构支付服务管理办法》(中国人民银行令〔2010〕第2号发布)、《支付机构客户备付金存管办法》(中国人民银行公告〔2013〕第6号发布)以及其他相关规定。

八、关于跨境人民币交易服务

(一) 中国外汇交易中心暨全国银行间同业拆借中心在区内面向试验区和国际提供以人民币计价结算的金融资产交易服务,支持扩大人民币跨境使用。

(二) 上海黄金交易所在区内面向试验区和国际提供以人民币计价结算的贵金属交易、交割和结算服务,提高人民币在国际贵金属市场上的使用。

九、关于信息报送

各项跨境人民币业务及收付信息应及时准确完整报入人民币跨境收付信息管理系统,并进行相应的国际收支统计申报。

十、关于反洗钱、反恐融资和反逃税

银行在向区内金融机构和企业提供相关跨境人民币服务时,应在服务协议中明确列示双方应按国家有关规定切实履行反洗钱、反恐融资和反逃税义务和职责,保留相关交易记录和凭证,并确保能还原交易原貌,配合相关部门的检查等条款。

参考文献

外文文献

[1] Anders Grath. The Handbook of Internationaln Trade and Finance: The Complete Guide for International Sales, Finance, Shipping and Administration [M]. London: Kogan Page, 2014.

[2] Leo Onyiriuba. Dictionary and Language of Banking [M]. Utah: Createspace, 2013.

[3] Takeshi Hoshikawa. Exchange rate rebounds after foreign exchange market interventions [J]. Physica A: Statistical Mechanics and its Applications, 2017.

[4] Weibin Zhao. Corporate Governance, Financial Constraint, and Value of Cash Holdings: Research from the Perspective of Ultimate Controllers [J]. Modern Economy, 2016.

[5] Dr. Amalendu Bhundia. A Comparative Study Between Free Cash Flows and Earnings Management [J]. Financial Theory and Practice, 2005.

[6] Bernabé Escobar, John Cullen, José María González. Impacts of the Implementation of ERP Systems on Cash Management: The Redesign of Treasury Processes [J]. International Journal of Digital Accounting Research, 2004.

[7] Mario Mustilli, Eugenio D' Angelo, Francesco Campanella, Domenico Graziano. Entrepreneurial Orientation and Financial Resources Availability as Determinants of Firms' Growth [J]. Modern Economy, 2017.

[8] Ricardo Laborda, Jose Olmo. Exchange Rates, Macroeconomic Fundamentals and Risk Aversion [J]. Theoretical Economics Letters, 2014.

[9] P. Sivarajadhanavel. Exchange Rate Risk in the Foreign Exchange Market: A Challenge on Corporate Profitability [J]. Bonfring International Journal of Industrial Engineering and Management Science, 2012.

[10] Larry J. Prather. Portfolio Risk Management Implications of Mutual Fund Investment Objective Classifications [J]. Journal of Financial Risk Management, 2012.

[11] RMB: The flexibility training-currencies [R]. HSBC Global Research, 2017.

[12] Kamphol Panyagometh. Asset Allocation, Time Diversification and Portfolio Optimization for Retirement [J]. Technology and Investment, 2011.

[13] Ahmed Marhfor, Rachid Ghilal, Bouchra M' Zali. Investment Sensitivity to Stock Prices and Analyst Coverage [J]. American Journal of Industrial and Business Management, 2015.

中文文献

[1] 陈四清. 贸易金融[M]. 北京：中信出版社，2014.
[2] 李书文，厚朴保理. 商业保理理论与实务[M]. 北京：中国民主法制出版社，2014.
[3] 景乃权，黑祖庆. 国际结算与贸易融资[M]. 北京：中国人民大学出版社，2014.
[4] 中国对外贸易形式报告(2017 年春季)[R]. 中华人民共和国商务部综合司，2017.
[5] 谢多，冯光华. 债务融资工具注册发行操作手册(2016)[M]. 北京：中国金融出版社，2016.
[6] 董博欣. 企业资金管理[M]. 北京：电子工业出版社，2015.
[7] 王玉琴，张帆，郭廷斌，等. 我国电子商业汇票业务发展探析[J]. 华北金融，2017(05)：40-43.
[8] 连平. 离岸金融研究[M]. 北京：中国金融出版社，2002.
[9] 冯勤等. 国际贸易结算实务与风险防范[M]. 太原：山西经济出版社，1996.
[10] 林孝成. 国际结算实务[M]. 北京：高等教育出版社，2004.
[11] 李晓洁，徐曙娜. 国际贸易结算[M]. 上海：上海财经大学出版社，2003.
[12] 葛剑雄，胡鞍钢，林毅夫，等. 国改变世界经济地理的一带一路[M]. 上海：上海交通大学出版社，2015.
[13] 史万钧. 外汇业务案例选[M]. 上海：复旦大学出版社，1999.
[14] 庞红. 国际贸易结算[M]. 北京：中国人民大学出版社，2016.
[15] 钱声勇. 探寻贸易融资转型方向[J]. 中国外汇，2016(Z1)：98-101.
[16] 周彦平，李文中，蒋晓军，等. 电网企业资金管理研究——体系创新与建设[M]. 北京：中国电力出版社，2008.
[17] 陆凌. 企业贸易融资实务[M]. 北京：石油工业出版社，2015.
[18] [美]鲍尔绍拉. 期货交易者资金管理策略(引进版)[M]. 荣军译. 上海：上海财经大学出版社，2017.